且行且思

悠然行走在教育教学之路上

王莉 ◎ 著

南京大学出版社

图书在版编目(CIP)数据

且行且思：悠然行走在教育教学之路上 / 王莉著
. — 南京：南京大学出版社，2014.6
ISBN 978 - 7 - 305 - 13314 - 5

Ⅰ. ①且… Ⅱ. ①王… Ⅲ. ①小学语文课—教学研究
Ⅳ. ①G623.202

中国版本图书馆 CIP 数据核字(2014)第 116741 号

出版发行　南京大学出版社
社　　址　南京市汉口路 22 号　　　　邮　编　210093
出 版 人　金鑫荣

书　　名　且行且思
　　　　　　——悠然行走在教育教学之路上
著　　者　王　莉
责任编辑　孙　瑶　荣卫红　　　　编辑热线　025 - 83593963

照　　排　南京南琳图文制作有限公司
印　　刷　南京爱德印刷有限公司
开　　本　700×1000　1/16　印张 17.5　字数 313 千
版　　次　2014 年 6 月第 1 版　2014 年 6 月第 1 次印刷
ISBN 978 - 7 - 305 - 13314 - 5
定　　价　40.00 元

网址：http://www.njupco.com
官方微博：http://weibo.com/njupco
官方微信号：njupress
销售咨询热线：(025) 83594756

序　言(一)

磨砺——教育者的可贵品质

最近一直被鼓楼区第一中心小学感动着。前不久,参加作文评委工作,批阅到一篇现场作文,书写工整美观,选材真实可亲,感情真挚,语言纯真有趣,深深打动了各位评委,我们一致打了最高分。拆封后一看是第一中心小学二年级一位小朋友写的。前不久,参加了第一中心小学特级教师工作室成立仪式,其实第一中心小学现任老师中并没有特级教师,但学校的决策充分体现了师资队伍培养的着力点和美好愿景。现在又被第一中心小学王莉老师感动着,一个普普通通的语文老师写了一本书,着实让我很惊诧!一个孩子,一个老师,一本书,一个工作室……这是第一中心小学"立壹"而行、"臻优"创新的最好佐证。我今天主要说一下王莉和她的书。

因为校际间教师交流,我有缘和王莉老师共事;因为《且行且思——悠然行走在教育教学之路上》,我有幸拜读王莉老师的教育教学随笔。自然质朴的文字,真实多彩的案例,个性鲜活的思想深深牵引着我,走进她的教育教学字典里,我对她的感受也由陌生变得温暖起来。且看王莉的这段话:"自己为学界一无名小卒,蓁尔小辈,也斗胆写书,兴许会贻笑大方。但我有着一颗赤诚的爱生之心,有一颗醉心于教育的敬业之心。也许我的书并不出色,但是我坚信,我的爱和献身教育的心是真诚的。"真挚、真切、真情,王莉老师几十年如一日的坚守,真的很感人。这是我首先想说的。

一个好教师需要爱和敬业,这是教育人生的底色;一个好教师还需要不断锤炼和打磨,这是走向成功的必由之路,也是爱和敬业的行动标志。王莉写道:"随堂课养人,磨课炼人,在一次又一次的打磨与反思之中,它磨出了教师创新思维的火花,磨出了师生交流的默契,磨出了教师把握教材的深度,磨出了教师提升教材的高度。山高水远,几多岁月曾虚度;来日方长,应将信念自砥磨。"中国古代哲学家王阳明说:"人心本是天然之理,精精明明,无纤介染着,只是一无我而已。"王莉老师为了践行爱和敬业,不断磨砺追寻"无我"的境界,这是她从教生涯中最宝贵的品格,也是我重点想说的。

　　磨砺让王莉老师有了自己的教育教学追求。她主张教育教学的"本色",本色就是真实不加雕饰,是朴素而自然。从语文角度讲,她关注阅读的本位,关注习作的起点,关注言语内容和表达的内涵,关注教学中一个个真实的细节;从教育角度讲,她关注健全儿童的心理教育,关注弱智儿童的学习生活,关注惩戒教育的成效,关注儿童食品健康。正是这些教育教学生活中点点的回眸和反思,让教育人感受到教育人的使命,让儿童感受到本真、随行和老师的爱,更让王莉留下了一串串追寻的足印。作为语文老师,我很欣赏她提出的"本色语文"主张。王莉老师关注言语内容和表达形式,力主本色语文。从2001年语文实验版课标到2011年新修订的课标,最亮人眼球的就是对语文课程的性质的定位。新修订的《语文课程标准》中这样定义语文课程:"语文课程是一门学习语言文字运用的综合性、实践性课程。""义务教育阶段的语文课程,使学生初步学会运用祖国语言文字进行交流沟通,应吸收古今中外优秀文化,提高思想文化修养,促进自身精神成长。"课标的修订不在于研究它改了多少字,关键在于老师领会和教学中的操持。操持不到位,学生还是难以享受新课标几度修订的营养大餐。王莉老师是怎样把持的呢?她说:课堂,是学校进行教学活动的最主要的场所;课堂教学,是学校实现教育教学的最主要的途径;教学案例,乃课堂教学的真实再现、实践情景的确切描述,是用科学的教学理论指导教学实践的有益尝试。本书精选各类教学案例,有完整的常规语文课,语文课片段,设计巧妙的课堂细节,教材留白处的教学构想和教学效果呈现,课外作文课的选材、构思、预设与生成,综合实践活动课的方法和过程等,都力求体现"本色"语文的教学特色。语文教学除了传承中国文化的需要,更肩负着"工具"这个重任。要完成这样的任务,课堂教学就不能忽略言语表达形式,如篇章结构、标点词句、语感节奏、笔法选材等为文之道。王莉老师就这样不断地在教海中探航冲浪。在教学情感上,她敬畏儿童语文课堂的多种情境状态;在教学内容上,她努力让语文生活与儿童语言发展相融;在教学方向上,她奋力追求有儿童语言生长的价值。她凭借课文中丰富的、规范的语言输入,来扩大学生语言积累,然后通过情境化的语言输出,来促进儿童语言的同化。她的平实不是简单的平实,而是有高度、有质感的。从这个意义上来说,王莉追求的本色不是苍白,不是原生态,而是在教育教学现场中的本真,是以个性纷呈的人为本真,是变化、多彩的智慧融合。"贲象穷白,贵乎反本。"不难看出,本色的背后是思想的张力,是彰显生命的本然和跃动,我以为这才是王莉的教育"本色"。

　　磨砺让王莉老师获取了教育人应有的幸福。有位哲学家说:"人的精神应该有一种虔敬的沉迷状态，它是沟通有限自我与无限整体的酒神似的情感，是一种宇宙的意义意识，是存在的诗的意识，也就是说，诗意化的世界，是以'我'的精神为核心的。"长期以来，作为一名普通的语文老师，一名有多年班主任工作经历的老师，王莉执著探索，不懈学习，努力丰满属于自己的教育思想系统，用自己的坚韧行走在有限和无限之间，让一切有了可能。她精准地记录课堂教学活动，注重理性审视自己的课堂教学行为。从低年段识字教学到高年段阅读教学，从口语交际到绘本作文，尽可能地磨炼自己宽广的教学实践路径，反思"教"，更反思"学"。她的思考已经有了很多的学术含金量，并成了一种工作方式和研究方式。更难能可贵的是她凝神聚气的不仅仅是一节节课怎样上，更多的是关注教育人的系统工程。她力求厘清教育人该做什么，该怎样做。她实践着、思考着，在教育教学现场注入了研究的活力，使之呈现出蓬勃的景象。于是有了比较研究，有了创新尝试，有了调查报告，有了指导策略……一个个探索的案例诞生了，从课堂走出，又反思于课堂实践，不断揣摩、不断生成，点点滴滴，融入了教育生命，更成为儿童成长的阳光雨露。

磨砺让王莉老师有了适合儿童教育的方式。苏霍姆林斯基说：一个好教师意味着什么？首先意味着他是这样的人：他热爱孩子，感到跟孩子交往是一种乐趣，相信每个孩子都能成为一个好人，善于跟他们交朋友，关心孩子的快乐和悲伤，了解孩子的心灵，时刻都不忘记自己也曾是个孩子。于是，王莉老师善于"用智慧让孩子自信，用行动让孩子认同，用真心让孩子感动，用诚心和家长沟通，用成功激发潜能"。王莉老师通过一个个教育的印记，将语文的魅力带给了孩子，将教育的力量传递给了孩子。作为一名教育的思考者，我也常常反省自己，我们引领的儿童生活是怎样的。儿童，那么阳光，那么可爱，给我们带来了无限的生趣和欢乐。"适合的，就是最好的。"一切从儿童出发，就是要让每个孩子的生长都要健康、快乐。教育者就是"只拣儿童多处行"，不断寻找适合儿童的行走方式，让童年生活惬意起来。我们深知教育要遵循教育规律，找到适合儿童的生长点；我们要彰显儿童个性，找到唤醒儿童的兴奋点；我们要关注儿童真情实感，找到儿童教育的激发点。基于儿童，就是基于儿童生活的世界、心灵中的世界、行为中的世界。王莉正是保持着一颗童心，在做着一个长大的儿童，坚韧不拔地找寻适合儿童的方式，锲而不舍地帮助孩子掌握未来生存的必要本领，如把控人生观念的方向、训练各种习惯的养成、增加生活手段的智能性等。而这一切的获取光靠说教和约束是很难实现的，教育就要让孩子智慧、灵感不断喷涌，激情、热望不断被点燃，生活状态变得自然、自觉。王莉老师在对儿童的尊重和释放中，时时引领着儿童、启迪着儿童，让童年之歌欢唱，是给了天真孩童以最大张力的，是真诚爱护儿童、理解儿童、珍惜儿童的。王莉教育教学案例里一个个真实的印记也验证了她磨砺的强音,有慧心教师才有幸福儿童,这是所有教育设计与行动的使然。教师的价值在于努力让儿童获得幸福与成长,我相信王莉在引领学生成长过程中,本身也在成长与发展;在让学生享受快乐的同时,她也一定获得了相应的价值感与成就感。

其实想说的还有很多很多,掩卷退思,一个本真、"千磨万击"仍坚韧的王莉立体地向前走去……就让一切想说的,包含在对王莉新的期待中吧! 因为,磨砺永远在铸就她生命的品格。

江苏省小学语文特级教师、南京市鼓楼区汉口路小学校长
(2014 年元月于典雅秀美的励园)

序　言（二）

身　为　教　师

读《且行且思——悠然行走在教育教学之路上》

　　"教育需要激情，需要全身心的投入与无私的奉献；教育需要机智，需要把握每一个转瞬即逝的机遇；教育需要活力，需要以年轻的心跳昂奋地工作；教育需要恒心，需要毫不懈怠地追求与探索……"王莉就是这样一位具有教育激情、机智、活力与恒心的教师，她且行且思，悠然行走在教育教学之路上。王莉老师二十余年的研究与探索，才有了凝聚于这一卷的智慧。作为王莉老师的同事和朋友，更知其中的甘苦与不易。

　　身为教师，她心中装满责任与使命。爱是教育力量的源泉，是教育成功的基础。王莉老师爱这份教育事业，为了成为一名好老师，她不断地学习，尤其爱读史书，仅《道德经》她就读了很多遍。古人云：开卷有益。读书使人明理，读书使人进步。哪怕工作再忙、时间再紧，王莉老师总是忙里偷闲地读书，这为她奠定了作为一名优秀的语文老师的良好的素养基础。以前崇尚教师有一桶水，现在恐怕一缸水、一池水都是不行的了，而应该是一条河流，而且是一条奔腾不息的河流！王莉老师觉得读书是作为一名语文老师的责任，惟其如此，才能让孩子有所学、有所获！正像苏霍姆林斯基所说的："教师获得教育素养的主要途径就是读书、读书、再读书。"

　　身为教师，她平日善于思考与总结。有人说"经验＋反思＝成长"。这是教师成长的普遍规律。教师的成长过程，其实就是在平时工作中，不断发现问题，捕捉问题，并及时总结经验，反思后再指导实践的好习惯。教师不但要兼收并蓄、博采众长，更要有自己的独创，这种独创正是来自于教师的体验、感悟、发现和探究。教育者必须是创造者，教师本身具有创新意识和创造素质，才能培养和提高学生的创造能力。王莉老师的"本色语文"，就是追求教学去浮华，少雕饰，回归语文教学的本真。她努力践行，从日常的每节课做起，充分地去找寻儿童语言的生长点，从品词造句、布局谋篇上让学生去发现语言表达的规律，自我总结学习的方法。还记得和王莉老师一起磨课，那是区级的一节研究课，为了达到预期的课堂教学效果，让学生在发现中学习,王莉老师光是试教就是5次,一遍一遍地研究、琢磨、探索,王莉老师俨然成了初涉教坛的一个好学的"小姑娘"。王莉老师的好学执着,让她成为一位令人钦佩的学习者,更是一位研究者。

身为教师,她心中充盈着爱与牵挂。"教育上难于做到而又具有价值的一部分目标是德行。"教师要有实施心理教育的能力,王莉老师积极参加各种心理培训,日常加强心理学知识的学习,积极组织班级学生参加社会实践活动,培养学生的小公民意识。特别是在对待问题学生上,王莉老师总是从心理入手,寻找解决问题的办法,用自己的爱心去融化一块块"坚冰"。其实每个问题儿童都是弱者,王莉老师用自己的爱心、细心、耐心,终于让他们发现了自己身上的"闪光点",再次融入集体生活。转变一个"问题学生"功德无量,它保障了一个班级正常的教学秩序,它把一个家庭拉出了痛苦的"深渊",为整个社会减少了负担与隐患。所以身为班主任的王莉老师二十多年来寄情于问题学生,真心地帮扶问题学生,春风化雨般育人、育德、育心,真的是"大象无形,大爱无声"。

此书是王莉老师忠实于自己教育教学生活的记录,看似有些琐碎,实则本真本色。掩卷沉思,我们会发现王莉老师是一位用心、用情的教育工作者,她和千千万万教师一样做着同样的工作,但她又是那么不同,因为她始终是教育岗位上一名忠诚的观察者、学习者、探索者、实践者、思考者……我想此书一定会为王莉老师的教育人生留下坚实的足迹。最后,由衷地表示祝贺!!

李 昕

南京市优秀青年教师、鼓楼区第一中心小学副校长

2014年1月8日

目　录

漫行之四——教育理想　爱心孕育 / 206

> 要实现自己的教育理想,就必须用心。因为教育是情感与
> 情感的交流,是思想与思想的碰撞,是心灵与心灵的互通,
> 是生命与生命的对话,这就需要教育工作者全心全意地
> 付出。

开 篇

没有爱,就没有教育。

——苏霍姆林斯基

我是一名普通的语文教师、班主任,我爱着班级的孩子们,爱着一线教育教学工作。爱着课堂、记录着课堂、思考着课堂,爱着教育、记录着教育、思考着教育。在教育这片园地里,辛勤耕耘着、思考着、收获着、喜悦着。

课堂教学,是教师进行教育教学活动的主阵地,在这里,我进行着最寻常也最本色的教学工作。语文课堂教学,必须是在教学理论指导下进行教学。在课堂上,我关注表达,追求"言意兼得"的阅读理想境界,积极探寻实践言语形式的策略,引领学生学会使用合适的表达方式表情达意。在这样的日常工作中,也隐含着艰辛和磨炼。每一次磨课,王学金校长、朱廷梅教研员、李昕校长、李越主任和同年级的张海燕、唐乐嘉、赖赟赟老师都不辞辛苦地听课、评课,每一个环节,每一个细节,都反复研究斟酌,力求有效。正是这样的磨炼,促进了我的课堂教学能力的不断提高和深度思考。

我觉得新时代的教师,应该是研究型教师,是在实践中思考总结,在思考中头践探索,循环提升。

"教书"和"育人"是两位一体、不可分割的。基于此思想,我在教育教学工作中,力图教书和育人并举,我实践着、思考着、记录着。

多年的班主任生涯,常常让我在教育孩子的过程中感到力不从心。因为每个孩子都来自不同的家庭,他们更多的是家庭教育的产品,老师的影响往往被家庭的教育所抵消。孩子虽然大部分时间在学校度过,可家庭的影响是潜移默化、根深蒂固的。这让我认识到：教书育人的伟业光靠学校、老师的力量是远远不够的，社会的力量我们无法左右，但是家长却可以做得更好。中国教师教育视频网总监李红旗以自身教育经历和多年教育积累总结出这样的经验："家长的觉醒是孩子的希望。"在教育孩子的过程中，沟通家长，达成教育共识是教育的捷径。欲开发家长这座"金矿"，就要和家长真诚地沟通，开启他们的育人潜能，让他们勇于担当。这需要教师大量的时间、精力和赤诚的爱。

"教育教学"，总是把教育放在首位。俗话说："先成人，后成才。"所有的教育，都是为"人"这个主体而存在的，没有被教育者健康的心理，就不能成全健全的教育，教学活动也无法有效进行。从各个家庭走出来的孩子本身就良莠不齐。这些孩子，6岁便聚到学校来学习，教师的任务就不只是教学，还有很大一部分精力用于教育，也就是理顺他们的思维和习惯，让他们从小就有一个平和竞争的心态。

孔子，就是融教育、教学为一体的万世师表，他对教育有独到的见解，提出了"因人施教"的教育方法。小学教师，教育和教学也从来没有那么明确的分工。因此我们只研究课堂教学，还不能算完整的教育者，还要研究"人"这个受教育的主体，只有人身心健康，教学效果才能彰显。

正是这样的教育理念，让我在繁忙的教学工作之余，参加学习各种心理培训，了解孩子的心理特点和问题源头，掌握和孩子以及家长沟通的技巧，并积累了不少教育特殊学生的经验和教训，也生成了不少教育案例和教育故事。

在育人的乐园中，我研究实践着；在教学的天地里，我潜心探索着。朋友、亲人常常说：你教书这么多年了，应该对教材很熟悉了，怎么还是那么忙碌？亲人、朋友们并无恶意，他们认为就那么几本书，每本书里就那么几篇课文，教过多遍，怎么还把自己整得那么累。他们不理解。

很多人把教书育人理解得那么狭隘，这就是我们的教育现状，这就注定了教师的教育难以有效施展。时代的变迁，新课标的实施，培养新型人才的呼声，学生自身素质的千差万别，都对新时代的教学提出了更高的要求。是"授之以鱼"，灌输给他们书本上的知识应付考试；还是"授之以渔"，立足于语文本色教学，教会他们思考方法，培养他们良好的学习习惯？答案是不言自明的。

教会他们独立思考，促进孩子的身心健康和可持续发展，这便是我的教育教学理念。

从教二十多年来，只想着踏踏实实做一名称职的教师，从来没有想过要出一本书。平常习惯对自己的教育教学工作思考、提炼，进行一种本色积累，想通过积累让自己的教育和教学的脚步更加坚实。我行走在教育教学这块沃土上，耕耘着、思考着、探索着、前行着，也辛苦、快乐并收获着。我就这样几十年如一日，在我的育人园地里，常见鲜花盛开，也享累累硕果。每一届毕业生中，都不乏打电话给我报喜的同学。2009届毕业生中有一个女孩，多次来学校看我，都因为时间不凑巧没有见到我。后来教师节那天，她抽早晨上学前的时间把一束鲜花送到传达室，上有一张卡片写道："王老师，感谢您几年来对我的培养和教育，让我在各方面受益匪浅，特别是作文，我来到中学依然按照您教的方法写作，常常被老师当作范文来读……"2013年11月份，考入南师附中的一位学生打电话来向我报喜，说她这次期中考试语文成绩在班级名列前茅，平时的每次测验和期中考试也都在前几名，这都是按我教的方法学习的，所以特地打电话感谢我……作为一名普通教师，这已经让我心满意足了，没有想过要把自己的这些积累呈现出来。在2013年暑假，我先生帮我重装电脑系统，看到我的这些文章，觉得很有价值，就帮我整理归纳，于是，有了这本书的雏形：教学论文、教学案例、教育案例、教育故事。自己为学界一无名小卒，蕞尔小辈，也斗胆写书，兴许会贻笑大方。但我有着一颗赤诚的爱生之心，有一颗醉心于教育的敬业之心。也许我的书并不出色，但是我坚信，我的爱和献身教育的心是真诚的。

漫行之一——潜心研究　感悟平实

语文课教什么？从教 20 多年来，我时常在默默思索、探究着这个问题。2011年，《语文课程标准》(修订版)指出："语文课程是一门学习语言文字运用的综合性、实践性的课程。"这样的语文性质表述，明确了语文学习的核心任务是"学习语言文字的运用。"也就是说，关注表达，关注言语表达形式，关注情感表达形式。落实在教学中，就是促进学生在细读文本的过程中，追求"言意兼得"的阅读理想境界，积极探寻实践言语形式的策略，恰当地引领学生学会使用合适的表达方式表情达意，做到言语形式和言语内容的有机统一，促进学生言语智能的发展。

要实现这样的目标，就必须理论和实践相结合，用理论指导实践，在实践中总结升华理论，这是一个螺旋式上升的过程。这样的教学，应该成为每个教师努力的方向。

从低年级的识字、朗读，到高年级的阅读、作文、口语交际、综合实践活动，我潜心研究探索，在实践中思考，在总结中收获；从课前预习中活用"学习地图"的方式，课堂上的教学预设与生成、家庭作业创新设计到"地图作文"的启蒙，立足"学习语言文字运用"，在平实的教学中体现语文教学的本色。

关注表达，关注作者的思维方式，关注作者的言语表达方式和技巧，用这样的理论指导课堂实践，会让课堂更加灵动和精彩。

1. 聚焦言语实践，追寻本色语文

——例谈在小学语文阅读教学中进行言语实践的策略

一、前言

教改多年来，众多教育主张、教学流派纷呈，给语文课堂带来生机和活力。这些主张，往往一线教师们还没来得及完全接受，新的主张又开始盛行。于是又开始了新一轮的学习、跟风。热热闹闹的小学课堂，让广大语文教师眼花缭乱，不知所措。

看起来小学语文教学好像是百花齐放的局面，可是由于事实的模糊和实践的浮躁，各种流派、主张，到了广大教师群体的实践中，导致只是流于形式，语文课堂也变成了"演戏"的场所。

俗话说，教无定法。这里的"无定法"，应该只是方法的不同，而不应该是语文课堂性质的改变。

二、回归本色语文

2011 年，国家在新课标中对语文的性质首次界定：语文是一门学习语言文字运用的综合性实践性的课程。

新课标传达了这样的信息：首先，语文课就是学习怎样运用语言文字的课程；其次，它具有综合性、实践性的特点。

也就是说，语文课是学习运用语言文字方法的课，但又是综合性的，必须在语境中学习；它是实践性的，要多习得、多运用，在运用中学习，在学习中应用。

那么，本色语文课就是教师引导学生学习理解和运用祖国语言文字的课，是学生听、说、读、写的综合实践课，是引导学生提高语文综合素养的课。说到底就是学生说语文、讲语文、读语文、写语文、用语文的课。

然而，又怎样才能实践本色语文课堂呢？

华东师范大学郑桂华教授指出：一篇课文在存在许多教学价值点的情况下，教学设计不仅应该关注文本的核心价值,更要抓住"语文核心价值"。即,重点挖掘课文隐含的语文学习价值,重点训练学生对语言的感受能力和表达能力,重点完成语文课应该完成的教学目标,适当弱化文本中可能隐含的其他教育价值。

当代美国教育心理学家奥苏伯尔就把学生的课堂学习称为有意义的言语学习。所有各科都是通过言语来学习语言的。也就是说,语文之外的其他学科所教学的是教材的言语内容,而语文学科则以教材的言语形式为教学内容;换言之,其他学科重在教材"说什么",语文学科则重在教材"怎么说",以使学生从中学习如何具体理解和运用语言文字的本领,培养听、说、读、写等语言能力。而要培养学生这些能力,课堂上进行各种言语形式的实践活动是最有效的途径。

可见,在阅读教学中,只有关注言语实践的课堂才是彰显语文本色的课堂。

三、在小学语文阅读教学中,进行言语实践的策略

语文教学大纲指出:指导学生正确地理解和运用祖国的语言文字。可以分解为:正确理解祖国的语言文字,二者交融,不是简单的合并,而是有机统一;不能机械地割裂,而是理解加运用。

如果不突出语文学科"运用"的特殊重要性,就无法突出语文内在的质的规定性。引导学生"理解如何运用语言文字",应该成为阅读教学的基本特征。

阅读教学的过程,就是引导学生关注言语实践的过程,但是在教学中怎样正确处理才能行之有效? 这是我们需要研究的一个课题。经过反复思考、琢磨、实践,我从以下几个方面进行了尝试:

(一)多诵读积累,促自主感悟

诵读是我国传统语文教学的一贯做法,诵读有助于培养学生独立阅读的能力。古人朱熹曾经说过:"凡读书……只要是多诵几遍,自然上口,永远不忘。"也有人说书读不熟乃语文学习之大忌。"书读百遍,其义自现"的道理更是尽人皆知。古代人上学,叫"读书","四书"、"五经",尽数熟背于心,所以古人作诗写文章文思如泉,才留下来这么多宝贵的文化遗产,可见诵读积累的重要性。

人脑,某种程度上就像一台电脑,你没有输入,就想输出,甚至创造,那就无异于无本之木、无源之水。就像书法大家,一开始也都是由临摹开始的。只有持续输入,在此基础上自主感悟、融会贯通,才能有所创新,不断输出。如同小孩子学说话,刚开始没见到哪个家长给婴孩分析、启发、诱导的,都是从模仿开始,等到模仿到一定程度,小孩子就会自主表达了,这就是由积累到创新的过程。

《语文课程标准》指出:"各个学段的阅读教学都要重视朗读和默读。"在小学语

文阅读教学中，进行诵读积累，也是言语实践的内容之一。

1. 优美句段诵读，感悟积累

阅读就是吸收。而小学生阅读最重要的任务就是积累语言。因此，抓好积累课文中优美词语、精彩句段的学习，也应该是小学阅读教学的基础工程之一。

比如，教学 12 册《夹竹桃》第四段："然而，在一墙之隔的大门内，夹竹桃却在那里悄悄地一声不响，一朵花败了，又开出一朵，一嘟噜花黄了，又长出一嘟噜。在和煦的春风里，在盛夏的暴雨里，在深秋的清冷里，看不出有什么特别茂盛的时候，也看不出有什么特别衰败的时候，无日不迎风吐艳。从春天一直到秋天，从迎春花一直到玉簪花和菊花，无不奉陪。这一点韧性，同院子里那些花比起来，不是显得非常可贵吗？"

教学中，我先采用齐读的方式，然后让学生反复自由诵读，思考这段话美在哪里，学生很快悟出：从"又开出一朵、又长出一嘟噜、无日不迎风吐艳、无不奉陪"等词句中，感受到无论是气候的变化，还是季节的更替，唯有夹竹桃始终花开不败。还感受到夹竹桃花期长，没有任何一个季节的花能与之相比，它的韧性也就自然体会出来了。不需要老师繁琐的分析讲解，无须老师的启发诱导，学生在反复的诵读中自己悟出了夹竹桃的品质。有了这样的感悟，在此基础上再次朗读，工整的排比句很快就背诵下来了。

朗读背诵训练也是阅读教学的重点之一。因为朗读背诵，把课文中优美词语、精彩句段整合了起来，学生通过诵读课文，不但积累了课文中优美词语、精彩句段，而且积累了这些优美词句所在的优美语境，储备了一些语言模式和语言图式，使学生在大脑中形成一个良好的语言反应机制，有助于增强学生的语感。

2. 特色言语诵读，感悟拓展

特色言语，是指有着特殊表现力的语言，它有别于一般的平铺直叙。有各类修辞、谚语、俗语、民间口语等。

常用的修辞手法有对偶、排比、比喻、拟人等，这样的手法运用，往往能使表达的对象更加生动形象，在文中能起到意想不到的作用。像谚语、俗语、民间口语等，这样的语言大都是经过岁月的洗礼，凝练而简洁，包含丰富的民间智慧，富有表现力，课堂上反复诵读，能够促进自读自悟，延伸拓展。

比如在《姥姥的剪纸》一文教学中，表现姥姥的剪纸技艺高超是勤练习的结果："数九隆冬剪，三伏盛夏剪，日光下剪，月光下剪，灯光下剪，甚至摸黑剪。"我引领学生反复诵读、感悟，当学生领悟了表达的意思后，我接着引导他们用什么谚语、俗语或者成语来赞美姥姥的"熟能生巧"。学生脱口而出：冬练三九、夏练三伏、拳不离手、曲不离口……

在诵读中积累文中的特色言语,延伸拓展课外的民间俗语、谚语、歇后语。学生在积累这种富有表现力的语言的同时,也在融会贯通、应用实践着。积累在不经意间完成了,言语应用的能力也在同步提高,并且深深烙上了"中国印"。

(二)多驰神静思,促言意共生

言,即文本自身的魅力;意,即文本情感、思想的合称。教师要和学生一同通过言语实践活动,走进文本深处,实现言与意的转换,进而让言与意融合共生。那么,语文课堂如何让言意共生、绽放魅力呢?

1. 重点处静思,言意双赢

课文中有些重点词语,是语言形象、语言情感、语言技巧的聚集点,引导学生想象挖掘词语的形象内涵,感悟理解词语的情感内涵,可以让学生在词语与语境的沟通中深入理解内容,深切感受情感。因此,在课堂教学中,要给予学生充分静思的时间,让他们联系上下文思考琢磨,动笔批注,然后再讨论。

例如,第7册《李时珍夜宿古寺》一课中:"我们修订好《本草》,万民得福,吃点苦也是值得的。"我先指导学生朗读理解,接着提问:李时珍吃的是"一点苦"吗?然后,我创设情景,让他们闭上眼睛静静思考想象李时珍每天在野外考察药性药效,从衣、食、住、行方面看,都吃了哪些苦,想好写下来。

这样的课堂练笔,使本来相对简单的、凝固的"一点苦"在学生心灵中被激活了,赋予了词语强烈的、深刻的、高妙的生命活力。苏霍姆林斯基说过:学习言语,要让词深入到儿童的精神生活里,使词在儿童的头脑和心灵里成为一种积极的力量,成为他们意识中带有深刻内涵的东西。这样的小练笔,丰富了李时珍这一历史人物形象的立体感,使学生进入了意象的世界。伴随这个词语的深刻体验已不再是游离于学生精神世界之外的异客了,而是深深地嵌入了学生的心灵,成为富有活力的生命元素。可见,抓住一个词、一句话进行课堂练笔,"言"和"意"也就得到了双赢,在学生的言语实践中,实践着本色语文课堂。

2. 移情处静思,言意兼得

为了突出某种强烈的感情,写作者有意识地赋予客观事物一些与自己的感情相一致,但实际上并不存在的特性,这样的修辞手法叫作移情。

运用移情修辞手法,首先将主观的感情移到事物上,反过来又用被感染了的事物衬托主观情绪,使物人一体,能够更好地表达人的强烈感情,发挥修辞效果。在文本中,移情是作者常用的手法,因为作者要通过客观事物来表达自己的情感情绪,让小学生一下子读懂这些有点难度,所以,给予学生一定的静静思考的时间非常必要。

仍以《姥姥的剪纸》这篇文章为例，文中典型地运用移情手法。在文章结尾一段中，"窗花"和"田野"是理解的难点，作者想窗花干吗，想田野干吗，根本没有必要想。因此在这里窗花不是窗花，我认为是指广结善缘的姥姥；田野也不是田野，而是四季在田野里辛勤劳作的姥姥。这里是一种移情的修辞手法，同时我也觉得这是作者精心选择的两种意象。我们由窗花可以想到很多，不仅仅是广结善缘，同时还有姥姥的心灵手巧的形象。

所以在这段教学中，我设计的问题是："什么情景有声有色、自然而然地再现于我的心境和梦境？"问题牵动学生全面回顾课文，并且是对全文的再思考，因此要给学生充分思考、消化、整合的时间。学生会发现剪纸贯穿全文，从头到尾，没有一处文字离开过剪纸。姥姥的剪纸是这篇课文的一条明线。剪纸就是作者精心选择的代表姥姥的一个意象，寄托着姥姥对"我"的爱、"我"对姥姥那深深的怀念。

学生思考后，不但领悟了作者的写作手法，而且在头脑中整合了整个文本表达的思想情感，再用言语表述出来，这就是一种高级的言语实践活动。

3. 留白处静思，言意共生

含蓄是一种美：山水画讲究留白，书法重视飞白，音乐更有"此时无声胜有声"的特殊效果。精彩的文章也常常运用"空白"的艺术，把一些内容留给读者自己去细品，去深思。披文入情，填补空白，也是随文练笔的重头戏。在教学这样的课文时，教师要善于捕捉这些课文的空白点及未定点，在调动学生的知识经验、生活积累的基础上，引导学生静思默想，发挥想象，进行个性补白，充实情节内容，丰满人物形象。这样既可以加深学生对课文思想内容的理解，训练学生的创造想象力，又可以提高学生的表达能力。

在教学《彭德怀和他的大黑骡子》时，有这样一句话：彭德怀背过脸去……我认为这是一个"留白"。我抓住这个留白设计了这样的教学环节：想一想，彭德怀为什么要背过脸去？并要求静静思考，批注。学生有的说不忍心亲眼看到大黑骡子被杀，有的说他和大黑骡子的情感特别深、特别浓，看了会增加心中的痛苦。我追问：彭德怀背过脸去，会是一张怎样的脸？然后再让学生们思考，让他们用自己的语言来描述，并写下来。同学们有的说彭德怀身经百战，意志刚强，但这一次泪流满面，还发出了轻微的抽泣声；有的说彭德怀紧紧地皱着眉头，泪水在眼眶里打转，但很快就顺着脸颊滚落下来；还有的说一向坚强的彭德怀再也抑制不住内心的痛苦与难舍，泪水夺眶而出，他害怕战士们见到他脸上的泪水，又连忙偷偷地用手擦去等等。

我看到学生们已经根据自己的经验,悟出彭德怀当时的心情,就引导他们体会作者的写法,我问:如果把这些内容写出来不是更具体吗,作者为什么不写呢?这次同学们反应更快,有的说,如果都写出来,读者就没有想象的空间了;还有的说,这样写,能给读者更广阔的想象空间。看到同学们领悟如此之快,我就赶快点拨写法:是啊,作者故意这样写,是要每一个读者都可以想象出属于自己独特体验的那份痛苦,对于彭德怀内心世界的把握会更加深刻,这就是作者有意的留白呀!

总之,表达是理解思考后的表达,闹哄哄的场面只会扰乱学生的思维,要给学生静静思考的时间,帮助学生在理解、感悟、想象、体验的基础上以言传言,在表达倾诉中获得情思、诗思、意味、意蕴的精神生长。

(三) 多欣赏习得,促语用发展

课文中内容优美、结构合理的语句、段落,都是学生积累的最好素材。要引导学生学会欣赏,欣赏这些优美的句段、与众不同的言语表现形式,发现作者表达的秘密。不过,只欣赏是不够的,小学语文的性质决定了语文课堂的实践性。

"实践性",突出的就是言语实践过程,只有在实践中,才能学会运用。要想学习,模仿是最好的途径。

1. 修辞手法习得

修辞最具表现力。修辞的运用,能给人以鲜明的印象,化无形为有形,使抽象的事物具体化,使深奥的道理浅显化,有的还能增强语势,强烈表达作者的思想感情。

《安塞腰鼓》一课中:"骤雨一样,是急促的鼓点;旋风一样,是飞扬的流苏;乱蛙一样,是蹦跳的脚步;火花一样,是闪射的瞳仁;斗虎一样,是强健的风姿。黄土高原上,爆出一场多么壮阔、多么豪放、多么火烈的舞蹈哇——安塞腰鼓!"

我先让学生大声诵读,接着欣赏讨论这段话写得好不好,有什么特别的表达形式,好在哪里。学生略一思考,就说出是用了一连串的排比、比喻、夸张。用这些修辞的好处是语句短促,节奏感强烈,激情飞扬!每一个比喻都掷地有声,每一个句子表达的情感都令人兴奋不已。

在欣赏了作者的表达方式后,再让同学们反复齐读背诵。这样的修辞及表达形式特别适合写激情的场面。于是我当堂让学生模仿练笔:足球联赛期间,我班对二班比赛印象——有同学写道:"暴雨一样,是短促的停留;狂风一样,是席卷的疯狂;战争一样,是激烈的争夺;风沙一样,是弥漫的紧张;烟花一样,是美好的瞬间。"学生果然在背诵的基础上仿出了不少高品质的语句。

2. 特色语段习得

有特色的段落也是文章中的精华，这样的语段，往往给文章增色添彩，极富表现力。

《姥姥的剪纸》中有一段乡亲们的夸赞："你姥姥神了，剪猫像猫，剪虎像虎，剪只母鸡能下蛋，剪只公鸡能打鸣。"我让学生反复地诵读过后，问他们有没有发现这段话与众不同的表达方式。学生们纷纷表示发现了，但是，至于用了什么修辞手法，却是挠头了。我让他们再齐读，就有学生说有点像口语，我马上肯定他说得对，就是口语，只不过是民间口语中一种固定用法，读起来朗朗上口，通俗易懂，却有着不可低估的表现力。我出示："剪个娃娃_____剪个小伙_____剪只鸟儿_____剪条鱼儿_____……"让学生填空。再出示"美术老师神了_____"让学生仿写。

在每个文本中都有类似的可以学习、借鉴、模仿的语段，只要教师用心钻研教材，恰当地利用文本材料，在欣赏作者各种巧妙恰当的言语形式之余大胆地进行实践，学生的写作应用水平就会逐渐提高，语文课就会逐渐高效，本色课堂也会逐渐回归。

四、结束语

追寻本色语文课堂，应该成为每个语文教师的追求。我在课堂教学实践中，运用多读、多思、多练的方法，学习着、理解着、运用着、实践着，追寻着语文本色，言语实践的尝试，让我看到一点点曙光。我将在新课标的指引下，继续进行不懈的探求。我相信，只要不断努力，一定可以让本色语文课堂更加精彩，让语文学习更加灵动。

2. "地图"引领作文起步

引 言

什么是"作文地图"？简单地说，作文地图就是作文动笔前的腹稿，是立体的作文提纲。

地图的基本特征——用图示的方式来表达，符合儿童的天性；地图的表现手法——图示，符合儿童的思维方式；以贴切儿童思维特点的图示结构为表现载体，以接近儿童口吻的语言来叙述。从图示作文的这些特点看，儿童天生有画图本能，他们乐画，正确引导就能促成乐写。他们几乎能自发地以图画的形式来表达所见所闻。因此，中低年级学生用学习地图带动作文写作，能使他们在广阔的天地里展开想象的翅膀，在图画的世界里快快乐乐地去作文。

一、培养延伸兴趣，打好作文基础

孩子们从幼儿园到小学阶段，接触的各种动画片、连环画、故事大都是以图画的形式出现的，所以孩子们对图画有天然的兴趣。

（一）循序渐进，延伸兴趣

画图是儿童最喜欢的一种娱乐形式，是儿童认识世界的门户。幼儿园的孩子，即使还没有学习绘画，也都喜欢拿着画笔描描画画，画出心中的喜好，这是孩子的天性使然。8 岁的孩子，刚刚作文起步，对他们来说，作文是抽象的、深奥的，似乎看不见、摸不着，很容易患上"恐文症"。而通过图画的形式来诠释作文的要旨，就要容易多了。这种情况下，老师鼓励学生作文前，先把要想讲的话、看到的事描画出来，然后再看图作文，老师加以指导，学生很快就能以图画的形式表达出心中的故事。

作为语文教师，我在这方面做了有益的尝试。在作文前，我先让孩子们想一想自己印象最深的一件事，然后画下来。孩子们很开心。有的学生想画自己星期天去水上乐园玩的过程，他就会想到哪里画到哪里，没有什么顺序。比如：有个孩子就先画了一幅戏水的图画,画面是个游泳池,里面有很多人穿着游泳衣,有的在打水仗,有的在游泳,还有的套着游泳圈悠闲地看风景……下一幅画面就是一进门看到路旁的花开得很鲜艳,红的、黄的,很惹眼,树木郁郁葱葱,特别是垂柳,长长的碧绿柔软的枝条在风中飘荡;接下来的一幅图是画的游乐场的各种游乐设施,有长长的水上滑道,人们在上面滑得很开心,有水上漂流,两个人坐着一个小艇,从高高的水上冲下来,水花四溅,小艇上的人惊异地张大着嘴巴……孩子们在画画的时候,是那么开心,全身心地投入,可见他们对绘画高涨的热情及天然的兴趣。但是,这天然的兴趣要延伸到作文中去还不那么简单,需要老师耐心、细致、科学的点化、引导。

(二)适时激励,调整顺序

很显然,这是这个孩子去了水上乐园留下最深刻印象的玩乐项目。但是这只是孩子的原始表达状态,还不能算是"地图",只能算是"图画"。老师看到这样的画面要先夸奖孩子的画技高超,让孩子感到很有成就。趁他高兴的时候给孩子提意见,他就乐意接受了:"不过老师觉得如果你能把这几幅画面按照先后顺序画就更好了,你先画一进门看到的路旁的景色,再画你接着玩的游泳池景色,再就是游乐场的各种游乐项目,最后写回去时的依依不舍。按照这样的顺序像用一根竹签串糖葫芦一样串起来,或者像树一样的结构,把游玩的几个项目当作不同的树杈,不是很有趣吗?"

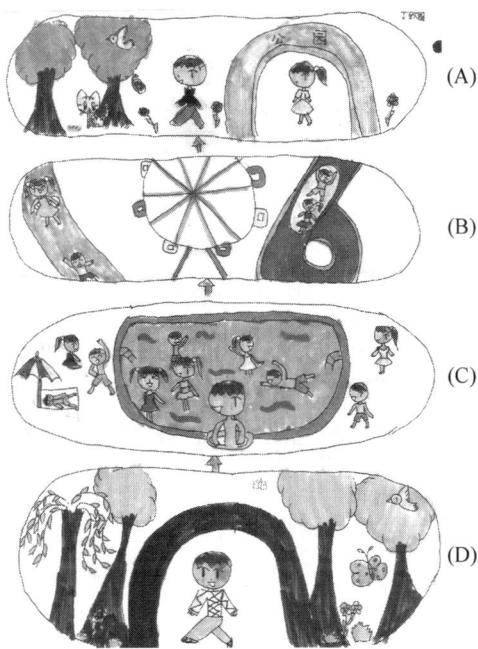

图 1-1 学生的图画

看到孩子兴趣盎然、跃跃欲试的样子,我觉得这个转变成功了。我就给他们时间鼓励他们重新画,很快,孩子们就画好了。有的画的是糖葫芦形,有的画的是树木形,树干是游玩时的高兴心情,几个感兴趣的玩乐项目是树枝,还真是一棵枝繁叶茂的大树。当然还有个别同学自己创造出了地图的形状。我大大夸奖了他们一番,他们都感到很高兴。有个同学说,没有想到语文课还这样有趣!

抓住他们的兴趣,我赶快做文章。把画得好的同学的画贴在黑板上展览一番,让大家互相学习,他们都兴致勃勃地谈论着。

(三)看图说话,详略有序

趁热打铁,下一节课,我把图画发给大家,让他们把自己图画上画的内容说给同桌听,他们马上兴致勃勃地说了起来。然后就是自由发言,把自己画面上的话说给全班同学听。学生们纷纷举手,想展示自己的才华。

我叫了几个同学,他们表达的几乎都是流水账,顺序倒是有了,但是不具体,没有描写重点。我就把其中一个同学的图贴到黑板上,问:这幅图上画的路旁的花朵那么美,你说说怎么美?花是什么颜色?近看像什么?远看像什么?同学们请看这幅戏水图画得多么生动有趣呀!大家看到这么有趣的图画,很想知道你当时看到的情景,能用语言给大家描绘一番,让大家来分享你的喜悦吗?这个孩子一脸的自豪,马上站起来给大家绘声绘色地讲了起来,虽然还有很多语病,但是基本上能把自己亲眼所见、亲身经历表达出来。

经过这样的提醒,这个孩子很快就能把画上的内容说得比较具体了,偶尔还能冒出一两个精彩的句子。其他孩子也跃跃欲试,我就让他们把自己想表达的讲给同桌听。

学生的想象是丰富的,利用这一优势,我让学生看着图画说,学生看着自己画的图画,不但讲出自己在游玩时看到的,还把自己以往的经验也搬了上去,真是不简单!有的学生写的是事,他们能在自己图画的基础上进行不自觉的艺术加工,使自己经历的故事更丰富化了。

一个同学写的是自己养的一只小狗的故事,写小狗在一个阳光明媚的星期天出去玩,结果下雨,把身上弄得湿淋淋的。谁知小狗又不小心掉到河里,小狗在河里慌乱的游泳的姿势描绘激起同学们的一阵阵笑声!多么有趣的情节![见图1-2(A)]看来只要巧妙地激发学生的思维,他们的想象力会更进一步提高,会不自觉地进行艺术加工,对作文的兴趣更浓了。

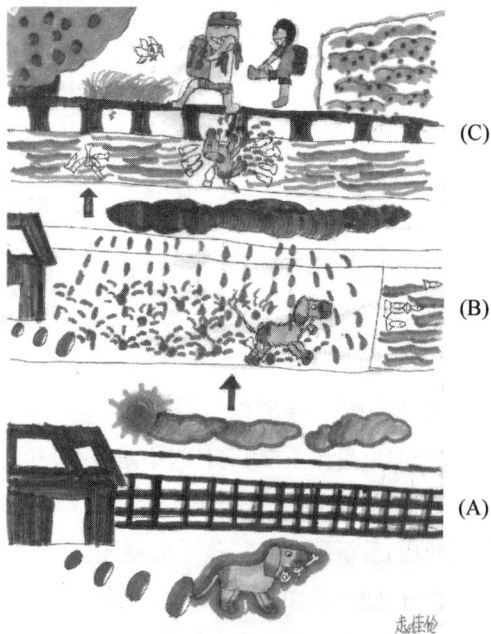

图1-2 学生的图画

小学生的思维方式以形象思维为主,先画出既直观形象又充满童趣的图画,一下子就激起他们表达的兴趣,让他们用图画、语言来描写自己的想象和自己喜爱的事物,说起来自然、轻松、愉快。

(四)由说而写,水到渠成

能把画面上的内容说出来,就已经有了质的飞跃。学生们有了画的经历,又通过说的温习,这时,把它写出来已经是水到渠成的事了。

(五)激发兴趣,试写乐写

孩子因为是刚开始学写作,所以写出来的东西肯定不是那么令人满意,但是只要有一点可取,哪怕有一句、两句写得精彩,老师就要大力表扬。因为对刚刚接触作文的孩子来说,关键不是写得有多好,重要的是要让他们乐写,千万不能要求那么高,防止以后谈作文色变,产生畏难情绪,这是最可怕的。

而这样由发挥孩子的天性——画,到孩子乐于做的事——说,再慢慢过渡到写,这种循序渐进的过程对刚刚作文起步的孩子来说就不觉得那么困难。孩子在画图的过程中,就不自觉地在他小小的心里开始了构思,这个构思其实和作文时的构思一样,但是,如果让孩子直接构思这些作文,孩子就会感到无从下手、困难重重,而让他们先构思图画,他们就觉得简单得多。学生们在构思画面的过程中,心里已经想好画面的顺序,也从自己的头脑中筛选好了印象深刻的画面,这印象深刻的画面当然就是孩子最喜欢的情节,也是作文时的重点详写的部分了。所以,这个构思过程完成了,就相当于完成了作文的构思。

这比直接构思作文要美妙得多:学生们是在不自觉的氛围下完成了前期的"作文地图",他们会感觉到那么有趣,等于又重新经历了一次愉快的游乐过程,在这种愉悦的心情下继而照图作文就得心应手了!这和那种一开始就面对作文题目痛苦地构想简直不可同日而语!

低年级是写作的基础阶段,让学生画心中所想,说画中所画,放飞想象的翅膀,自由表达、不拘形式,让其自由自在地在作文的天地里驰骋,他们心中才会有说不出的快乐,从而产生欲望对作文萌生兴趣。兴趣是最好的老师,有了兴趣,才会有强大的内驱力,促使学生乐于写作,这样,既提高了学生们的语言表达能力,又培养了他们的创新意识和创新能力,并为今后的写作打下良好基础。

二、由"绘画地图",过渡到"写作地图"

用图画表达心中的故事,对孩子来说并不难,不过这只是图示作文的过渡阶段。当孩子对这种"图画地图"作文能驾轻就熟后,就要向下一阶段——"学习地图"过渡了。因为这样的图画虽然有利于孩子的作文兴趣,但是毕竟太繁琐,当他们树立起来作文的兴趣,这一阶段就要成为过渡阶段,也就要进行下一步的引导了。

(一)轻图画内容,重结构表达

当学生能顺利而乐意用图画的方法表达自己的所见所闻,再按照图画的内容进行作文时,教师就要进行下一步了:尽量简化图画,以便进一步向结构式地图过渡。如果一下子过渡到结构地图,恐怕学生会不适应,产生厌烦、畏难情绪。所以,应该有个中间过渡。

老师在辅导时,在引导孩子画自己的见闻时,要让孩子明白,画得太细,浪费时间,在图画上只表达简单的内容,重点放在结构的组合上,先画什么,后画什么,按照什么顺序画,哪一部分是心目中的重点,分哪几个方面来画。

比如:春天到了,请同学们画图表达自己的所见所闻。一个同学画的《找春图》,她先写下题目《找春》,然后分了三支:水果店、菜场、公园。在水果店,她画了芒果、草莓、樱桃等春天上市的水果;在菜场,她画了香椿头、马兰头、枸杞头、菊花脑等应春的菜类;在公园,她画了柳树的嫩芽、白玉兰、樱花、迎春花等春天开放的花草。总之,是一幅完整的美丽图画(见图1-3)。

图1-3 找春图

但是这样的一幅画要画很长时间,一堂课都不够,怎么办? 我就让他们尝试把图画简单化,也就是只在图画上简单描画,让人一看就明白,这是一幅简单的图画,以结构为主。经过讲解,学生似乎明白了,她修改了图画(见图1-4)。

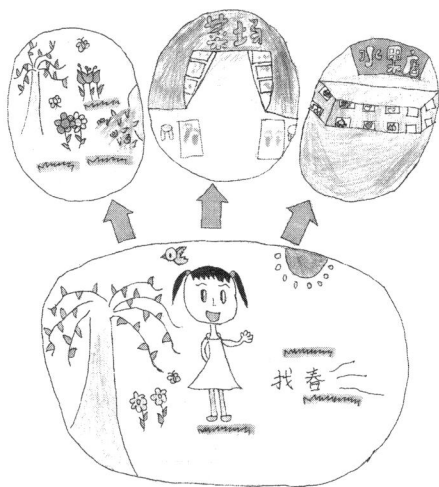

(二) 图文并茂,详略分明

看起来学生好像明白了老师的要求,希望自己能画得简单一些,但是,还是图画成分比较多。如果我们每一次作文前都这样画,即使像"图1-11"

图 1-4 找春图(修改后)

那样,作文的时间还是不够,怎么办呢? 如果我们能把图更简单化,有些画面用文字表示或者用简单的符号表示,那我们的速度肯定能提高不少。虽然我们没有画那么详细,但是在画的过程中,头脑中的画面被结构性文字取代,效果是一样的。

我边讲解边修改地图,经过修改,变成了下面的结构图(见图1-5、图1-6)。

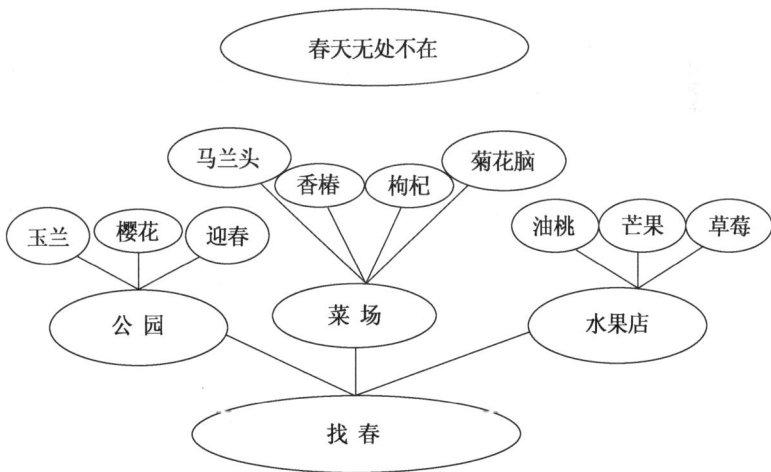

图 1-5 找春图(老师绘)

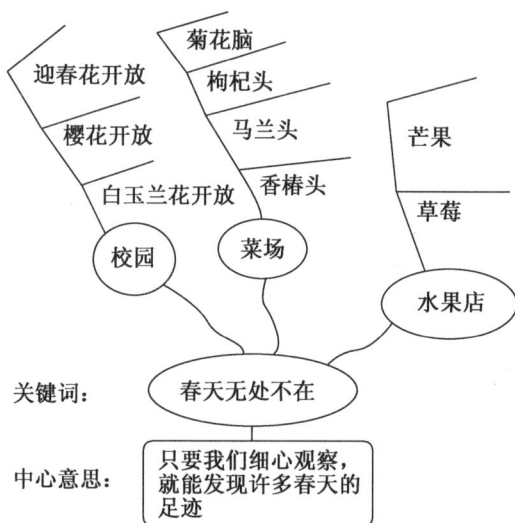

图1-6 找春图(学生绘)

(三) 千变地图,精彩作文

写作地图(作文学习地图)不应该是千篇一律的,学生应该有自己的见解,自己的创新。我出示各种学习地图的模式以供学生选择和创新。

现在经过训练,学生已经能驾轻就熟地画出自己心中的所见所闻,并且图式千变万化,然后根据自己的图示写出条理清晰的精彩作文。同学们渐渐地不怕写作文了!

韩涵同学写的《圆梦小骑士》的地图(见图1-7)。

李伯华的《美丽富饶的南京》(见图1-8)。

赵家伦的《南京中山植物园》(见图1-9)。

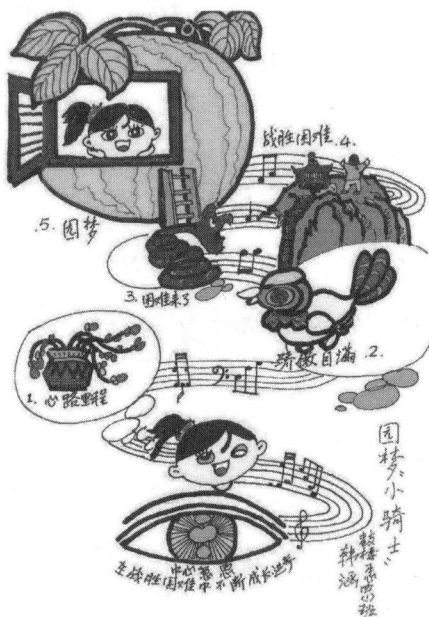

图1-7 圆梦小骑士

石头城

江南佳丽地，
金陵帝王都

东望大海，西达荆楚，
南接皖浙，北连江淮

位于中国长江
下游

天赐国宝，中华一绝

天然玛瑙

雨花石

一团团，一簇
簇，像燃烧的
火苗

淡淡的清香

梅花山的梅花

美丽　　物产丰富　　风景名胜

关键词：　美丽的南京

中心意思：　南京美丽富饶

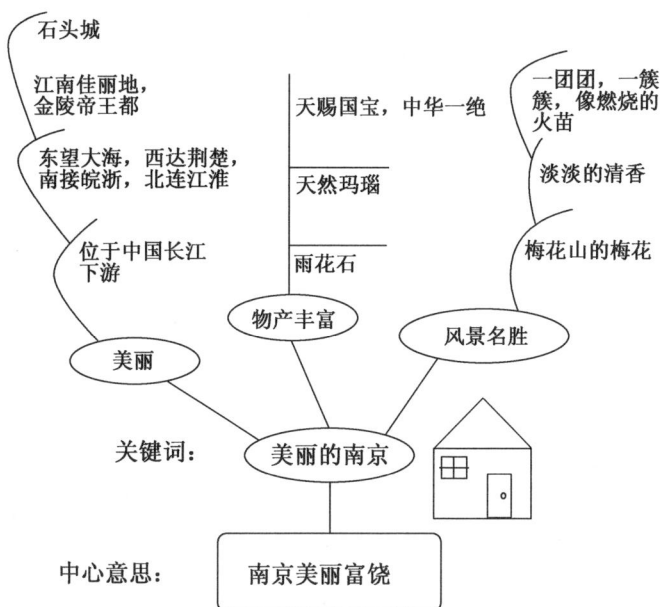

图1-8　美丽富饶的南京

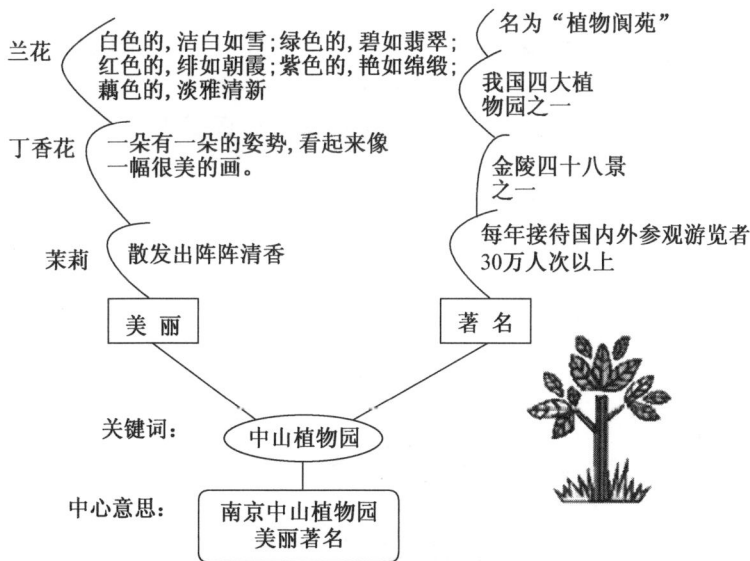

兰花　白色的，洁白如雪；绿色的，碧如翡翠；
红色的，绯如朝霞；紫色的，艳如绵缎；
藕色的，淡雅清新

丁香花　一朵有一朵的姿势，看起来像
一幅很美的画。

茉莉　散发出阵阵清香

名为"植物阆苑"

我国四大植
物园之一

金陵四十八景
之一

每年接待国内外参观游览者
30万人次以上

美丽　　　　著名

关键词：　中山植物园

中心意思：　南京中山植物园
美丽著名

图1-9　南京中山植物园

乐乐的《捉蝴蝶》(见图1-10)。

徐牧凡的《乘车过站了……》(见图1-11)。

王智涵的《第一次说谎》(见图1-12)。

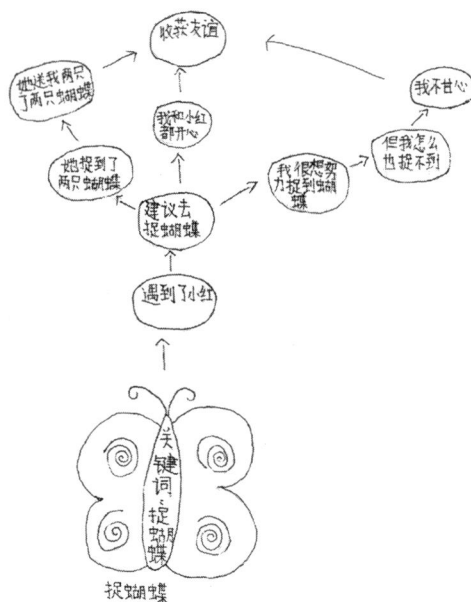

图1-10 捉蝴蝶

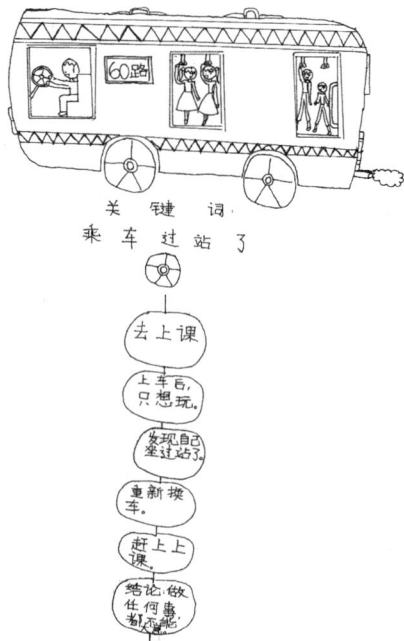

图1-11 乘车过站了……

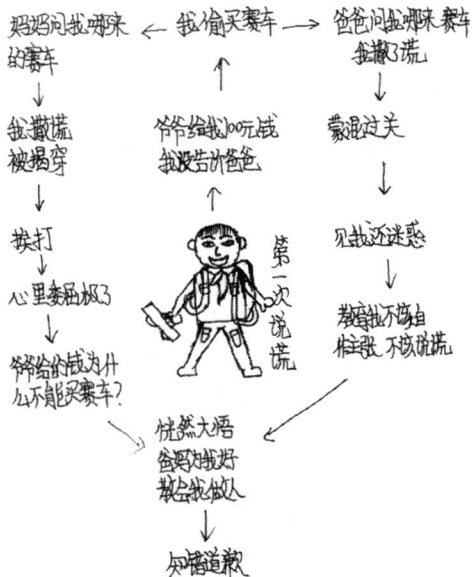

图1-12 第一次说谎

孩子们因为是在图画的基础上起步作文,所以,一开始,作文就条理清晰,详略分得很清楚。同学们觉得这样的作文轻松有趣。我也感叹教师的教学原来也可以这样"放手一搏"!

三、作文学习地图,有利于良好的学习习惯养成

魏书生老师常把"语文知识树"比作地图,有了地图就能明确目标,选择最佳路线,可以少走弯路,而且在教学中运用也有较大的可行性。在中学教学中,师生可以按"知识树"的体系去安排进度。每讲一点知识,让学生懂得每次学到的知识处于整体的什么位置,与邻近的知识点有何区别和联系。小学作文教学也和这种语文知识树的方法不谋而合。其实这其中的道理是一样的,小学生在作文时,也是先构思学习地图,相当于知识树的结构,也就是立体的作文提纲。然后按照图示的构思去安排情节,这样在作文中始终思路清晰,避免了作文走题、跑题、偏题等问题。

在作文起步教学中,通过尝试,我深刻体会到先画地图再作文的妙处。

(一)有利于对作文结构进行整体性把握

"语文知识树"是魏书生老师和他的学生在综观初中六册教材的基础上画出来的。他首先让学生从总体上了解了语文教学的知识结构,体现了魏书生老师从整体着眼的教育教学思想。"学生可以根据这张图,一个层次、一个类别地实现语文学习的目标,避免学习的盲目性和被动性。这种从总体上了解知识结构,而后分部分学习,最后在认识部分的基础上再把握整体的学习方法,即整体——部分——整体的学习方法,就是整体性原理在教学实践中的具体运用。"

其实,作文学习地图跟这个道理一样,是让学生学会从整体上把握文章的结构,在画地图时进行构思,作文的结构就已经了然于心了。对学生来说,课堂阅读是把知识整理归纳的过程,而作文则是个相反的过程。就是因为相反,所以学生才感觉是如此困难,看不见摸不着,感觉无从下手。正是这个"学习地图",让他们在作文时,有了明确的目标,一下就确定了构思的起点,在写作过程中添枝加叶就可以成文。所以,学习地图有利于小学生良好的作文习惯养成,可以为以后的语文学习打好基础,更重要的是学生学会了从整体把握作文的结构。

(二)促进了学生自主学习的能力

魏书生老师试图建立语文学科的知识体系。有人认为魏书生正确处理了知识规律、学的规律、教的规律三者之间的关系……关于知识规律,以"语文知识树"为主要内容,建立知识体系,使语文教学从无序到有序。

作文教学和这些也有相似之处,在初学作文的孩子看来,作文是那么无序、那么艰难,简直不知道从哪里下手。学生作文起步,传统教学都认为应该是由老师悉心传授作文方法,可是这种传统教法并没有像我们期望的那样奏效。无论老师如何卖力地讲解示范,学生如何认真听、练,作文起步依然是难题,依然困扰着老师、学生、家长。

所以,对初学作文的孩子进行地图作文教学的尝试,让我感受到教者、学者的关系可以重组,作文起步不一定要由老师喋喋不休地讲解作文的方法,而用这种由学生自己的兴趣起步的,由他们自己做主写什么、怎么写的教学方式,更适合孩子的天性,让孩子知道了怎样下手作文,依照什么样的顺序去做。也许这样做,一开始要麻烦得多,但是这样做培养了学生作文的兴趣,更使他们从小就习惯了自主学习。

《语文课程标准》指出:学生是语文学习的主人,语文教学应激发学生的学习兴趣,注重培养学生自主学习的意识和习惯,为学生创设良好的自主学习情趣,尊重学生的个体差异,鼓励学生选择适合自己的学习方式,引导学生在阅读实践中学会学习。所以,这是教学规律的体现,也真正符合新的语文教学标准。

(三)符合孩子的思维特点

认知结构是认知心理学派所强调的。他们认为要把知识的结构教给学生。虽然我们传统的作文教学也是讲解知识的结构,但是,人的思维就那么奇怪,有的思想在脑子里转了无数遍,还没有简单的图像呈现来得清晰,孩子们的思维优势又是形象思维,也就是对有形的东西更敏感,所以,画出作文的结构再依图作文,从心理学的角度来说更符合孩子的思维特点。

诚如很多人认为的那样,"语文知识树"就其呈现方式来说,是有助于学生形成一定的认知结构的。认知结构是认知心理学上的一个很重要的概念。奥苏伯尔认为,所谓认知结构,就是学生头脑里的知识结构。我们也可以把它称之为学生内在的知识结构,它是由外在的知识结构转化而来的,所以先构思结构图再作文,就是把外在的结构转化成内在的知识结构,这也符合孩子的思维特点。

(四)提高语言文字运用的能力

学生按照自己的兴趣确定自己的"地图"走向,然后再照图作文,这样的作文教学是以学生为主体的教学,尊重了学生自己的生活体验,故而提高了学习的自觉性,也有助于学生自学能力的培养。

在这个过程中,学生自己构思→画图→写文,篇章结构布局的能力、言语表达能力,都得到了锻炼。总之,从各方面提高了语言文字综合运用的能力。

3. 反思课改下的语文课堂教学

"课程改革是一个实验过程,但它却关系着千千万万孩子一生的命运。"这是在一次关于教学改革的调查中一位家长对我所说的话。这句话时时激荡在我的心头,作为一名教师,我深感责任重大。

面对新课程、新教材的众多创新之处,我认为,作为教育工作者一定不要忘记小学是基础教育的基础,无论课程教材怎样改,打牢基础始终是中小学阶段的首要任务,更是小学阶段的重头戏。要使绝大多数学生达到共同的基本要求,学生的聪明才智和不同特长充分得到发展,一定要处理好学生自主学习与教师指导之间的关系,一定要实事求是、因地制宜地处理好承传与发展的关系,做到始终求活,不断创新,迈好积极而稳妥的步伐。

一、背景

实际的教学改革证明,家长的担心并不是多余的。回顾教学改革的历程,的确出现过许多失误,虽然在改革中不可避免,但是对孩子造成的影响也不可低估。

在改革之初,教育家们提出了启发式教学,于是乎不少老师对启发式的解读就是"满堂问"。老师满堂课提问,学生就是满堂课回答,构成了热热闹闹的"启发式教学"。这时,人们觉得集中识字的形式延续了多年,与教改的大潮不合拍,于是,"随课文识字"的教学方法便应运而生。这一提,就变成了新概念,教育部门大力推广,把是否随课文识字当作检验一堂课是否教改的标准之一。

当轰轰烈烈的随课文识字、启发式教学进行了好几年,一届届学生小学毕业了。人们渐渐发现这种"启发式教学"和"随课文识字"的一代学生在语言文字的运用上,特别是在汉字的掌握上是那么差,作文中,错字、别字成堆。人们这时才开始反思这几年的教改有哪些成功、有哪些失败。最终人们很不情愿地承认这么多的错别字正是随课文识字惹的祸。

其实,汉字那么复杂,小学识字的任务又那么重,在讲解课文内容时认一下字就能掌握了吗?谁都明白,一课只有三两个生字还好解决,而一篇课文中有许多生字的课文没有专门的时间集中识字几乎是不可能掌握的。更不用说在感悟课文时不断被学习生字所打断而造成的对文本解读的缺憾。

就这样,大家都按照上级的要求改革着,结果造成了无法弥补的损失。如果当初的改革过程中能征求多数一线老师的意见,而不是居高临下地一意孤行地去推广,或者能允许不同的课改存在,允许多元的课堂并存,也许情况会好很多。

这只是一个识字教学的改革例子,我们的改革往往这样,评价一堂课时常常都是说某某上的课理念新不新,却极少说有利于学生言语智能发展吗?有利于学生独立思考能力的形成吗?从这些评价就很能说明问题了。

如今的课堂教学改革越来越完善,可以说教育专家们确实呕心沥血,并且参考了国外先进国家的教育模式,但是是否适合我们的国情,是否能促进学生的可持续发展,我们只能边实践边探索。

随着新课标出台和实行,我们的教学改革又进入了新的阶段。但是,这次尽管教育专家们做了这样那样的准备,我们的老师也努力学习新课标,那么,现在的课堂又如何呢?

如果深入一线听课,你会发现,对这次的新课标的解读也有不尽如人意的地方。

二、现在的课堂

(一)热闹而杂乱的活动,仅仅是课堂游戏

请看,二年级的老师准备上《台湾的蝴蝶谷》。课前准备,复杂而费神,光是画蝴蝶、复印蝴蝶、剪蝴蝶、彩绘蝴蝶就忙了一个星期,再加上备课、制作课件试上,一个多月的时间都不够。终于准备就绪,上课了,课文学习在热热闹闹中进行,随后课堂上人手几只蝴蝶,当讲到"上下翻飞"时,学生拿出彩色的蝴蝶,做出上下翻飞的样子。当讲到台湾的黑蝶谷、黄蝶谷、彩蝶谷等,学生拿出事先准备好的彩笔,在黑白蝴蝶上绘出自己心目中最美的蝴蝶,然后贴到自己认为的彩蝶谷或黄碟谷等(实际是窗户上)。课堂上热热闹闹。

我们先不讨论这堂课的效果如何,单就它的可行性、可操作性,就值得怀疑。试想,为了一堂课,暂时忽略所有的工作,忙上一两个月,有的课要准备更长时间,其结果就是为了在课堂上展示一下,显示课堂教学的多样性。我们的老师都是满负荷运转,备课、上课、批改作业、处理班级事务,还有更多的时间要应付各种检查,填写各种表格,准备各种材料,应付学校的各种活动等等,整天忙得不知今夕何夕,谁又有这么多时间、那么多精力,每一节课都这样做准备呢?这几乎是不可能的。因此,这些示范课的可行性就大打折扣,仅仅是"示范"而已。

至于教学效果,从学生的兴奋程度和学生感兴趣的东西,可以看出学生只对课堂活动感兴趣,反而冲淡了对文本的感情,因此整个课堂看起来很杂乱而浮躁,哪里还能静心去体会文本的内涵和其中的美?

(二) 合作学习,哗众取宠,浮于表面

合作学习是一种以生生互动为主要趋向的教学理念与策略体系,合作学习是以学习小组为基本组织形式,系统利用教学动态之间的互动来促进学习,以团体成绩为评价标准,共同达成教学目标的活动,是目前世界上许多国家都普遍采用的一种富有创意和实效的教学理论策略体系。

合作学习(cooperative leavning)是 20 世纪 70 年代初兴起于美国,并于 70 年代至 80 年代中期取得实质性进展的一种富有创意和实效的教学理论与策略。新课标提出合作学习正是为了培养学生的合作精神,提高学习效率。但是,在实际教学中,要想取得很好的合作效果,必须精心设计合作学习的内容,巧妙安排小组人员的配备。更重要的是,要明确区分哪些文本的教学是适合用合作学习的,哪些文本不适合用合作学习的方式,绝不能为了体现新课标而"合作"。试想,新课标是为了更好地培养孩子,是为学生服务的,如果只是为了追求课堂气氛而合作学习,不是本末倒置了吗?

能真正在这么短的时间内讨论出什么东西来,还真不容易。往往是会的就会了,不会的还是不会。这样浮于表面的合作学习只是哗众取宠。

(三) 时下语文课堂缺少"冷场"

课堂这么哄闹而浮躁,笔者认为时下语文课堂缺少"冷场"是其中一个重要原因。这里所说的"冷场"并非指传统课堂中教师教学指令脱离实际,学生无从应对,启而不发,课堂氛围处于尴尬的静默场景,而是指在课堂上教师有意识地留出一个或多个短小时空,给学生自由支配、自主建构,课堂处于思维活跃的安静状态。

阅读教学中存在多重对话关系,诸如师生对话、生生对话、教师与文本对话、学生与文本对话、教师学生和编者间的对话……但最核心的对话关系是学生与文本之间的对话。这是因为阅读作为人的一种实践活动,其体验除了具有亲历性和过程性,即作为阅读主体的人通过亲身的阅读行为来认识对象之外,更主要是指阅读主体与阅读对象之间的心理交融、合一,即以文本为中介,通过文本引发的对已有经验,包括内心感受、体味或亲身经历的反思和回味,获得对文本蕴涵情感、作者情感以及自我人生的一种感受和领悟,是对阅读文本生命意义的一种把握。显然,这种核心对话产生的感悟效能比教师的讲解式、媒体的演绎式的听懂或看懂的感悟要真实、有效、深刻得多。

新课程标准也指出,阅读是学生的个性化行为,不应以教师的分析来代替学生的阅读实践,应让学生在主动积极的思维和情感活动中加深理解、体验,有所感悟和思考,受到情感熏陶,获得思想启迪,享受审美乐趣。这就是说,学生阅读具有自主性、独立性和不可替代性。文本的意义是学生在阅读过程中自行发现、自行建构起来的。要让学生自己阅读,自己学会阅读。

科学预设"冷场",让课堂留有学生亲近文本、展开对话的时空,让每个学生都与文本"零距离"接触——默读文本、品味文本:从一个句子、一个词、一个字乃至一个标点中去体味语言,真正与作者进行对话,产生"共鸣",达到心灵的融通——促使"核心对话"深入开展,从而产生独特的感受、体验和理解。这样的"冷场",可以为其他对话的有效进行提供必要的铺垫,为精彩的动态生成提供科学的预约。

这样的预设,不但有利于调动每个个体思维的积极性和主动性,促进思维的广度和深度,而且可以培养学生在学习活动中自觉认同、反思和体验的习惯。

教学是创造性劳动,教师和学生都需要自我发展、自我实现。这就需要课堂要给缤纷的个性搭建多彩的舞台,要给共舞之外的独舞保留一点精彩回旋的自由空间。

(四)多媒体是辅助,不是主体,也不是装饰

多媒体在教学中的运用,本来是为了辅助教学的,它再精彩也只是为了帮助学生学习的。但是在教学实践中,一些学校和教师盲目追求教学手段的现代化、装饰效应,不注意"因材施媒",所以教改走向了误区。如在教学《特殊的葬礼》一课时,一开始就放出了大瀑布的录像,学生的注意力马上转移到欣赏画面上,反而对大瀑布的消失缺乏感悟,没有心思去琢磨文本所表达的内涵和思想;另一方面,每个学生因为经历不同,知识经验结构不同,他们对文本的解读也不同,正如"一千个读者,就有一千个哈姆雷特"。学生读了文本会展开不同的想象,在头脑中形成各种各样的大瀑布。但是一开始就放出了录像,学生头脑中就出现了同样的大瀑布,这样就容易扼杀学生丰富的想象力。

其实,运用多媒体教学是时代的进步,关键是看我们怎么运用,什么时候用,都要根据教学的需要、文本的特点,既不能停留于传统教学手段上,也不能单纯依赖多媒体课件进行教学。不同的年级,不同的教学内容,可选择使用黑板+粉笔或多媒体+黑板+粉笔,都是可行的教学方式。黑板表达的灵活性依然是现代教学中必不可少的辅助工具。必要的板书对弥补多媒体课件的缺陷有着重要的意义。有的内容可单纯地用多媒体进行教学,有的内容可先在黑板上讲解,然后用课件动态演示,效果就很好。

2004年白下区希望杯赛课中,有一位青年教师在教学苏教版第十册《三借芭蕉扇》这课时,就恰当地采用了这种手法。他一开始便用多媒体播放了动画片上的孙悟空打斗场面,同时播放主题曲"猴哥、猴哥,你真了不得……"引领学生很快进入情境,然后让学生把自己心中孙悟空的性格特征写在黑板上,再学习课文。通过老师讲解,边学习边引领学生感悟,修正黑板上学生一开始写得不对的地方……课件在这里只起到引导学生入情入境的作用,后面的教学都是在教师的引导下学生自己感悟文本,教学效果非常好。在众多的参赛课中,这堂课最令人难忘,众望所归,得了一等奖。毕竟教师才是课堂教学的主导,抑扬顿挫的讲授比起课件中录制的声音更有魅力。

教师在课堂教学中的作用不仅是不可替代的,而且举足轻重。在面对面的直接交流中,教师的人格魅力及爱心,同学们的一言一行、一颦一笑都可能触及我们生命中最深沉的情感。因此在情感培养、人格塑造等方面,传统教学方法是不可替代的。

多媒体教学方式也有自身的局限性。不能把多媒体作为"万金油",哪里痛往哪里抹。在进行多媒体计算机辅助教学前,教师要充分保证其必要性和可行性,避免"哗众取宠"和"画蛇添足"。对计算机的迷信将导致在教学过程中,不仅使居主导地位的教师无形之中压抑自身的主观能动性,而且忽视了学生的主体性和个性差异,将人的思维程式化,将学生的积极性、主动性降低。多媒体只能作为教学的辅助手段,与传统教学手段并存,单一的教学手段将不利于教学的开展,不利于学生的健康发展。

(五) 课堂评价单一,一味表扬,急功近利

在执行新课标的过程中,我们的课堂评价也发生了翻天覆地的变化。现在的课堂上,能听到的批评极少,特别是公开课,听到的几乎都是表扬。诚然,孩子应该以表扬鼓励为主,但是也应该给孩子一个是非的标准,不能什么都肯定。在课堂上,我们听得最多的往往是:"你的回答真棒!""你真了不起!""你的答案真精彩!""你真是个聪明的孩子!"等等。老师这样做是为了追求当时课堂效果,其实有的学生的回答可以说不着边际,有的勉勉强强、五花八门,但是老师不分青红皂白,都给予了充分肯定,学生听了沾沾自喜,自以为真的非常精彩,就不再动脑筋追求更合适的答案,这样学生就得不到很好的思维训练,久而久之,学生会习以为常,听不进不同的意见,学会目空一切。更为严重的是,学生有可能养成做事浅尝辄止、不求甚解的坏习惯。

其实,我们对学生的估计也不正确。学生大多数都能对恰当的表扬、鼓励和批评持正确态度。教学中,一味的表扬或一味的鼓励都不利于学生的发展。教师要善于发现学生思想的火花,及时表扬、鼓励。发现错误也应该及时纠正,使学生养成对知识正确的判断能力,在肯定与否定中提高自己的认识和思辨能力。特别注意的是批评不能简单化,要明确指出问题之所在,并帮助学生对问题进行分析,让学生了解自己问题存在的实质和关键,提出恰当的解决办法。

(六) 忽视学生主体地位和个性培养

长期以来,小学语文教学存在过分追求知识体系的倾向,具体表现在:

老师在课上讲得太多、问得太细、统得太死,老师辛辛苦苦地讲了许多"正确的废话",学生听到的并非课文的精彩语言,而是教师繁琐的分析和讲解,加上语文模式化、程式化,每课都分段、归纳段意、概括中心,学生留下的是抽象的概念。老师总在问:当调达带领国王的军队来捉九色鹿时九色鹿怎么想? 当破水罐听了挑水工的话怎么想的? ……教师为什么这样喋喋不休地问呢? 目的在于进行思想教育。这样的提问既无思维训练价值,又无语言训练价值。尤其是低年级的课文明白如画,一看就懂,我们的老师仍在问:文章有几段? 第一自然段有几句话? 第一句话是什么意思?(书上就那么个意思,这不是明知故问吗?)第二、三句话呢? 再想想,这三句话是什么意思?(这三句话合起来就是三句话合起来的意思!)看来,问什么、怎么问,都值得认真推敲。

小学语文教学不但统一教材、统一方法,而且统一结论。语文教学追求标准答案就是个笑话。老师用相当多的时间解释词语,越解越烦。有一段笑话:一个小朋友在看电视过程中,突然张开双手,往沙发上一倒,说:"我陶醉了!"奶奶问:"陶醉是什么意思?"小朋友想了想说:"就是喝醉了酒,逃跑了。"这个小孩本来意会了"陶醉"的意思,但一解释就不行了。古诗也是这样,有时候在反复诵读中就意会了意思,领会了其中的意境美,但是考试却偏偏让我们的孩子解释诗句中的某一个字或词的意思,所以老师们为了应付考试,就给孩子逐词逐句地解释。这是我们的教育评价指挥棒指挥的结果,也不能把罪责全归到老师的头上。

更为严重的是"统一感情"。刚拿到课本时,老师就说:"请同学们以十分激动的心情读第二自然段,以十分悲痛的心情读第三自然段。"有的学生提出:"老师,我还激动(悲痛)不起来,等一下再激动(悲痛)行不行?"学生的感情是不能统一和强制的,否则就成了虚假的感情,就是"演戏"。这样的语文教学只能产生悲哀的结果:小学生害怕学语文,更怕写作文。

(七) 忽视人文精神的培养

(1) 忽视形象感染。小学语文教学太重理性、说教、灌输,把人的真善美淡化了,留下抽象的东西而弱化了形象的事物。应让学生留下生动的形象而非抽象的几个教条,形象应大于抽象。(2) 忽视情感交流。一些优美文字饱含作者丰富的情感,许多教材的情感含量非常丰富,但老师讲起来索然无味。面无表情的教师,冷漠的面孔,公开课学生虚假的兴奋,这让课堂失去了最美好的东西。其实,融洽和谐的情感交流,潜移默化的情感可影响人的一生。(3) 忽视审美教育。小学语文课本中的人物、意境、语言等都很美,却未能被真正地表现出来。课本中不是缺少美,而是缺少发现和挖掘。

三、思考

我们的教学改革并不是没有成绩,而是我们要谨慎从事。因为孩子是祖国的未来,我们不能把他们当成普通的试验品,如果我们失败了,产生的就不是一两件废品的问题,伤害的就是无数家庭,受害的就是无数的孩子,对国家和民族的未来也会造成重大影响。

从教育者的角度思考,不管提出什么样的改革、什么样的新课堂,作为老师都要一如既往,努力做到以人为本,以孩子的发展为重,充分发挥教改的优势,减少教学改革的副作用。

(一) 从教法方面考虑

1. 注重课内外打好基础

(1) 认识教材的特点。教法学法同步改革。教师们要认真学习和把握好实验教材、教法。这是"课内外得法"的前提和基础。

(2) 课内外结合,形成读写训练系列。指导学生将课内学到的知识向课外延伸,打破书本与生活界限,实行课内与课外相结合。

(3) 课有特点,节有重点。每个课堂教学努力做到课有中心,节有重点,每堂课学生学有所悟,学有所得。

2. 课外得益求发展

"课内得法"是提高语文教学质量的前提和基础,然而,仅仅靠"课内得法",教学质量的提高总有局限性,只有努力打开课外这片广阔的天地,才能大大提高整个语文教学质量。

叶圣陶先生说过,教材无非是例子。这说明:一是课内学习始终是构建学生读书大厦的基础,注重基础即教材对培养学生读写能力的重要作用,力求学生有所悟、有所得。二是揭示例子在构建学生读写大厦中的规律和方法。教师在教学过程中做到胸有全局,胸有全册;课内教学应该是课有中心,节有重点,一课一得,一节一得。

3. 运用心理学知识,改进课堂教学

(1) 激发兴趣

教师要根据教学大纲的要求,明确教学目的,抓住课题中心,结合与课题密切相关的内容,创设情景,激发学生强烈的求知欲望以及浓厚的学习兴趣,促使学生主动学习。

心理学研究表明,兴趣对客观事物具有肯定情绪色彩的认识、活动倾向,因此,采用生动的适合学生心理发展水平的教育方法,就能激发学生兴趣,把学生的外在动机变成课堂追求的内在学习动机。

(2) 善于精讲

教师要抓住教材的重点难点,根据课文类型,教材内容的"轻"和"重"以及学生的具体情况,准确使用概念,科学地作出合乎逻辑的判断、推理。

心理学知识告诉我们,词的思维是同语言分不开的,教师的语言艺术,直接影响着学生的思维发展,也直接影响了课堂教学效果。因此,要做到精讲,就必须认真备课,细心发掘教材的内涵,掌握精神实质,把握教材内容。要达到得心应手、融会贯通的程度,并根据学生身心发展的特点以及认识规律,设计促使学生思维发展的教法。实践证明,对教材用不同的语言表达,影响着学生分析综合的方向和解决问题的方法。所以上课时教师的语言表达要准确、生动、形象鲜明,富有趣味性和节奏感,防止拖泥带水、故弄玄虚、重复烦琐。

(3) 设问启发

在课堂教学中,教师要恰当地选择时间,巧妙提问,创造"必求通而未得"和"口欲言而不能"的情景。启发学生质疑问难,调动学生内在的学习动因;引导学生去探索知识的本质规律,使教师传授的知识融在学生积极的思维活动中。

心理学知识告诉我们,当外界刺激作用过久超过大脑皮层细胞能力极限时,大脑皮层就进入抑制状态而停止工作。死板的填鸭式教学方法容易作为一种单调的刺激,使学生大脑皮层处于抑制状态而影响学习效果。因此,课堂教学中教师要运用启发式,选择良机,利用学生的好奇心激发学生思维波澜,再加上教师的点拨诱导,以顺利解决课堂问题。

(4) 归纳总结

教师根据讲授的内容,利用板书、图表等方式进行归纳、点拨,再通过学生的作业练习,增加学生对所学知识的理解、记忆,使学生对所学新知识迁移,达到转化知识为技能的目的。

心理学研究表明,条件反射是信息沿着一条特殊的通路,从神经系统通过,建

立了暂时的神经联系,而这种短暂的神经联系的建立必须进行多次强化才能得以巩固。学生获得知识的过程就是条件反射在学生头脑中建立和巩固的过程。教师对教学内容分析、类比,对原有知识的概括,找出事物间共同因素及规律性东西,便于学生掌握。

(5) 善于观察

教师要善于观察学生在课堂上的表现,如表情、神态、动作、语言等,以此准确判断学生对知识的反馈,以便及时调整教学思路,更有利于学生对知识结构的建立,达到更好的教学效果。

心理学研究表明,人在注意某一事物时,伴随着大脑兴奋中心的形成和转移以及内脏器官的活动,会反映在外在表情上。这就要求老师在课堂上,随时观察学生的表情、神态的变化,获得准确的反馈信息,从而采取恰当的调节措施。

(6) 创设适宜提问的教学环境和氛围

创设情景教学情境就是以直观方式再现书本知识所表征的实际事物或者实际事物的相关背景。心理学研究表明:直观可以使抽象的知识具体化、形象化,有助于学生感性认识的形成,并促进学生理性认识的发展。因此,创设适宜的环境和氛围,能让学生在轻松、愉快的氛围中思考、表达,获得知识的生长。

4. 培养小学生的问题意识

(1) 引导学生发现问题,提出问题。

(2) 创设适宜提问的教学环境和氛围。留给学生思维的空间和提问的时间。尊重学生的问题。

(3) 设置问题情景,鼓励"问得妙"。课前预习积累问题。课中设疑引出问题。动手操作生成问题。生生互动激出问题。

5. 为孩子打造一个情感课堂

(1) 将一个充满激情的自我展现给学生。

(2) 尊重需要,注重情趣。

(3) 教学活动中要注重"融情"。

6. 为孩子打造一个开放的课堂

(1) 尽情展示自我。

(2) 引领孩子去读书。

(3) 在生活中学习语文。

7. 为孩子打造一个"感悟的课堂"

(1) 变别人的情感为自己的情感。

（2）变别人的语言为自己的语言。

（3）把别人的文章当注解，把自己的人生当正文。

上课是整个教学中的中心环节，也是教学的基本组织形式，在课堂教学中注意运用心理知识，结合教学实验，改进课堂教学，可有效提高教学质量。

此外，教师的情绪、学生良好的课堂纪律的培养、板书的设计等也是课堂教学应注意的。教材教法、动作语言、教育机智等融为一体，使教学情、境、意、行水乳交融，才能获得良好的教学效果。

（二）从学习的主体——学生方面考虑

1. 鼓励学生主动参与课堂教学

苏霍姆林斯基说过："在人的心灵深处，都有一种根深蒂固的需求，这就是希望感到自己是一个发现者、研究者、探索者，而在儿童的精神世界中，这种需求特别强烈。"抓住这一强烈的需求，让学生更加主动参与知识的形成过程，感知更敏锐，想象更丰富，记忆更牢固。主动参与是创新学习的前提和基础，是学生自主学习的一种能力。学生是主体，是学习主人，课堂是学生的天地。因此，在教学中应设计让全体学生都动起来、学起来的教学环节。教师要善于调动学生积极参与"明确目标、提出问题、小组讨论、共同评析、完成板书、总结概括"的学习全过程。

2. 学会合作学习

教学是师生全方位交往的生命碰撞过程，既有师生间的互动，又有生生间的互动。这里小学生互动，既有行为的互动，也有思维的互动；既有知识的交流，也有情感的交流与合作。教师，要营造平等、民主、和谐的生生互动的活动氛围，要培养他们健康的互动情感，对学习成功者的赞许、对困难者的帮助、对学习暂时失败者的友善，使他们在合作中竞争，在合作中发展。

因此，在教学中鼓励学生参与到小组合作学习中去，在小组合作学习中，让每个学生都有平等的机会在各自小组总结讨论并解决问题。小组合作学习的生生互动把学生由传统班级教学中单纯的旁观者转变为教学活动的参与者，同时培养学生能倾听别人的意见，对别人的意见作出恰当的评价的能力，在这个过程中还能通过集思广益形成自己的观点。

3. 在想象中创新

学生主动发展的火把需要教师点燃。课堂上激发每个学生在语文学习中主动感知、主动质疑、主动思维的积极性，充分发挥学生的想象力。主动的核心是创造，在教学中要善于挖掘语文教材中的适合创造的情景，开展创造性的言语实践活动，提倡学生发表异见、独见、创见，品尝创造带来的无穷乐趣。

4. 语文课前预习中活用"学习地图"例谈

引 言

地图是用特定的符号和图形表达地理事物的一种有效的工具。而借助"学习地图"教学,让学习地图成为继文字教学之后的第二种教学语言,可以开发学生的智力,培养学生的自学能力、观察能力、想象能力和思维能力。

在教学中,充分利用"学习地图",精心组织编排教材,让图形与文字有机结合,相辅相成,可以收到事半功倍的教学效果。

一、图解文意,提高兴趣

巧用学习地图预习课文,让学生更易理解课文内容,有时确实能达到化深奥为浅显、化静态为动态、化抽象为具体、化平淡为神奇的效果。

在预习小学语文苏教版第三册中的第 7 课《有趣的发现》前,我设计了一幅"课文预习地图"(见图 1 - 13),从中心词、关键词到故事的过程一目了然。因为图形酷似一串冰糖葫芦,这样以图诱人,以美感人,使得学生在获得美感体验的同时马上对文本产生了浓厚兴趣,同时也产生了自己创作"学习地图"的欲望。

本课的中心句是反复观察比较,关键词是"翅膀大小"。由此引发开去——没翅膀的、有翅膀的,翅膀大的、翅膀小的,生存、消亡……

这样,通过文字系统和图像系统二者有机的组合,使得预习地图成为语文教学的"第二种语言"。学生预习时,是带着浓厚的兴趣去认真阅

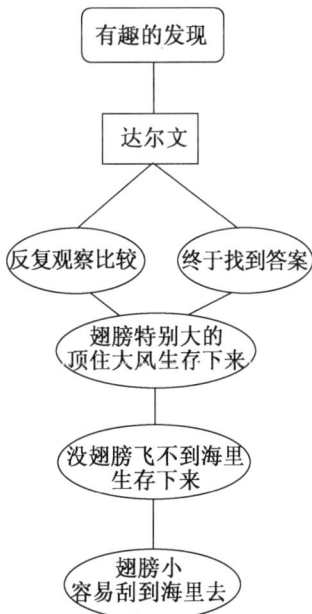

图 1 - 13　冰糖葫芦型学习地图

读,在了解课文的基础上画出预习地图的。这样,让枯燥无味的预习变成了生动有趣的游戏。可以说,图是文字教学的补充、说明,它的作用是难以用文字替代的。以图带文,层层深入,理清文中内容头绪,析图补文,使学生的知识印象更加具体而鲜明。

二、发现问题,提高效率

在充分预习文本的基础上,画预习地图,有利于发现问题,提高听课兴趣,提高课堂教学质量。

在预习《有趣的发现》这课时,有的同学画出了正确完整的学习地图(见图1-14),这便是读懂了文本。

有的同学发现了问题,没有弄明白,他就在图上标注问号(见图1-15)。

图 1-14 学生作品

图 1-15 学生作品

还有的同学画的地图不合理(见图1-16)。

看了同学们的预习地图,上课时我的教学也有了针对性和指向性。同学们也因为画了地图而格外关注课堂内容,在潜意识里想检查自己画的地图的合理性。这种关注和检查是不自觉的,是画图兴趣的延伸。他们认真听课是自觉的、主动的。在听课过程中,张潇雨同学就是因为在画图时遇到困难,自己也觉得图画得不尽合理,所以在听课时特别关注课堂,还不时提出问题,大大提高了听课效率。其他各层次的同学有的因为自己感觉地图画得好,想通过课堂验证合理与否;有的同学因为在画图时对某些问题有疑问……总之,大部分同学都比较自觉地关注课堂。这样大大提高了教学效果,提高了学生参与课堂的积极性,更有利于学生语文素养的全面提高。

学生在地图上标注的问题、问号,教师要认真识别。对于关键问题、重点、难点,教师要在课堂上作适当的点评、解答。这样既肯定了这个同学的积极性,更激起了同学们的探究兴趣,提高他们的学习积极性。

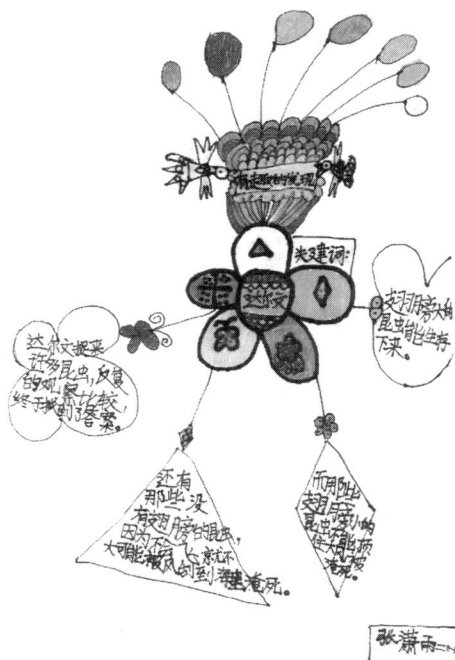

图 1-16　学生作品

三、预习地图,扩大了阅读范围

在预习中,学生画学习地图,往往会遇到书上找不到答案的问题。比如在预习《有趣的发现》时,他们就有这样的问题:为什么翅膀的大小跟能否顶住风有关系? 达尔文是什么人? 有什么成就? 等等。这些问题在书上没法找到,他们在家长的帮助下,到网上查,到百科全书上找……通过这样的预习,他们知道了空气浮力的有关知识、达尔文的《进化论》等,由此拓展了知识面,引起了探究兴趣,养成了爱思考、爱探究的习惯。

爱因斯坦曾说过:"我不是以语言思考,而是以形状和形象思考,完成之后,努力将其置换成语言。"对低年级学生来讲,近乎抽象化的语言文字不易让他们尽快地接受并消化,而一旦变成了有形有状的学习地图,会恰到好处地促进学生对课文的理解,使他们产生愉快的情绪和浓厚的兴趣,从而诱发思维动机,使得语文学习充满了无限活力。

四、预习地图,提高了阅读水平

低年级学生主要缺乏对课文的整体观念,不容易发现课文中各个知识点之间的联系,即头脑中没有一张"课文知识地图"。的确,语文不像其他学科那样结构清楚、目标明确。但学习地图可理清脉络,突出重点。它是一种帮助学生分类、归纳和创建课文中的事物之间相互联系的有效学习手段,教会学生合理地筹划、绘制学习地图,对培养学生阅读能力很有帮助。

经过训练,学生渐渐掌握了绘制学习地图的方法。这样就能很快抓住课文的中心思想,及支持中心思想的重要细节和关键词汇,从而理清学习的条理、脉络,提高学习效率。他们会在很短的时间里读懂文章,大大提高阅读水平。

五、图文并举,素养提高

可以说,地图以其"形体"之变化多端,蕴涵着丰富的美育素材。同样一篇课文,不同的学生设计的学习地图将不尽相同,即使是某一位学生,在不同的时期不同的环境下设计的学习地图也会略有不同。但就是因为千差万别,才体现出了学生思维的多姿多彩。特别是在学习地图的绘制与编排中,学生无形中学会了审视绘图的合理性及审美性,在相互比较中提高了审美的能力。如图1-14、图1-16、图1-17、图1-18都是学生设计较好的预习地图。

图1-17 学生作品   图1-18 学生作品

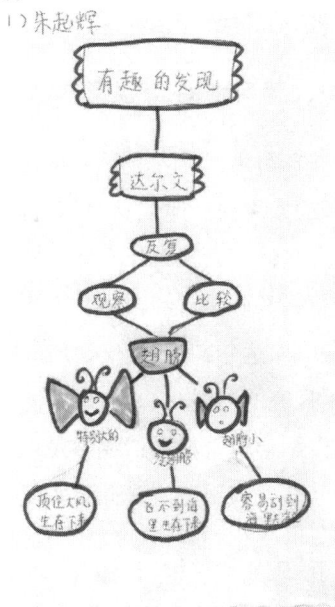

学习地图以其简洁明了、生动形象反映了课文内容"关键点"之间的关系,在有意识的分类、归纳、整理过程中,其中不乏艺术的美感。学生在学习知识的同时,通

过图文并举的形式获得了美的享受、美的熏陶、美的教育,有利于学生的全面发展和综合能力的提高。

六、结语

文字系统(板书)和图像系统(学习地图)的有机结合,是教学改革的一大有益尝试。运用地图组织教学可让学生通过接触一张张五颜六色的彩图,一幅幅精美流畅的板图板画,用连接物(比如线条)建立起语文知识要点与词汇、中心思想等的联系(见图1-19)。学习地图还应与传统教学相互补充、相互促进。作为一线教育工作者,应充分把握二者的关系,根据现有

图1-19　学生作品

的教学条件,适当地开展学习地图的实践活动。可以肯定的是,将学习地图合理运用到语文教学中,是更新教学观念、更新教学方法的新举措。将学习地图纳入小学语文教学中,与传统教学手段结合起来,互补互助,可以优化教学模式。

5. 浅谈小学生作文仿写

　　小学生作文起步，历来都被看作小学教学的难点，令学生头疼不堪。因此作文教学，特别是作文起步，备受老师和家长重视。用什么方法才能让初学作文的孩子顺利躲过畏难期，一开始就喜欢作文，而不是害怕作文呢？

　　我经过思考和实践，提出了仿写这个概念。可是当我提出让孩子仿写入门时，不少家长却提出了相反的意见。

　　什么叫仿写？仿写，就是作者模仿某些范文的立意、构思、布局、谋篇或表现手法，进行作文的一种写作训练方法。也就是说，以所阅读的文章为例，仿照一句、一段、一篇的写作方法来练习写作的一种方法。换句话说，就是仿写课文立意、构思、布局谋篇和表现手法，在阅读范文时对感知、理解的表达方式及时进行迁移运用，达到以读促写，以写促读，读写结合的目的。

　　在现实教学过程中，仿写的确出现了许多误区：一是依样画葫芦，千篇一律；二是放任自流，老师、家长让学生阅读模仿而不作具体指导，导致学生作文水平停滞不前；三是"支离破碎"，学生对某个片段进行专门性的模仿，如：语言、动作、外貌、神态、心理、场面等，从而导致学生"断章取义"，难以运用自如；四是模仿单一、过度依赖范文，缺乏现实生活的基础，使学生作文不能因地制宜，缺少真情实感。

　　但是也没有必要谈"仿写"色变。仿写当然有利有弊，问题是教师和家长要认清仿写的重要性，以及怎样除弊趋利。

　　吕叔湘认为："一个人的学习是从模仿开始的。"张志公先生也认为："模仿是学习写作的必经之路。"对于笔头稚嫩的小学生而言，仿写就是一根拐杖，可以帮助其走过学习写作时最初的那段艰难的路程。

　　模仿是儿童的天性，是创作的基础，也是学生初学写作的一种方法。这种方法或许在某种程度上限制了学生的个性发展，但它毕竟是从读到写的一座桥梁，是学生学习写作的一条捷径。

一、从形式上分

(一) 片段仿写

片段仿写,亦称"点仿"。这种方法就是从局部模仿范文写作的方式。局部模仿,内容较多,范围较广,主要包括句式表达、段落构成、开头结尾、过渡照应、抒情联想、描写议论等。但并不是所有的片段都可以作为仿写训练的材料,而是需要精心选择那些具有明显特征而且有价值的片段,进行仿写训练。同时还要精心指导学生分析、把握仿写之点,也就是要模仿的部分。例如《燕子》这一课,第一节"一身乌黑光亮的羽毛,一对俊俏轻快的翅膀,加上剪刀似的尾巴,这就是活泼机灵的小燕子"就可以作为学生仿写的范例。因为这节对小燕子的外形描写很适合这个年龄段的孩子仿写。

一篇文章或一段话可以仿写的点很多,需要研究的问题也很多,哪些该仿,哪些不该仿等,都需要细细指点。如有的课文片段就可以作为读写结合的点来仿写。仿写时,同时告诉学生这种片段在写法上有规律可循,有法可借,有例可仿。如要训练学生用总分方式构段的写法,其规律是:(1) 总起句位于首行,是全段的中心句;(2) 分述句之间的关系大都是并列的或连贯的。比方说《月亮湾》这一课,课文一开头就写道:"我的家在月亮湾,月亮湾是个美丽的地方。"下文就对月亮湾村前的小河及村后的田野的美景进行了描述,具体描述了月亮湾的美丽。

(二) 篇章仿写

篇章仿写,亦称"全仿",这种方法是从整体上模仿范文的方式。主要是学习某篇课文的写作方法。如:《鸟岛》是一篇游记散文,描述了游览的经过,表达了作者对大自然的热爱之情,在写法上有三个特点:(1) 按游览顺序组织材料,条理清楚;(2) 观察细致,描写具体;(3) 写景融情,表达自己的真实感受。让学生借鉴模仿课文的这些特色,完成《红山动物园》、《我游……》等作文。

再如:写《我的家乡》可全面模仿《月亮湾》一文的写法,用总—分—总的构段方式结构全文。按一定的顺序观察和描写每一个观察点的景物。在抓住特点描写景物的同时展开联想,抒发情感,在句式表达上要求运用比喻、排比等修辞手法。例如:学了《宋庆龄故居的樟树》后,可安排学生写《我家的小院》、《我们的校园》等,这样便把读与写结合起来了,充分发挥了课文的范例作用。既仿了表达方法,又仿了作者的思路实现了由仿到创、由读到写的迁移。

二、从内容上分

(一) 人物语言仿写

语言描写是对人物对话和独白的描写。言为心声。描写人物的语言,意在揭示人物的性格特征,塑造活生生的人物形象,因此人物语言描写对人物的精神性格塑造十分重要。

教学《你必须把这条鱼放掉》时,让学生仔细揣摩对话:

> ……这时,耳边传来爸爸低沉的声音:"孩子,你必须把这条鱼放掉!"
>
> "为什么?"汤姆很不情愿地嚷起来。
>
> 爸爸指指手表:"现在是晚上10点——离允许钓鲈鱼的时间还有两个小时。"
>
> 汤姆朝湖的四周看看,月光下没有渔舟,也没有钓客。汤姆说:"放心吧,爸爸,没有人看见我们,也没有人知道我们在这个时候钓到了鲈鱼。"
>
> "不管有没有人看见,我们都应该遵守规定。"

体会这段精练的对话所表现的人物性格。让学生根据一定的要求写一段话,如以"小红和小严走在放学的路上,谈论今天体育课堂上发生的一件事"为内容写一段话。注意模仿对话的几种表现形式,特别是提示语的位置及对人物的表情动作等描写。

(二) 人物动作仿写

动作描写是文学作品中塑造人物最为重要,也是最常用的一种方法,人物正是在言行中站立起来的。古今中外的文学作品离不开对动作的传神描绘,正如契诃夫所说的:"最好还是避免描写人物的精神状态,应当尽力使得人物的精神状态能够从他的行动中表现明白。"

成功的动作描写可以突出人物特点或者体现人物性格和内心世界。课文《花瓣飘香》中,"一天清晨,我看到有个小女孩俯在花前,从花丛中小心地摘下了一片带露水的花瓣,双手捧着,然后飞快地穿过田野,跑远了。"这几个连贯的动作描写,小女孩那种对花的爱惜、心理畏怯跃然纸上,从中我们体会到小女孩对母亲的爱。在学生细致体会的基础上,借鉴课文描写人物的连贯动作,表现人物品质的方法,以"考试"、"跳牛皮筋"等为内容写片段,注意刻画人物的动作。

（三）人物心理活动的仿写

心理活动,应是人们在进行语言、行为、表情等活动前所进行的思维。人的心理活动有很多种,在不同的环境下,每个人各自的心理活动也是不一样的。细致地刻画人物的心理活动,能对人物性格的塑造起到意想不到的作用。课文《你必须把这条鱼放掉!》中,"大鲈鱼摆动着强劲有力的身子游向湖心。汤姆叹了口气,心想:我这辈子再也钓不到这么大的鱼了"。这段心理描写,表现了汤姆当时复杂的心情,也衬托了他坚守规则的美德。学了这篇文章,可以让学生以"这次考试"为题写一段话,要求学生客观分析自己的思想。

（四）环境的仿写

有些环境描写不仅是为了写景,更重要的是用来渲染气氛或烘托人物,为情节发展服务。譬如,《狼和鹿》中课文一开头:"一百多年以前,凯巴伯森林一片葱绿,生机勃勃。小鸟在枝头歌唱,活泼而美丽的鹿在林间嬉戏。"善良的人们为了保护鹿打死了狼,出现了这样的环境描写:"灌木、小树、嫩枝、树皮……一切能吃得到的绿色植物,都被饥饿的鹿吃光了。整个森林像着了火一样,绿色在消退,枯黄在蔓延。"这样的环境描写,让读者一下就明白了造成这样环境的原因,什么是对,什么是错,也就一目了然了。

也有的环境描写是为了烘托人物心情,如高兴时觉得花儿美、鸟儿唱歌,沮丧时,觉得花儿嘲笑、鸟儿聒噪。

只知道这些还不够,要使仿写真正发挥功效,必须正确认识"仿"与"创"的辩证关系。从作者的心灵体验出发,表达心中所想。

三、仿写方法

（一）采用"比较借鉴法"仿写

比较出优劣,它有时是相映成趣,使人思路开阔,形成交叉体会,领悟更深,认识更彻底,在仿写教学时值得借鉴。在教学过程中,可对几篇在某点上相似的优秀文章进行比较,比出异同,找到规律,使学生豁然开朗,明确哪些该仿,哪些该创。

1. 仿表达方式

表述特定内容所使用的特定的语言形式、手段,是表达方式。它是文章构成的一种形式要素。表达方式随语言表达的产生发展而逐步形成。基本的表达方式有记叙、描写、抒情、说明、议论等。例如《白杨》一文,夹叙夹议托物言志的表达方式,学生一下子难以明白"托物言志"的写法。若把《花瓣飘香》、《做一片美的叶子》、《蒲公英》进行比较,学生立即体会到作者言在此而意在彼,或托物言志,或借物赞人。

此时学写《菊花》、《腊梅》之类的文章,当得心应手。

2. 仿布局谋篇

谋篇布局就是怎样组织材料,怎样列提纲,怎样安排层次。比如是按事情发展顺序,还是按时间推移顺序,或者按空间位置顺序、按人物活动顺序、按总分总(总分、分总)顺序。

以写景的文章为例,《月亮湾》、《台湾的蝴蝶谷》这类文章,结构对称或并列,构成图案美。经过对照,按由静到动学写校园,按四季的顺序写莫愁湖公园。

3. 仿人物形象

小学低年级课本上有很多人物,比如《闪光的金子》中的徐虎,《晚上的太阳》中的爱迪生等。学生直接了解的人物形象也不算少。把这些人物进行比较,学生就能从中感受到美与丑,评价人物、认识世界也更全面。此时仿写《传达室的谭阿姨》、《推三轮车的张爷爷》,也就有了可依据的框架。

采用对比借鉴法仿写,在对比中明确写作方式,模仿精品文章的表达方式,对小学生作文起步,有着极好的引领作用。

(二)采用"发展借鉴法"仿写

法无定法,但是有规律可循。然而"比较借鉴法"只是适用于仿写发现规律的文章,而有的规律是隐性的,学生不易领悟。"发展借鉴法"就是引导学生认清单篇中该模仿和该创造的部分,达到仿与创的结合。

1. 情景仿写——仿其叶

冯骥才在《创作经验》中说道:"我想到的东西都会不由自主地变成画面。如果不出现画面,就没有可视性,我仿佛抓不住它们。"情景仿写即是让学生在自设情景的情况下利用反问仿写情景。这种仿写由于是自设情景,故不为范文所束缚。自设情景,让学生在脑海里先设想所要写的内容画面,就像过镜头一样把它滤一遍,把要点记下来;仿情景,根据学生自设情景的表达需要去仿写范文中不同类型的情景,这些情景侧重语言,一语见真情。或动作、神态为主,或融合众多因素,百川归海,各领风骚。

2. 提纲仿写——仿其脉

老舍先生《养花》一文叙述了养花的苦与乐、喜与忧,从七个方面谈了对养花的实践经验。仿写《我的课余生活》时可参考这七点。以此为提纲,引导学生踢足球、剪纸、养兔等,就能使仿文思路清晰,内容充实。

发展借鉴法,在学生仿写单篇时留给了其自由拓展的广阔空间,不但不拘泥于范文,还会对范文有一定的发展与超越。

　　从我实践的角度看,小学生作文教学从三年级起步,适当进行仿写训练,是指导从"学文"到"作文"的一条捷径,也是让学生较快进入由欣赏到应用的一条坦途。但是,怎样正确处理好"仿"与"创"的关系,怎样从"仿"过渡到"创",还是一个值得长期研究的课题。

6. 小学低年级识字教学的误区

《语文课程标准》强调,低年级要注意培养小学生主动识字的愿望,旨在培养学生识字的兴趣,让学生愿意、喜欢识字,逐步形成识字能力,为自主识字及大量阅读打下基础。

识字教学是小学语文教学的起点,也是低年级语文教学的重点。为了让学生能在短期内识记大量生字,扫清阅读障碍,提前阅读写作,我们教育工作者想出各种办法、多种渠道识字。但是,识字教学是在摸索中前进的,难免存在一些错误的、不符合学生身心发展规律的做法。多年的从教经验,让我发现识字教学存在一些误区。

一、创设情景识字,忽视了实效

课堂上创设了丰富多彩的教学情景,可以激发学生学习的积极性,拉近书本知识与学生之间的距离。如:商场的鞋帽柜、化妆品柜、休闲服等,教学中教师要充分利用这些课文插图,引导学生在情景中识字。但是教师还要依据教学实际和教材特点,自创教学情景。要把握好"度",这个度就是创设情景要为识字服务,为学生发展服务,不能追求情景热闹和花哨。

有次听课,一位老师在教学苏教版第4册《识字1》时,为了让学生对学习传统节日更有兴趣,创设了节日的情景,结果仅是布置任务、分派角色、见面寒暄就用了十多分钟,还没有开始识字。这样的情景创设得再好,对生字的认识也不会有好的效果。所以创设情景要为识字服务,不能舍本求末。

二、在游戏中识字,易流于形式

在游戏中识字,有时确实能调动学生的积极性。在玩中学,在学中玩,这是老师和同学们共同追求的境界。但是从我个人无数次的听课中感觉到,如果想在游戏中收到好的学习效果,不精心设计教学过程,是很难做到的。在所听的课中,多数游戏中学习只看到热闹,看不到效果。哄哄闹闹一堂课,好像都符合新课程标准,但是看看效果确实不佳。

我认识的一位教师为了参加赛课,精心准备了两个多月。听下来感觉很热闹,好像学生都会了。但是在复习检查时发现不少孩子不会读。不少孩子那么积极踊跃地回答问题,眼睛却盯着老师手中的奖品。其实老师和同学们都明白,这是花拳绣腿,是做给别人看的。

我在班级做了个实验,发现孩子在这样的识字中,关注的多是图画,看着图画或者看着拼音他们都认识,但是当我撤掉图画、去掉拼音,再打乱字的顺序,有近半的字孩子们不能一下子认出来。

我尝试后发现,反而是实实在在的分析字形,用联想法更容易记住字的音和形。

三、多认与少写的关系,没有处理好

《语文课程标准》提出,九年义务教育阶段认识汉字 3 500 个,而一、二年级认识 1 600～1 800 个。考虑到低年级学生的身心特点,从《语文课程标准》提出了"认识"和"会写"两种要求,即多认少写。一、二年级要求会写 800～1 000 字。在教学中,不少老师总是不能准确把握两类字的不同要求。不分一类、二类,一律要求会读、会写、会用。自觉不自觉地要求学生分析识记字形。花了很多时间,增加了学生负担,造成该写的没写好,孩子为了追求速度,倒写笔顺现象很严重,为以后的识字学习埋下隐患。

四、在生活中识字,没有做到适度

不分场合地要求孩子识字,使孩子产生了厌学情绪,挫伤了识字的积极性。

因为新课程倡导开放式教学,《语文课程标准》又提出了"在生活中识字"的要求,于是一些教师就组织学生走出课堂,走出学校,走进生活。自己去发现认识汉字的资源,扩大识字量,提高学生的识字兴趣,同时也培养了学生动手能力、搜集处理信息的能力,收效应该不错。但是在生活中识字也应把握好"度",如果家长不分场合、地点地让孩子进行课外识字,比如看电视识字、购物识字、旅游识字,那么识字就成为孩子的一种沉重的思想负担,不但培养不了孩子识字的愿望,反而会挫伤学生识字的积极性。

小学生识字主渠道还是基于教材识字。一、二年级教材已基本上涵盖了生活常用字,把教材中的字识好是可以完成提前阅读的。

在生活中识字不但是认识新的字,而且应是培养学生有主动识字的愿望,巩固

已学教材中的字,培养识字兴趣。

五、识字教学还停留在浅层

教师引导学生想办法记字,可谓是八仙过海、各显神通。有的是字理识字,有的是联想识字,有的是编儿歌识字,等等。然而有些老师在引导学生识字时,只是停留在浅层次。比如:

师:这个字(伦),谁有办法记住它?

生:这个字是"李佳伦"(学生名)的"伦"。李佳伦是人,所以左边是单人旁。

师:你的办法不错,老师和同学们听后都记住了。

老师引导学生想办法记字,很好。但是让学生仅仅满足于一种记字方法是不够的。教师应及时归纳:你的记字方法很好,联系了生活去记,还有哪个同学有不同于他的记字方法?(如编儿歌,讲故事等)

六、识字教学忽视了学生的个性

每位学生生活的环境不同,知识经验不同,所以他们的记字方法肯定各有特色。如果老师在识字过程中推行某一种方法,不可能所有的学生都喜欢这种方法,也很难让绝大多数学生受益,所以在识字教学中也要尊重学生的个性。

七、识字教学要树立长远的目标

识字是学习语文的基础,是培养良好的学习习惯的起始点,因此识字教学成功与否,关系到孩子将来的学习习惯、兴趣,以及各方面的发展,必须引起施教者的充分重视。

7. 小学语文高年级家庭作业的创新尝试

现在的孩子个性迥异,又追求彰显自我,因此每个学生的文化素养、兴趣爱好各不相同,作为小学教师,要不断改进教学方法,以适应新时代的教学需求。于是,寻找适合不同层次的教法,促进学生养成良好的学习习惯,是教师的责任。

我在五年级和六年级语文家庭作业的布置上进行了如下尝试。

一、作业的布置

(一) 预习作业

预习是学生学习新知的第一步,短期效果关系到课堂上的接受程度,长期效果会影响学生的习惯、情感、思维、自尊、自信等各方面。

此作业是在新课前,布置同学们所做的准备工作。先初读课文,了解大意,然后查找与文章内容有关的名人、作者等知识进行拓展延伸。例如:在教学《月光曲》时,学生在预习中了解到贝多芬的生平、身世,他一生所作的著名的曲子。通过对他身世的了解,有助于学生理解文中他为什么对茅屋里的穷兄妹俩那么关爱。了解那么多名曲,也激起了同学们对音乐的兴趣,同时同学们也渐渐懂得了查阅资料的方法,在家里的资料中查,问亲友,与同学交流,到图书馆去检索,网上搜寻,甚至还有的同学为此买了有关方面的书和《月光曲》的音带……他们预习的方法可谓八仙过海——各显神通。长此以往,同学们增加的绝不仅仅是知识,更重要的是掌握了学习方法,提高了自主学习的能力,培养了学生的动手能力,拓展了知识面。

除了以上课前发散性知识拓展,还要对文中生字词进行预习。不过,这项作业与传统作业的区别是灵活多变的,如《月光曲》这课,共五个生字,我设计一表格如下:

要查的字	音序	音节	部首	几画	文中意思

要求只填自己不会、不懂的，或难查的字，也可以是前后鼻音分不清的字，数量不限，以免已掌握的同学做无用功。

一开始，我担心这种方法会助长懒惰作风，经过一段时间的观察，我惊喜地发现学生们反而自觉了。班上有一个小男孩一向最怕写字，我特别注意他。第一次，我看他只填了一个字，上课时我故意提问他，谁知他对答如流。我很奇怪，课后找他谈心，他说，他大多都查了，已记在了心里，就没写出来。还说，他感到这样的作业很适合他，也觉得受到了信任和尊重。

这种"活"的作业，使学生充分掌握作业的量，也因受尊重而以自己的方式更认真地完成，无形中也培养了学生的自主学习的意识。

（二）课后作业

课后作业是巩固已学的新知，同时，融会贯通以往的知识，形成知识体系。因此，我紧紧抓住重难点，充分注意一个"活"字，努力做到少而精。真正做到既减轻了学生的负担，又能完成教学任务，同时，还要使思维得到锻炼。

在教学《月光曲》课后，在词语的训练上，我紧扣中心，出了这样一题：用"幽静 入场券 陌生 纯熟 清幽 水天相接 粼粼 一缕缕 恬静 陶醉"说一段话。针对优等生、中等生、后进生我设计了梯度。优等生用这十个词，中等生选八个词，其余的同学选五个词各说一段通顺连贯的话。结果不少同学做得很有创意，不但通顺连贯，而且意境优美。有的同学本可用五个词写的，作业上居然用六七个词。那天早晨我刚到校，一个成绩较差的同学就兴冲冲地跑来让我看作业，他在这段话中用了八个词，虽谈不上优美，但也语句基本通顺，超出了他平时的能力。我及时表扬，并让他和写得好的同学一起上台范读，激发了他学习的积极性。此后，他作业质量明显提高，进步很快。

从这项训练可以看出，这种灵活多变的作业能避免挫伤后进生的积极性，增加优等生的自信，更可改变那种尖子生吃不饱、后进生跟不上的局面。

（三）作文

作文，是对学生语言文字及表达能力各方面的综合训练。如果照本宣科地到作文课上才让学生作文，只会让学生叫苦连天，让作文课成为学生的"受难课"。

如今，学生课业负担过重，减掉过多的负担，并不是让学生没有负担。怎么布置作业，特别是学生谈之色变的作文，就成了一个值得研究的课题。我让学生多留心，多观察，勤记录。学生们在平时与周围社会的接触中，会发生或发现许许多多的事，这些事情往往一闪，稍不留意就过去了，留不下任何痕迹，如果能以日记的形式记下来，岂不是作文中的很好的素材吗，岂不是为作文提供了"源"吗？于是家庭作文我极少命题,让学生以日记的形式记录下来,或详或略,顺其自然,但要有真情实感,规定每周至少两篇,多了不限。有了"日记"这个源,不管是命题作文还是非命题作文,再不是无源之水、无本之木了。每到作文日,同学们都有了表现的对象,再不把写作文当作心理压力了,收效甚好。

(四) 知识拓展

课本里的文章属精读类,但对于高年级小学生来说,这些远远不够,而古诗文是我国古代留下的宝贵文化遗产,对于加强学生的文学修养,增加文化底蕴会起到不可估量的作用。每周布置两篇古诗,利用作业极少或没有作业的时间背诵。四周抽一节课交流一次。运用古诗接龙比赛、擂台赛或归类赛,如描写四个季节的诗,看谁背的多。同学们情绪激昂,课堂气氛热闹极了,更激发了他们学古诗的兴趣。高年级同学应是关心国家大事的年龄了,我在黑板报上设一个专栏——《每日新闻》,全班55个同学每人每天一句话新闻,早晨一到学校,这天值日的同学第一件事就是把一条新闻抄到黑板报上,如此轮流,任务不重,从小培养了他们爱集体爱祖国的主人翁责任感,对国内外大事有了一定的了解。

二、检查批改作业

学生做作业,是巩固已学的知识,但出了错误如不及时改正,将达不到巩固的目的。传统的批改作业的方法都是由老师一手包办,经过多年的一线教学经验,我发现存在很多弊端:作业改不改是老师的事,而订不订正却是学生的事。本子发下去,他们甚至看都不看一眼内容,只翻看一下得分,便合上了事。往往错的地方等到做作业时再订正,但不少同学回到家,看看不会,就不订正了。所以每次测验,基础分还是丢不少,表现为基础不牢。因此这样的作业并不能起到巩固的作用。

针对这种情况,我考虑了很久,才尝试这样一种办法:家庭作业收上来后,先组与组交换,每人拿到的是别人的本子(老师分配时注意,优等生与后进生的本子要互换),由学生轮流报答案,每人一题(针对只有唯一答案的题目),如有错,举手更正,难题老师讲解,这样讲一题改一题,遇到判断不了的,画一个问号(老师在复查时再定夺),改完签上批改者的名字,以防有人不负责任。老师收上来,再复查一遍。有针对性地评讲重点难点,再发下来订正。同学们在改别人的作业时已有了正误标准,他也十分关心自己的正误,于是迫不及待地翻看本子,找到错的订正过来。这样每位学生做一次作业,就有三次机会接触题目。特别是发下作业本,他们总是迫不及待地翻开看谁批改的,错了什么,因刚改过别人的本子,老师又刚讲过,记忆犹新,马上就订正,毫不费劲。这样既增加兴趣,又真正起到巩固的作用,再加上优等生改后进生的作业有种成就感,所以较认真,而后进生看到干干净净正确的作业本,对自己也会起到潜移默化的作用,也渐渐以优等生的作业为标准要求自己,确实起到了相互促进的作用。

但要注意,学生批改后一定要由老师认真复查,老师不可偷懒。

而对于家庭作文,除了要求他们自己先修改一遍,然后也按以上方法交换,让后进生,也相当于读了范文,从中吸取了别人的长处。而优等生修改水平较高,对后进生帮助较大,在修改后进生的作文中看到自己的弱点,以后会尽力避免。同样老师收上来评改,再发下去讲评,优等生、中等生、后进生各选一例,进行分析,让同学们取长补短,互相学习,对于批改好的,有创意的,要及时提出表扬。

不过,以上的作文批改方法,只适合于五、六年级同学,中低年级同学还不具备这个能力。

三、收获

经过两年的实践,我的教学尝试收到了较好的效果,也尝到了创新教育的甜头。同学们在学习上更灵活、更主动、更有创意。

预习作业、课后作业、作文的尝试,让我看到了希望,这样不但巩固了基础知识,作文选材及自我修改能力也相对加强了,同时学习习惯也得到培养。古诗文及新闻的接触,扩大了同学们的知识面,加强了他们语言文字的基本功,提高了表达能力,加深了他们的文化积淀,更使他们发现了知识这个广阔天地的无穷无尽,认识到自己的不足,激发起更强烈的求知欲望。

作业批改形式的创新,培养了同学们主人翁的责任感和创造性意识,使学习变被动为主动,变要我学为我要学,不是按别人的规定一成不变地学,而是懂得了用自己的方法学习,有了自己独特的东西,无形中,老师的创新教育培养了学生的创新意识。好的学习习惯的养成,也为进入中学的学习打下了良好的基础。

8. 浅谈小学低年级朗读训练

目前,在小学语文阅读教学中,教师烦琐提问、讲解的现象比较严重,大量的讲解占据了学生读书的时间,导致教学效果不佳。新大纲明确指出:"小学各年级的阅读教学都要重视朗读,让学生充分地读,在读中整体感知,有所感悟,培养语感,受到情感熏陶。"可见朗读教学不仅重要,而且是小学语文教学的重要手段。朗读是书面语言的有声化,能够激发学生的美感,并能引起群体效应。在教学中教师要让学生充分地读,在读中整体感知,在读中有所感悟,在读中培养语感,在读中受到情感熏陶。为了让学生真正充分地读,在阅读教学中,可以按以下步骤指导学生朗读。

一、创设优美情景,诱发朗读激情

低年级学生的心理发展还不成熟,他们的学习往往要靠激发情趣才能顺利进行。朗读也是如此。因此,教师要在教学中有意识地创设优美的情景,诱发学生的朗读激情,促使他们由不情愿、被动观望到主动参与,从而达到喜爱朗读的目的。

在语文教学中,教师必须向学生呼唤情感,必须借助语言的魅力创设课文情境,必须以健康饱满的情感走上讲台,面带微笑,以真挚的感情,巧妙的导语,使学生集中注意力并迅速进入学习情景中。如《欢乐的泼水节》一文教学,上课伊始,我这样导入:同学们,这学期,我们一起游览了桂林山水,美丽的月亮湾。今天老师又带小朋友来到云南,这儿不仅山美水美,还有勤劳善良的彝族人民。每年的 6 月 24 日,是彝族的火把节。人们欢聚在一起,弹起欢快的三弦琴,跳起三弦舞,彻夜狂欢,被称为东方的狂欢夜。同学们听了,马上对这一课充满了兴趣,开始兴致勃勃起来。

二、范读指导,理解动情

好的范读是一种形象化的教学手段,低年级学生模仿能力强,范读能引起学生的想象,唤起他们的情感共鸣,激发他们朗读的欲望。

有感情的朗读训练,是培养和提高学生语感素质的重要途径,在阅读教学中,以读助说,淡化分析讲解,强化朗读训练,可以让学生在语境中自然地感受课文的语言形式,体会语句字里行间的丰富意韵。语言是口耳之学,如果教师能用标准的普通话范读,准确传达作品情感,学生就能以听助读,在模仿中纠正自己的发音,纠正句读等方面的错误,锻炼正确、流利、有感情的朗读能力。

朗读教学是语文教学中的一个重要环节。在教学过程中,我很重视教师示范朗读的作用。我在备课时,对教材的备读,总是先了解作者的爱憎,当自己的感情与作者产生共鸣时,读起来才真实动人,亲切感人。好的范读,不仅可以激发学生的朗读兴趣,而且可以增加学生的朗读信心,使学生跃跃欲试。在指导朗读的训练中,我启发学生根据作者写作目的来确定朗读的基调,是高昂的还是低沉的,是舒缓的还是轻快的,是柔和的还是庄重的,等等。

在教学二年级《青蛙看海》这篇课文,"天哪,这么高的山!"读这句时我显出惊叹的表情,故意吸了一口凉气语调也高昂起来;读到:"我没有一双像你一样有力的翅膀,也没有四条善跑的长腿怎么上得去呢?"这句时,我的语调顿时低沉下来,表情显得沮丧而失落。老师范读,让学生在情真意切的氛围中受到很大的感动和启发。所以学生在读书时,不仅语气、语调,甚至连老师表情也在加以模仿,并在模仿中渗透了自己的理解和创造。

当然,在阅读教学中指导学生感情朗读,运用想象的方法会更好。想象就是将文中语句具体情景化的过程,根据自己的理解和体会把语言文字描述的景象想象出来,使自己身临其境,通过这个过程才能有效地使学生领悟作品语言环境的语感。

教学《送给盲婆婆的蝈蝈》这课时,我让学生看文中的图画,想象自己就是送蝈蝈给盲婆婆的孩子……不同的情景,不同的角色,有不同的感受,激发出不同的情感,因此每个学生都通过朗读表达出了自己的感情。

语文学习中的朗读,就是通过教师在学生阅读、鉴赏课文的过程中,借助有声的语言文字,感受源于作品的形象,使作品中的情、景、物、人、事、理在读者内心"活"起来,好像看到、听到、闻到、尝到一样。从这个角度说,朗读的形象感受是朗读者对听觉、味觉、视觉、时间、空间、运动等综合性感知,是朗读出彩的一个重要因素。

范读是教师进行朗读训练、培养学生语感的常用方法。可以用范读和讨论相结合的方式,让学生充分从"范读"中去思索、对照、鉴赏、揣摩,达到启发学生入情入境的目的。

在我教学《我想变成大大的荷叶》中,我用充满憧憬的语调读道:"我想变成大大的荷叶……"读后问学生:老师读得怎样? 有的学生回答:老师真的很想变成大大的荷叶! 我问:你们能读出自己的感受吗? 学生马上争先恐后地开始练读。这样,通过范读,引导学生很快入情入境,激起他们想通过朗读表达自己情感的欲望。

三、读思结合,深化情感

读书和思考结合,这种朗读方式要求学生在读中思,在思中读,从而把朗读训练、思维训练、语感训练熔为一炉。在培养朗读能力的同时发展学生的思维能力、语感能力,作为读思切入点。在教学《蚕姑娘》这课时,我是这样安排的:(1) 边读边思,确定读法。(2) 联系上下文,以读促思,启发个性感悟。(3) 通过问题情景,辐射全篇,把读思引向深入。(4) 个性化朗读的表达。

积极的情感会使学生的思维变得灵活,感情更加丰富。那么对低年级学生来说,他们年龄小,阅历少,从理解上来启发思维,发展智力,不如凭借语言的训练更容易被他们接受。因此,在低年级首先凭借语言训练来发展学生的智力,培养他们的思维方式和良好的品质,显得尤为关键。

四、熟读成诵,积淀语感

学语文,即学习语言,关键在于语感。语感的培养是通过读书实践来实现的。教师要创造条件让学生兴趣盎然地投入实践,通过实践来积累语言的表象材料,最终建立起一种正确的语言习惯和敏锐的语言直觉。因此,我们在教学中首先要引导学生多读书。文章是作者的情感流露。只有通过诵读,才能使学生对文章的内容、形式获得真切的敏锐感受,激起共鸣。然后要指导学生与自己的生活经验结合体会,只有把读到的语言文字和自己的生活经验沟通,借助想象和联想,唤起鲜明的内心影像,才能深切理解文章的内涵,有效地培养语感。

五、注重整体感知

教材中每一篇课文都是具有独特个性的独立个体,有知识、情感、态度、价值观、审美等多方面教育效应的综合体。在一次教研活动中,一位老师上的是《谁的本领大》,整堂课都在读书、感悟。可遗憾的是,没有一次是对整个文本的整体感悟,相反,都是一句句、一段段地诵读,搞得支离破碎。最后在总结课文时,从学生谈自己对文本的理解,可以看出这堂课不是很成功。

因此,我们讲授任何一篇课文,都应当引导学生对课文整体感悟。长期坚持训练学生对文章整体的直觉把握,是培养学生语感的重要途径。

六、尊重学生的主体感受

《语文课程标准》指出:阅读是学生的个性化行为。作为阅读教学中最基本的也是最重要的训练——朗读,自然也充满了鲜明的个性色彩。一方面作为教学手段而言,朗读贯穿在阅读教学的全过程之中,无论是感知内容、理解语言,还是训练语感、体会情感,无不具有个性特征。另一方面,作为阅读能力而言,朗读能力与阅读主题的认识感受、思维方式和生活经验等因素密切相关。朗读训练,其实也是阅读个性的训练,朗读的魅力在于个性。

阅读是学生的个性化行为,所以,在课堂上老师既要做好示范、指导,同时要尊重学生的个性体验。要把握好这个度并不容易。首先,要求学生能理解主要内容,能体味和推敲重要词句,感知语言环境及其意义。因为每个学生的生活经验、个性气质各不相同。教师应该鼓励学生对阅读的文本做出个性反应,找出自己特别感兴趣的问题,做出富有想象力的思考,进而将自己的感悟通过朗读表现出来。阅读也是对文本的再创造过程,因此不能用教师的分析代替学生的阅读实践。

作为教师,我们要为学生提供充分的心理自由和阅读时间,还要提供允许学生发表自己独到见解的语言空间,提倡各抒己见,让学生的个性和灵性在课堂飞扬。

七、注重积累,厚积而薄发

《语文课程标准》中在"基本理念"部分强调"丰富语言的积累,培养语感",说明语感的培养不是一下子形成的,而是一个聚沙成塔的过程。没有积累,就谈不上培养良好的语感,也绝对不可能有真正的听、说、读、写的能力。所以在加强课堂教学的同时,还要鼓励学生提高基本阅读量,广泛阅读各种类型的读物,扩大他们的阅读面,拓展他们的视野,如:培养他们读书、看报,遇到难题自己查阅资料,搜集有关信息的习惯。

9. 品社留白处有效生成的指导策略

引　言

《品德与社会》这门新课程标准下的教材，与原来的《思想品德》教材把道德情感、道德认识和道德行为目标人为割裂开来的做法不同。《品德与社会》课程的目标充分体现了综合性学习的特点。其"情感、态度、价值观"、"能力"及"知识"三个方面的目标，实际上是一个有机结合的统一体，是对课程总目标的具体化。每一课几乎都是几个问题、几个例子、一两个画面，初看好像没有东西好教，实际上是编者的精心设计。每一课的适量"留白"，旨在激发儿童生活实践中已有的经验，对某一事物产生兴趣，想办法去关注、了解、探索、思考、实践，才能获得有关这一事物的知识和技能。在这个过程中，儿童对这一事物的兴趣、情感态度、获得的知识能力及形成的各种习惯等几个目标的达成是同时进行的。《课程标准》提出的生活德育理念、尊重儿童理念和追求教育有效性理念，是教学实施必须遵循的基本原则和指导思想。要将这些理念贯穿和渗透到教学活动的每个环节中，对每个主题活动的预设，如何促进目标的达成，就显得尤为重要。

但是怎样巧妙预设才能达成教学目标、才能有效生成呢？我认为对书中大量的留白的预设是关键。

一、留白处预设——精于心，简于形

谈有效生成，首先要谈预设。"一盎司的预防可以达到一磅的效果。"教师要精心备教材、备学生、备生活、备情境、备自己，备和课堂有关的一切主客观因素，使预案更具宽度、厚度、深度和广度。

（一）留白处预设须"精心"

课堂的生成应是价值引导下的自主建构。教师课前精心预设，注重文本生长点的挖掘，能有效引发精彩生成。根据学生的认识、思考的心理特征，对照教学目标，抓住文本中的留白处达成生成的自主建构。在品社教学中，我在留白处预设了

以下几个文本生长点以达成自主建构：

1. 留白处创设情境，生成建构

以我上的《媒体连着你和我之——网络改变生活(苏教版四下品德与社会)》为例。课前借助播放《健康歌》MTV，带领学生轻松一刻。引导学生展开上网的话题，指名说上网步骤，相机渗透"宽带连接"、"浏览器"、"搜索引擎"、介绍地址栏等。

心理学研究表明，问题性是思维的重要特征，思维火花总是围绕着问题进行操作的，而人的思维发展水平取决于思维操作水平。以生动有趣的故事或熟悉的生活实例或直观形象的实验演示引出疑问，制造悬念，激发学生探究的欲望。布鲁纳说："学习最好的刺激乃是对所学教材的兴趣。"教师如把知识创设成各种生动有趣的情境，则会引起学生极大的兴趣。围绕教学目标，精心设置有梯度性的问题，诱导学生思考，生成新的建构，这是教学的最基本的做法。

2. 在留白处设计讨论，生成建构

同样在"不利的网络"这一环节中，课件出示书的例子《沉溺网吧，少年猝死》，让学生默读。学生在潜心会文之后，陷入了沉思……此时趁热打铁引导学生讨论，让他们把自己知道的此类事件说给同学们听，有的同学还讲了自己的亲朋、邻居的事例，还有的讲了本校同学的事例，也有少数同学讲了自己的例子。这样就集中了很多此类事件，从量变到质变，听身边同学们介绍的例子让他们更震撼，有身临其境之感，也是个强烈刺激，让他们记住别人的教训，真正增强免疫力。

3. 在留白处设计"移情"，生成建构

在《伸出我们的手，同情他们的不幸》这一章的教学中，有一篇摘录《我怎么办？》，讲述的是一个11岁的女孩，她爸爸瘫痪，妈妈哮喘病，妈妈不得不让她辍学在家照顾爸爸。这个环节我设计了让同学们换位思考体验，让同学们把自己想象成那个女孩，置身在这样的家中，应该做什么事？如果自己处在这样的环境，又面临辍学，自己该怎么办？请他们讨论发言。

针对"家家有本难念的经"，同学们踊跃发言，他们在讨论中明白11岁的孩子和自己差不多大，自己过的是衣来伸手、饭来张口的生活，甚至有的同学还要家长喂饭，学习要家长陪着，这样的事情要是发生在自己身上该怎么办啊?!

这样在不知不觉中，他们体会到了这些孩子的不易，纷纷表示要省下自己的零花钱捐助这些孩子。

4. 在留白处设计体验，生成建构

在"便利的网络"这一章节教学中，我让学生自己上台操作演示、交流，创设情境和在家生病的同学进行网上视频对话，利用这样的方法呈现画面，学生切己体

察,展开多维体验。

在《想想他们的难处》的教学中,对残疾人生活困难的体会是旁观者无论如何都无法切身体会的,我精心设计了这样的环节:让同座位两个同学一个蒙上眼睛,另一个在旁边搀扶,从四楼教室走到门口传达室,再从传达室走回四楼教室。这个过程在平时,他们是转眼间就轻松回到教室,可是这次当他们回来时,虽然有同学照顾搀扶,但还是有的同学崴了脚,有的碰到了墙壁,有的摔了跤,更多的是晕乎乎如坠云里,那个难受劲是他们从来没有感受过的。这样的体验,让他们亲身感受到了盲人的不容易,爱心油然而生,纷纷表示以后会自觉帮助残疾人。

5. 在留白处设计综合实践活动,生成建构

在"合理利用网络"这一章节中,我设计了这样一个环节和同学们交流:"今天我们了解了那么多网络知识,但是,我们只是停留在口头上,老师要和同学们一起完成一道作业——四人自由组合成一个小组,选择一个与网络有关的主题,进行调查、采访,说出你们的观点,然后写成小论文,以小组为单位在课堂上交流,评出一、二、三等奖。老师这里有几道题供大家选择,当然,自己定题目更好。"同学们闻听积极响应。

这样的综合实践活动锻炼了学生的各方面能力,这一留白处小论文的设计是本课的亮点,孩子们在调查采访中、在思考中、在写作中,都得到了不同的收获,不但锻炼了社会实践能力,在实践中学会了合作,更重要的是促进了本课的各项目标的达成。

让孩子们不但在课堂中学习交流、思考这个问题,更让他们走出课堂,用自己的眼睛观察、用自己的头脑思考、用自己的心去探究、用自己的笔去表达。在这个过程中,他们遇到很多人和事,看到很多触目惊心的事实,以一个研究者的心态去看这些社会问题。当然,也遇到更多的困惑,他们会去问老师、同学、家长,同时,也在调动自己的思维,去思考这些社会不良现象。虽然他们不一定全能弄明白,但是,会引导他们去深思、去探究。

班级有个男孩子组成的4人小组,他们到网吧去调查时,正巧是晚上,看到在网吧狭小的空间里,气氛诡异恐怖,空气中弥漫着霉烂腐朽的气息。昏暗的灯光下,许多十来岁的孩子一个个像虾子一样弓着背、两眼发直、脸色发青,沉迷于网络,很是震撼,回来说给同学们听,说那里好可怕,感觉是个恐怖的世界。到社会中去调查,去研究,去体验,去感悟,在生活中学习,在实践中提高了自己辨别是非的能力。学生们在开展活动的过程中,或成功、或失败、或欣喜、或沮丧的亲身体验,都是成长过程中一笔不可小看的财富,这种酸甜苦辣的经历也会让学生学会感悟生活、感悟人生。

教师没有过多的说教,学生们通过自己的亲身体验,明白了网络不光给我们生活带来便利,也可能给我们身心带来伤害。作为小学生,从小就要学会正确科学地使用网络,树立正确的人生观、价值观,具备明辨是非的能力。教师这样处理留白问题,既紧扣了主题的活动目标之一,使孩子们知道互联网络的利和弊,促使他们以后安全合理科学地上网,又了无痕迹地把新生成的问题——"培养学生自控能力,遵守网络规范的能力和努力增强信息辨别能力"解决了,可谓一举多得。这样,根据活动目标对留白处活设计,既可以及时解决生成的新问题,又可以让学生带着问题走出课堂,使课堂教学向课后延伸到学生的社会生活中,体现本课程追求的教育综合性、有效性的理念。

(二)留白处预设须"简形"

"大道至简。"有效预设的同时不应深耕密植,不宜像从前的思品课堂刻意设计"层层推进、步步为营、环环相扣、起承转合、一唱三叹"的过度推敲的课堂教学,而应恰当留白,根据教学需要和学生的心理活动规律,给予一定的弹性空间。比如,在"不利的网络"这一教学环节中,为了让学生领悟到网络可能带来的危害,在文本留白处设计了一个发散性问题,引发了学生深入讨论和思考。只有为了生成的预设,才会使我们的课堂教学不致僵死,才能使二者并举,激情共舞,使课堂在创造生成中呈现智性空灵之美。

有了巧妙的预设,也不能保证生成有效,因为课堂是千变万化的,所以,恰当处理课堂中随时出现的问题,是保证生成有效性的关键。

二、生成之"效"——成于智,止于随

(一)成于智

1. 智在——搁置生成,自悟自得

案例聚焦:在教学"绿色小卫士——污染的包围圈"时,讨论过程中,一个学生突然问:既然塑料袋污染严重,又不可降解,为什么还要生产?

老师这样回答:你提的问题很有价值,说明你是个爱动脑筋的孩子,我们把这个问题放到课外去研究探索,再来到课堂交流好吗?

本案例中,教者面对生成采用"缓兵之计",搁置生成,以退为进:巧借意外问题,引导学生课外积极查找资料,再回到课堂上互动交流。这样不仅使教师自己赢得梳理思路的时间,也使学生经历了一个自查、自悟、自得的过程,还让学生享受到探索祖国语言文字的乐趣。由此可见,适当搁置生成,能使我们的教学更科学、更

高效。

2. 智在——敏于倾听,灵活迁移

案例聚焦:在教学《交通带来的问题》时,有个男孩子问道:汽车给人类带来这么多污染,以后我们是不是不用汽车,要回到原始时代?

跟进策略:

老师问:你想回到原始时代吗?

学生答:不想啊。

老师:那就靠你们去解决这个矛盾的问题了。

马上就有别的同学接着回答关于新能源研发问题。真是有心栽花花自发,旁逸斜出也精彩。

苏格拉底幽默地讲:上天赐人两耳两目,但只有一口,欲使其多闻多见而少言。寥寥数语,形象而深刻地说明了"听"的重要性。案例中,教者面对学生这个看似有意捣乱的问题,不是固守预设,而是敏于倾听。尊重学情,及时跟进,从而演绎出"疑义相与析"的精彩对话。教者珍视"旁逸斜出",从而使课堂走向睿智,走向灵动。

3. 智在——巧借互动,达成目标

案例聚焦:在网络改变生活的"便利的网络"的教学中,一位学生上台进行现场操作。

老师:猜一猜,我们搜索到的资料会有几条?(鼓励学生往多处猜)

学生想了想,猜有 1 千条。

老师公布答案:找到了约 433 万条相关资料。

老师进而道:找到这些资料用了多少时间呢?(通过看页面数据)用了 0.0019 秒,真可谓是"一网打尽天下"啊!

学生惊呼:网络真是了不起啊!

老师:我们班同学黄新生病在家好久了,大家想不想看看他、和他聊聊天?

想!全班异口同声地回答。(进行简短的视频聊天。)

互动,常常是我们课堂制胜的法宝,老师的引领作用,是达成教学目标的必由之路。关于这部分内容,课本上只有一行字:"互联网给我们的生活带来了哪些便利?"编者的意图是想通过这个问题,引导学生充分享受互联网给我生活带来的便利,懂得使用互联网的积极意义,但是也给我们留下了大量的空白,让我们去自由发挥,挖掘已有资源,链接孩子们的生活。到底怎样让孩子领悟到互联网的积极意义,我尝试通过这样的互动,同时配以恰当的演示,激发孩子们的求知欲望,让他们真正领略到互联网的强大功能和作用,循循善诱,达到预设目标。

(二) 止于随

教师在掌控课堂生成时,为了防止生成的迷失,应努力把握生成三度。要根据具体的内容、学生的特点、现场的情境、教师的风格等综合因素来确定,做到:① 目标生成度:适可而止;② 内容生成度:不可偏离教学目标;③ 过程生成度:注意把握火候,该放手时且放手,该回归时且回归。

三、结语

从多元智能理论的角度讲,每个人具有语言、逻辑数学、视觉空间、肢体运作、音乐、人际、内省等多种智能。教师利用小学"品社"课本中的"留白艺术",有效指导学生,促使其各种智能得到尽情发挥,取得最佳学习效果。

充分利用品社教材中的"留白",进行恰当指导,促使其成为学生成长道路上的良师益友,这需要我们一线教师不断探索、研究、实践,在实践中不断改进,为学生的成长保驾护航。

苏霍姆林斯基说过:在人的心灵深处,总有一种根深蒂固的需要,就是希望自己是一个发现者、研究者、探索者。然而这种思想需要"温床"的培育,这"温床"应该是优化了的学习环境,特别是一种心理环境,这种环境需要教师去精心预设、营造,有效指导。

优秀的课堂教学不应是面面俱到的,就如美国著名作家海明威曾以冰山来比喻艺术——冰山只有一小部分是露出海面的,其他部分都隐藏在海水中——一样,教学中应适当给学生以引导,在空灵处尽情挥洒,可以说,留白处可以更精彩!

10. 传统教学与多媒体教学模式的比较研究

引言

随着社会的发展,教育领域也越来越受到现代教育技术的影响。目前,传统教学模式——以教师在黑板上授课为主的课堂讲授式教学方式,已满足不了时代发展的需要。多媒体从无到有,从少到多,近些年迅速兴起,也日益被广大教师所接受。特别是语文教学中,越来越多的语文教师在教学中积极采用多媒体手段,以改进自己的教学。多媒体计算机提供文本、图像、声音、视频等的教学信息,与语文阅读教学相结合,对提高语文阅读教学效率,打破传统的教学模式,改革语文阅读教学的手段提供了一条新的途径,这是教学的需要,也是时代的要求。

但是,在观摩了太多的教师利用现代化手段所上的课之后,我发现效果常常不尽如人意:有的设计繁琐,让人眼花缭乱;有的画蛇添足,哗众取宠,更多的是简单的教学手段的变化,电脑代替了教师的板书,动画代替了阅读思考。多媒体教学与传统教学孰是孰非,不妨作一番比较与思考。

一、传统教学模式的利与弊

(一) 传统教学模式的优势

教学模式是指在一定的教育思想、教学理论和学习理论指导下,在一定环境中教与学活动各要素之间稳定关系和活动进程的结构形式,它是沟通教学理论与教学实践的桥梁。传统的实践教学模式是一种课堂教学模式,学生的知识主要是通过老师在教室里的黑板授课的方式来获得。教师是教学过程的主体。

传统教学方式是一种人与人之间的直接沟通,知识的传播,行为的示范,情感的交流,其面对面的教学方式具有不可抗拒的亲和力。小学生的年龄小,学习目标性差,学习受情绪控制。教师与学生的课堂互动,情感交流,语言互动,以教师的激情来感染学生,令学生很快进入角色,师生产生共鸣。教师的人格魅力,对学生的感染是多媒体等冷冰冰的机器无法代替的。

从古到今,传统的授课方式有着悠久灿烂的历史,积累了极为丰富的经验,一块黑板,几支粉笔,曾经培育了很多优秀的人才。其启发式教学、因材施教、有教无类等多层次共存、灵活性易变等特点,至今还熠熠生辉。

(二)传统教学模式的弊端

传统教学模式也有明显的劣势:一是表现在重理论,轻实践。二是以教为中心,学围绕教转,教学关系是教师讲,学生听,教师问,学生答,教师写,学生抄,使课堂上的双边活动变成了单边活动,教代替了学。三是以教为基础,先教后学,这一观念更是根深蒂固,它源于我国封建教育中的师法,即传道、授业、解惑。这只能是教师教,学生学,学生亦步亦趋,影响了学习的主动性、创造性和自主性的发挥。教师虽然具有生动、形象的表现力,但是学生缺乏应用的积极性和主动性,课堂教学既不能大幅度提高教学容量和密度,更无法在课堂教学中因人而异,因材施教。四是课堂教学按计划进行,每节课都无一例外完成规定的教学进度,教学过程就是教案展开过程,使课堂沦为程式化、模式化,缺乏乐趣。传统教学模式已无法适应时代的发展。

二、运用多媒体教学利与弊

(一)多媒体教学的优点

1. 生动活泼,调动课堂积极性

美国教育学家戴尔认为,人所获得的经验来自于不同的方面,主要有:亲手做某事;参观、观察、听、看、考察等;处理抽象的符号,使之在大脑中形成信号,形成抽象的经验。

而这三类活动所获得的经验按照它们的关系排列起来,我们发现在实践中获得的直接经验是学习的基础,这种经验最能牢固地扎在人的头脑中。第二类虽是间接经验,但此经验对人脑的影响仍较强烈,也较易于被学习者所接受。而第三种是语言符号,是一种抽象的东西,它更多的是必须依赖于直接经验或间接经验而被人们理解,却无法直接在人的头脑中形成概念。

而多媒体课件就能把教材上的语言符号变成视、听材料,变成间接经验感染学生。

多媒体能为教学创设一个生动有趣的教学情景,化无声为有声,化静为动。静止的东西可按指定轨迹运动,可呈现连续多彩的教学信息,把静态的画面演变成流水般变幻的图像,色彩变化速度可控制。如在一堂公开课上,教学苏教版二年级的《小露珠》时,老师把小露珠设计成一个个会蹦会走的娃娃,可爱,生动形象。学生

一下子被吸引,精神异常振奋,注意力特别集中。

运用多媒体教学,教师不再局限于传统的教学中———一本教案,一支粉笔,一张嘴的模式。将多媒体技术引入课堂,给教学注入了新的生机和活力。课堂形式趋于多样化,声音、图像、图形、动画等媒体强烈吸引着学生,激发他们的学习热情,变被动接受知识为主动学习知识,真正做到"寓教于乐"。多媒体以其丰富的表现力、强大的交互性深深吸引学生,使学生学习的主动性、积极性大大提高。

2. 创设情境,促进对新知识经验的建构

皮亚杰的建构主义认知理论认为:"知识不是通过感觉或交流而被个体被动接受的,而是由认知主体主动建构起来,建构是通过旧经验的相互作用而实现的。"也就是说,个体的知识不是完全由外界输入的——个体并非被动接受外界所提供的信息;认知个体的知识也不是完全由内部生成的——人作为认知个体不可能独立存在于他所存在的客观世界。学习者不是空着脑袋走进教室,在以往的生活中,他们已形成了丰富的经验,面对教师呈现在他面前的未知的知识经验,他是在已有经验的基础上,对新知识进行分析、检验,确认其合理性,通过新旧经验间反复的双向的相互作用,主动完成对新知识经验的意义建构。在建构过程中,由于个体思维活跃,也就促进其包括观察力、记忆力、想象力、思维力在内的智力发展。其建构的结果,不是经验的简单积累,而是对已有旧经验进行结构上的重新认定。

针对人类认知特点,为了促进学习者对新知识经验的建构,利用多媒体创设学习情景,使学生主动学习、协作、探索,启发其对新知识的理解,完成知识建构,培养学生的观察力、想象力、思维力、创造力,造就高素质的一代新人。

3. 寓教于乐,促使学生主动学习

多媒体课件具有文字、图形、动画、声音等综合表现力,综合了电影、电视、幻灯、录像等多媒体的优点,将阅读中学生没有直接经验的东西,用这种形式表现出来,让学生从中学到没有见过的知识,帮助学生理解课文,从中获得知识。

通过网络搜索,将文章中的语言文字符号变成丰富多彩的声、图、文并茂的画面,让学生从中获得身临其境的感觉。我在教学苏教版第十一册《埃及金字塔》时,获悉班级没有一个同学见过真正的金字塔,我就从网上找到了几十幅金字塔图片,从中选十个有代表性的,并配上解说词,制作成课件。上课时,那一座座形式各样的巨大的金字塔的图像给予同学们极大的震撼,收到了很好的教学效果。

4. 加大课堂信息量,扩展知识面

由于课堂上只有40分钟,单靠老师传授,在黑板上板书,往往表现的知识面较窄。应用多媒体课件,可节省板书时间,向学生传授大容量的知识。多媒体可以不

受时间和空间的限制,可以无限延伸人的各种感官思维,通过图像、音响、色彩、动画将教学涉及的各种事物、形象、情景、过程、分布联想等直接表现于课堂,使学生可以生动形象、直观具体地感知和认识事物。

5. 表现力强,化难为易

心理学研究表明,小学生形象思维优于抽象思维。多媒体教学能模拟、仿真,化抽象为形象。在教学人教版教材《捞铁牛》这课时,把捞铁牛的准备工作及捞的过程、原理,用动画的形式形象地表现出来,使原本令学生难以理解的东西变得那么易懂,突破了难点,突出了重点。

多媒体不仅能集文字、图像、声音于一体,将学生带进形象生动、色彩缤纷的教学情景,使学生感官受到刺激,发展思维能力,还能拓展学生的空间概念,加深对事物的理解,大大减轻了学生学习的难度,使那些传统教学中的教学难点不再成为难点。

多媒体还能突破时间和空间的制约,延伸和拓宽教学时空,通过图像、声音、色彩和动画传递教学信息,解决由于时间和空间的限制造成的教学难点,使学习内容变得容易被理解和掌握。

(二)多媒体教学的弊端

1. 一哄而上,哗众取宠

为了提高教学质量、学习贯彻新课标,每个市区每年都有多次赛课,而赛课无一例外地变成了"多媒体赛课"。不管年轻年老的教师,也不管会不会用多媒体,更不管所选教学内容是否适合使用课件,统统都用课件。好像不用课件,就落后了,就没资格参赛;不用课件就没教学水平,就是输定了。所以,请人制作课件已成家常便饭。其实许多阅读课是不适合用多媒体课件的,硬要选用,不但起不到帮助学生学习的目的,反而限制了学生的思维。特级教师于永正上《火烧圆明园》时,就没有用课件,没有用多媒体,只是一支粉笔,一本书,收到极好的教学效果,使学生久久沉浸在文本的情景中,于老师"原汁原味"的教学在全国受到推崇。

教师不会用多媒体,却用多媒体赛课,课堂上就会出现局促不安、操作生硬、顾此失彼的现象,反而影响了教学效果,让听课者有如坐针毡之感。这都是教育领域互相攀比,脱离实际的结果。由于条件限制,偏远小学特别是乡村小学是难以普及的,教师平时得不到锻炼,临赛课才接触、请人制作。如果不根据具体情况而一味追求"时髦",对教学效果的影响不言而喻。

2. 刺激视疲劳,分散学生注意力

多媒体课件中,多数是文字、图片等视频资料,这些直接作用于人的感官,如果

这种刺激在一堂课中占有很大比重,会造成人的视疲劳,影响听课效果。

学生容易接受的是按顺序思维学习知识,而课件的设计大多是一个提纲,依赖"超级链接"层层插入教学内容,这样导致在播放时,画面来回跳转,学生的思维也会跳跃式进行,连贯思维过程常会被打断,难以及时作出批注。俗话说:"好记性不如烂笔头。"适时做批注才能提高学习效率,起到巩固新知识的作用。因此,这样的课堂,看起来热热闹闹、轰轰烈烈,但真正的效果往往不如传统课堂更有利于学生打好基础。

3. 多媒体课件使用不当,会削弱德育教育

教育即教书育人,我国民间也有"先做人,后做事"的说法,可见德育的重要。传统教学要求教师与学生面对面交流、对话,情感互相沟通。这样更有利于引导学生明白该学什么、为什么学,也就是学习目的明确。在师生双边互动中,教师的一个眼神、一个动作、一个简单的姿势变化,都无时不在传达着教师的思想、感情,都在悄悄地行使着道德使命。而多媒体课件无论怎么生动形象,都是一成不变地客观地传递着既定信息,无法因情况变化而灵活应变,面对听不懂的学生,教师很难及时铺垫,转换新的角度。众所周知,相同的内容,不同的教师针对不同的学生有不同的方法。课堂上,有时由于自己的灵感突然有了一个更好的表达方式,会脱离讲稿,按这种方式讲下去。但使用了多媒体后,即使教师有了新的设想,由于既定多媒体上的设计也不容易马上投入教学,导致教学程式的僵化。

多媒体取代教师的主导作用将是一个不可弥补的重大损失。"师者,传道授业解惑也。"教师除了教给学生知识外,更重要的是教给学生行为规范,用自身言行去影响学生的价值观、人生观。在多媒体的教育环境下,学生的价值取向会因缺乏必要引导而变得现实与功利。

4. 不转变观念,会扼杀学生想象力

多媒体技术再先进,还得靠人来用。如果教育思想不更新,多媒体技术可能会变成高强度的"灌输",成为扼杀学生想象力、创造力的工具。教师在不了解课件、没吃透内容的情况下,盲目运用多媒体课件,会让学生只看到课堂的热闹,没有深入思考、探究的机会。长此以往,学生会变得思想懒惰,不愿思维。

转变观念就是要转变和更新教师的教育观念,树立正确的教育观、知识观、人才观。要吃透教材,分清是否确实需要运用多媒体,不要有赶时髦的心理。同时要不断提高广大教师的教育技术意识,树立信心。多多学习,迎接挑战。

三、对策

不论是传统教学手段,还是现代化教学手段,都各有利弊,不能因噎废食。探寻更有利于学生发展的行之有效的教学方法,乃是当务之急。

(一) 把多媒体教学作为课堂教学的辅助手段

笔者认为,不能停留于传统教学手段上,也不能单纯依赖多媒体课件进行教学。不同的年级,不同的教学内容,可选择使用黑板+粉笔或多媒体+黑板+粉笔的教学方式。黑板依然是现代教学中必不可少的辅助工具。必要的板书对弥补多媒体课件的缺陷有着重要的意义。有的内容可单纯地用多媒体进行教学,有的内容可先在黑板上讲解,然后用课件,动态演示,效果就很好。2009 年白下区希望杯赛课中有一位青年教师在教学苏教版第十一册《负荆请罪》这课时,就采用了这种手法,一开始便用多媒体播放了历史背景画面,引领学生很快进入情景。在众多的参赛课中,这堂课最令人难忘。毕竟教师才是课堂教学的主导,抑扬顿挫的讲授比起课件中录制的声音更有魅力。

教师在课堂教学中的作用不仅是不可替代的,而且举足轻重。在面对面的直接交流中,教师的人格魅力及爱心,同学们的一言一行、一颦一笑都可能触及我们生命中最深沉的情感。因此在情感培养,人格塑造等方面,传统教学方法是不可替代的。

因多媒体教学方式也有自身的局限性。不能把多媒体作为"万金油",哪里痛往哪里抹。在进行多媒体计算机辅助教学前,教师要充分保证其必要性和可行性,避免"哗众取宠"和"画蛇添足",走出这个迷信多媒体的误区。对计算机的迷信将导致在教学过程中,不仅使居主导地位的教师无形之中压抑自身的主观能动性,而且忽视了学生的主体性和个性差异,将人的思维程式化,将学生的积极性、主动性降低。多媒体只能作为教学的辅助手段,与传统教学手段并存,单一的教学手段将不利于教学的开展,不利于学生的健康发展。

(二) 加强多媒体课件开发的实用性和系统性

教师都有繁重的教学任务,除了备课、上课、批改作业,还有各种各样的教研活动。这些任务要很好地完成,已不胜其累。因课件的开发需大量素材,要求开发人员能熟练使用电脑,制作后要反复修改,需大量时间,让教师大量自做自用高品质的课件是不现实的。因此,首先,要有专业人员与教师配合,利用最新的计算机技术,开发出实用性强的课件;同时,采取两条腿走路的方针,关注市场,关注新教学软件的出现,及时将其用于教学;再次,要鼓励教师制作课件,设立课件组,组织多科教师协同开发。课件制作应资源共享。

教育评价部门应客观评价各种教学手段,应以教育效果作为评价标准,而不应以是否用了现代化教学手段作为一堂好课的标准。

(三)学校要注重设备的投入

如今,多媒体越来越被人们认同,它的作用也不容忽视。但目前广大农村和偏远地区还不能普及。而一个学校如果不能做到让每个教师都有条件用上多媒体,就无法奢谈其他。因此硬件设备是其物质基础,注重硬件设备的投入,对多媒体教学的发展起着举足轻重的作用。

更新教学手段,优化教学过程,应该将传统的教学方法与现代多媒体教学手段结合起来,互补互助,这样才能达到更优的教学效果。授课者针对授课内容,将一些抽象的事物,学生较难想象的而传统教学难以表达或表达难以尽如人意的知识点,采用多媒体教学手段制作成课件,然后根据不同的教学要求,选择演示,来辅助传统教学,将更有效地帮助学生理解记忆知识,从而优化教学过程。

四、结语

多媒体教学与传统教学应相互补充,相互促进。作为一线教育工作者,应充分把握二者的地位和作用,目前要立足于传统的课堂教学这一基本的组织形式,根据现有的教学条件,适当地开展多媒体教学的实践活动。可以肯定的是,多媒体教学的前景是光明的,作为教师,应更新教育观念,去迎接多媒体教学对传统教学方法与理念的挑战!

11. 教师注意力分配对学生影响初探

我做学生的时候就有这种感受:当任课教师将或冷峻或慈祥或不经意的目光"扫描"到我脸上时,我都会"激灵"一下,顿时像被注射了兴奋剂似的,聚精会神地去认真听讲,不再无精打采,不再开小差。当老师从几十只手掌组成的"小树林"里单单让我站起来回答问题时,我是何等自豪与骄傲呵!

如今我也做了教师,我更加坚信教师在课堂上的独特目光及各种暗示对学生的精神状态、听课质量产生的巨大影响。我认为,对不同年级的不同学生在教学中将注意力科学合理地分配以达到最佳的教学效果,是作为一名合格教师所必备的基本功。

小学生较之中学生、大学生,其心理比较脆弱,在课堂上有好动的不良习惯,由于年龄小,胆子小,又比较听话,因此,用"目光注视法"常常会收到"此时无声胜有声"之效。另外,不少小学生都有很强的自尊心和争强好胜心,喜欢老师的重视,所以他们常以老师的提问为荣。曾有一位成绩较好的学生,在我讲解完一首古诗的教学,刚刚走出教室时,他突然从教室冲出来追上我问道:"老师,上课为什么不让我发言?"我听后一愣,仔细一想,上课并没有注意到他举手,于是我告诉他上课老师的目光最先集中在举手早的同学身上,希望他听完老师的问题及时举手,老师一定先叫他的。他认真地点头。果然,从此以后他总是专心听讲,及时举手发言。

一、目光注视法

目光注视法主要体现在对某位学生的注目形式、注目程度、注目长短、注目数量上。

注目形式,概括说来,可以是各种各样的即兴发挥,或慈祥,或威严,或暖风拂面,或冷风刺骨,或目光炯炯,或微闭双目……在具体场合运用具体的注目形式,才能收出奇之效。

注目程度有深有浅,关键在于要会"以目传情"。注目程度深并非一定要耗时长,有时转瞬而逝的目光会像霹雳闪电给受注目者以强烈震撼威慑作用,使思想分散的学生很快收回心思;而温柔鼓励的目光会使胆小的孩子增加信心和勇气。

我们班新转来一名学生,他长得有缺陷,又刚到一个新班,所以总是不合群,与老师不亲近,看人的眼神总是怯怯的,上课从不抬头,当然成绩也受影响。我试了谈心鼓励、正确教育等各种方法,可总也无效,该生上课依然是头不抬、言不发。后来,我选了这个课题后,想到老师眼神的作用,想试一试。于是在课堂上,我趁他偶一抬头的时候,把微笑鼓励的目光投向他。一开始,他与我的目光一接触便会很快低下头来,可是一会就忍不住抬起头来追寻老师的目光。很快,他发现老师一节课多次目光注视他,抬头的次数就多起来,只要捕捉到他的目光,我就给他柔和的一笑。慢慢地,他抬头次数多起来。渐渐地居然就举起了手。我的目光注视法已初见成效。

当然,目光注视法并不是万能的,同时,目光注视法也不能滥用。教师是个特殊的职业,面对的是几十双眼睛,不同的学生,有目的地运用,具体情况具体对待,如果"广洒美目"且如蜻蜓点水一般,恐怕如微尘落入湖面,激不起一点涟漪。模特们要练就两百多种不同的表情来适应不同服装表演的需要,而老师虽不需要那么多的表情,但对课堂上可能出现的各种情况,预备几种表情来适应课堂的需要,也应是基本功之一。

二、举手提问法

为贴近读者,报刊会辟出版面让读者"一吐为快";为赢得观众,电视会划出节目让观众走进直播室"登台亮相",过把演员瘾;同样,为了调动学生们参与教学的积极性,活跃课堂气氛,培养学生的胆量,训练学生的口才,教师更应在课堂上用部分时间对学生进行提问。对学习较好的学生提问,可激发他(她)百尺竿头更进一步的决心;对学习较差的学生提问,可鼓舞他(她)的士气,增加他(她)的学习信心,温暖他(她)原本自卑的心灵。

但是,教师在提问时,一定要不同学生不同对待,对优等生,可适当增加提问难度;对后进生,应提些简单的问题。千万不能让其知难而退,不敢再举手发言。

三、手势辅助法

除了运用眼看口提法,教师在授课过程中,可适当离开三尺讲台,到学生的中间,边讲边发挥手的作用,或轻轻地摸摸头,或有力地拍拍肩,来表示对此生的欣赏、鼓励等。记得一个学生家长对我说过这样的话:"孩子说最喜欢王老师,也最爱上你的课。我问他为什么,他说是王老师喜欢摸他的头。"这不太简单了吗? 不,对于孩子单纯天真的心灵,这就是对他的鼓励,对他的欣赏,对他的喜欢,对他的亲近,对他的信任。这个简单的动作,也是老师爱孩子的一种手段,是老师注意力的一种。

教师,虽是个普通的职业,但因其工作对象是一个个生气勃勃、思想单纯而又处于成长阶段的个体,对于成长中的小学生,教师课堂的注意力分配直接影响着孩子们的自信心和成绩。因此教师要关注到每一个孩子,特别是那些或自卑、或腼腆、或不自信、或注意力分散的孩子,这些孩子特别需要老师的特殊照顾,应让他们时时感受到老师那殷切的目光。

在教师这个工作岗位上,值得永远探索,去破译好的适合孩子成长的教育方法,正如广告中的一句话:没有最好,只有更好!

12. 浅谈提高小学随班就读弱智生学习效果的措施

三年级时我接手这个班,如今已两年多了。当时我发现这个班有两位学生很特殊,经了解才知道是弱智生。其中一位女学生还有自闭症。

一、弱智生的特征

1. 弱智就是智力发展迟缓,比普通儿童接受能力差,表现为学习障碍,亦即在听、说、读、写、推论、计算能力的获得和使用方面表现为显著困难。

2. 心理发展起点低,往往比正常孩子滞后好几年。

3. 思维速度缓慢,影响正常的学习进程。

4. 学习的最终水平比正常儿童低。即在同等外部条件下,比普通同学成绩差。

二、采取的措施

经过几年的摸索、实践,我总结出了一套行之有效的方法、措施。

1. 语言训练

言语参与全部的心理活动,对学习有着重要的作用。而弱智儿童的认识活动缺陷同语言发展缺陷互为因果,形成恶性循环,再加上在校从不说话,严重影响了其智力发展。因此我首先采取的措施是语言训练。

(1) 从喜欢的物品入手

通过家访观察其房间的摆设、与家长深入交谈,了解其喜好。再与其单独交谈。谈她感兴趣的事、物,诱导她开口说话。当她在老师面前开口说一句话,就迈出了成功的第一步。

(2) 循循善诱

弱智生的特点之一就是思想不容易集中,当上课发现他们走神时,如果大声呵斥、制止,他们会吓得更不敢说话。有一次,我发现那位弱智女生在望着窗外出神,就说:"窗外的景色真美,你看到了什么? 是不是有阳光、树木、花草、小鸟?"她说:"我看到一只小鸟飞走了。"我说:"那我们就回到课堂上来吧。"就这样,一问一答,不但让她开口说了话,又很自然地把她的思绪拉回了课堂。

(3) 游戏

在活动课上设计些有趣的游戏,让他们在愉快的玩乐中主动说话来表达自己的思想。一次,我设计了"悄悄话"这个活动。让全班同学排成两队,我把一句话告诉第一个同学,加上自己的发挥,一个个传下去。我特地把两位弱智生安排到中间。同学们一个个传得兴高采烈,我注意到他们俩,先是兴奋地看着别人,轮到时,女同学咬着手指,左右看看,见其他同学焦急地看着自己,只好将话传给了下面的同学。

(4) 表演

我常编排些课本剧,以培养他们学习语文的综合能力。在剧中,我有意安排一些简单的角色,不但使他们有了参与意识,最重要的是锻炼了他们的胆量和口才。

他们有了说的欲望,有了说的胆量,我想应该进行下一步计划了。

2. 创设情景,激发兴趣

有了语言做基础,就应该想办法让他们融入课堂,让他们感受到自己不是旁观者,而是这个班级里真正的一员。弱智生注意力容易分散,记忆短暂,要达到一定的教学目的,必须有意识地创设生动、愉悦的意境激发他们的兴趣。因此我在设计课堂问题时,总是分层次,把最简单的、最直观的问题留给他们。同时,我还注意做到说得绘声绘色、津津有味,首先自己进入角色,这样给学生的印象最深,效果最明显。听、说、模仿、朗读是实践性很强的项目。在读儿歌、看图说话、表演时给其安排适当的角色,不但促进了他们的学习及智力的发展,同时也提高了他们的语言表达能力。

3. 创造情感氛围

弱智生的学习也受情感的影响,因此任何场合都必须创设鼓励的气氛。师生关系要融洽,让其感受到集体的温暖。弱智生生活经验有限,事物表象十分贫乏,语言发展水平低,因此思维发展缺乏牢固的基础。他们回答的问题无法与正常孩子相比,所以要教育其他学生不要歧视他们,应以宽容、关爱的眼光看他们,使整个班级形成团结、友爱、互帮互学的充满爱的集体。安排成绩好、能力强的同学与其同座,时时帮助他们,让他们在宽松、友好的氛围中学习、成长。

4. 自信心的培养

要想培养弱智生的自信心,首先要唤起其自尊心。因为自尊是自信的基础。自尊的培养不能只靠平时,更要靠课堂。如果一个孩子在课堂上时时有受挫的感觉,那么,自尊心就无从谈起。而要做到这些,就要在备课时兼顾到弱智生的特点。

教学过程是一种特殊的认知活动,学生在课堂上学习的知识一般是人们在实践活动中经过抽象提炼出来的理性概念。一般孩子具有一定的抽象思维能力,在感性认识基础上稍加点拨就能真正掌握。弱智生思维迟缓,理解能力差,缺乏抽象思维能力和概括能力,对事物的认识在很大程度上受直观因素的影响,因此,在教学中,要十分注重从认知活动的特点出发,借助各种手段,让他们接触实物、图像,促使他们通过实践把深奥的概念和抽象的道理不断转化为自己的知识。比如,看实物、模型、实物投影等,既调动了他们学习的积极性,又锻炼了他们的思维能力,同时,让他们感觉到自己和其他同学一样受重视。作为老师,只有这样明确弱智生在智力上与普通同学的差异性,在教学中降低要求,才能唤起他们的自尊心,增强他们的自信心,同时争取家庭、社会的支持,巩固其自信心。

三、收获

1. 此研究顺应了特殊学生心理发展需要,挖掘了学生潜能,使他们体验到了成功的喜悦。

2. 两位同学由先前的自卑变得比较自信,自闭症也得到了缓解,能主动与人沟通。

3. 语言表达能力提高了,综合素质得到了全面提升,变得文明、礼貌、守纪律,生活自理能力增强。

4. 智力得到发展,家长对孩子也有了信心。

13. 关于惩戒教育的调查分析报告

一、现状

近年来,随着经济的发展和社会的进步,教育也在不断改革,朝着更人性化的方向发展。激励教育、赏识教育、素质教育、创新教育等都成了每个社会成员耳熟能详的名词。强调家长、教师以平等的姿态和孩子对话,尊重孩子,给他们创造轻松自由的气氛。教育主管部门也制定了不准体罚和变相体罚的各项规定。

这些法规体现了以人为本的教育理念,更是对孩子的关心和爱护,也确实约束了个别不法教师的越轨行为,起到了保护孩子的作用。但是由于除了说服教育,没有谁能准确界定体罚、变相体罚和其他教育形式的界限,老师其他形式的惩戒权利都被剥夺了,再加上父母对独生子女的溺爱、百依百顺,实际上不少学生的教育,特别是品行教育处于一种放任自流的状态。这种情况产生的负面影响不可小觑。小学生在毫无约束的环境下长大,唯我独尊。当年的独生子女如今已长大成人,大家有目共睹,他们中的一部分成了脆弱的一代,不要说经得起风吹雨打,连一句批评都经受不起,动辄离家、自杀,自私自负、缺乏诚信,这样的"栋梁"怎能撑起明天的大厦?

造成这样的局面,家长和老师都无法推卸责任。但把责任推到他们身上就能解决问题吗?家长对孩子的溺爱当然有只生一个的原因,还有没有其他因素呢?

二、担忧

从常理上讲,家庭教育的不足应该由学校教育补充。但作为老师、班主任,我深切体会到老师的难做。对待个别调皮捣蛋的顽劣孩子,老师通常的说服教育不起作用,有时为人师的责任心不忍看着学生堕落,就让反复不写作业的同学留下补,不做值日的留下做值日。可是家长不答应了,说是变相体罚学生。有的只是发发牢骚也就罢了,有的家长心疼孩子累着了,就告你一状,老师只好吃不了兜着走。

孩子离家出走、在网吧彻夜不归、偷东西、自杀、打骂父母、杀弒双亲等消息常常见诸报端。笔者日前在报上看到南京一高考落榜生,因复读两次成绩仍不理想就打父母、骂老师,怪自家条件差,父母没给他交足够的钱请家教,等等。这样的孩子,如此不堪一击,如此没有责任心,难道这不是教育的失败吗?

教育改革一直在轰轰烈烈地进行,但脆弱到经不起一句批评的孩子却越来越多。不交作业,问他要,就离家出走;高考成绩不理想就打父母、骂老师。为什么在实施素质教育多年后的今天,不但没把这些孩子教育成高素质的人才,反而造就了一部分毫无责任心、连承担自己失败的勇气都没有,反而要把自己的过失强加到父母、老师头上的"人才"呢?这,很值得教育工作者和家长们深思。

三、调查情况

1. 不惩不戒,个性嚣张

在这次针对家长的调查中,有一项是"实施说服教育就可以把学生教好"的说法,完全赞成的占 22%,不赞成的只占 7.3%;在"孩子从小没受过惩戒教育,长大就没有违法犯罪的概念"中,认为对的只占 5%,认为错的居然占 56%,从这两项调查中可以看出,现在的家长对孩子多是提倡不惩不戒的。从调查表看,持这种看法的家长,他们的孩子不乏问题儿童。其中就有位家长平时对待孩子犯错误,处理方法令人惊讶。他的孩子上课弄得四邻不安,拿人家铅笔盒、踩人家脚、踢人家后背、在人家书上乱画等等,来班主任那儿告状的此起彼伏,每天少说十几个,多了几乎全班受害,甚至下课时间欺负低年级同学。班主任只能说服教育,但是一点作用也没有。他居然扬言:告老师又怎么样,我才不怕呢! 与他家长交流,言语之间能听出来,他家长认为他儿子很有个性,说将来肯定是个"人物"。一个常被他打的孩子家长见老师解决不了问题,孩子每天在放学路上依然挨打,就去找他家长,哪知道他妈妈居然说是人家孩子先招惹他家孩子,结果两人吵了起来。问题还是没解决,这家长只好靠每天接送来保护自己的孩子。这还是一方省事的家长,而双方都不讲道理的家长也大有人在,他们之间爆发的"战争"更让人心寒。

这样的家长都认为,应该让孩子个性张扬,充分自由发展。殊不知,他的个性张扬了,别人都成了受害者。正是他的自由妨害了别人的自由。上海比乐中学的唐校长认为每个人的自由是相对的,当你侵害了别人的自由时,就要限制你自己的自由作为惩戒条件。每个人必须对自己的行为负责。但作为老师敢限制他的自由吗? 留下教育,尚被家长责怪,调一下座位,家长不满,吵吵闹闹,告你个体罚,更有的老师生命和安全受到威胁。现在的孩子怎么管教?他不但有《未成年人保护法》等,更有家长这堵挡风的墙,不少老师最稳妥的办法只能是睁只眼闭只眼,得过且过。但这样怎么对得起教师这个崇高的职业?

这就是中国的小皇帝、小公主,他们在电视、电影里看多了充满血腥、暴力的场面,再加上父母无原则的庇护,极易养成无限膨胀的个性,唯我独尊,是非不分,没有该做和不该做的概念,把"个性张扬"发展成"个性嚣张",认为"我"想做的,理所当然该做。孩子这种过于膨胀的自我意识是不正常的,现在有父母的庇护,别人拿他没办法,可等他长大成人,这种横行霸道的性格形成了,就没法改变了。作为成人走向社会,法律会约束、管教他的,到时候做父母的后悔晚矣!

2. 不惩不戒,爱无原则

在一项调查"如果孩子多次私自不去上音、体、美等课,老师发现后,该怎么办?"中,有59%的家长认为应马上让学生去上课,不能剥夺他上课的权利。有少数家长认为应先接受教育,再去上课。这么多糊涂的家长真令人心痛。想问问这些家长:他多次私自不去上课,是谁剥夺了他上课的权利?!是老师还是过于娇宠的教育方式或是家长? 当然,家长出发点是好的,是怕孩子少上课吃了亏,但你不说服教育,不让他"戒",他要么人在曹营心在汉,要么又逃课了。到底哪个损失更大? 这么简单的道理谁都想得通,是溺爱蒙住了他们的眼睛。如果老师发现逃课的学生后马上把他送到课堂上,但他的心早不知飞到什么地方去了! 试想,如果他的心能留在课堂上,他就不会三番五次地逃课了! 与其让他心不在焉地上课,倒不如与他交谈,找到他不上课的原因,对症施教,从思想根源上解决问题。从这项调查上可看出,大多数家长只看表面现象,明显是一种短视行为,家长对孩子的无原则的爱由此可见一斑。

我班一个小男孩,平时沉默寡言,他最大的特点就是几乎不写作业,让他补,他每次都答应,但鲜有行动。有一次,我看他连续一周没做家庭作业,就多次打电话给家长,希望家长在家督促孩子完成作业。他的家长一口承诺,但这孩子却一点没做,从中也能看出家长无信用可言。

英国教育家约翰逊说过:言教不如身教。中国也有一句俗话:上梁不正下梁歪。这样的家庭对孩子潜移默化的影响是最为可怕的。后来我只好在放学后留下他写一部分作业。谁知刚放学不到半小时,他爸爸就来了,声称不能饿着孩子,作业以后再做,饿坏孩子如何如何。我不敢强留,事后该生作业照样不做,当然缺少的作业也没补。

该家长还一味强调要爱护孩子、保护孩子的自尊心。我告诉他孩子在家应做些力所能及的家务。家长说:现在谁家还用得着孩子做事? 每周一次的值日工作,他几乎没做过。他家与学校之间只隔一条马路,早晨迟到是家常便饭,更别提做值日了。下午放学就溜,六七点钟却不回家。值日工作都是同学帮他做。就这样的孩子,家长还声称要给孩子提供最好的学习条件,任孩子像小鸟一样自由发展,要求老师在班上少批评,多表扬,说批评多了易伤孩子的自尊心。我说孩子经常不做作业,成绩不会提高的,他居然讲"树大自然直"。每次考试,他都是后三名,有一次居然考了个倒数第一,语文、数学、外语没有一门及格。其实他不是个笨小孩,是他父母的教育方式害了他,他成了家长教育观念的牺牲品。

据孩子母亲讲,这个孩子在家为所欲为,从来不把父母当回事。放暑假后,拿了家里几百块钱,几天都没回家,父母到处找他,找不着,只好向我求助。我帮他查找了所有的同学家,最后在一个家住郊外的同学家找到正打游戏的他。

英国教育家利斯曾告诫父母:"溺爱的双亲应该记住:每样事都替孩子做,不希望孩子做什么事,这是对他有害的,孩子通常不需要娇养,他们要能尽职负责,过度的溺爱与娇养其结果是侮辱。"苏联教育家苏霍姆林斯基也认为:"用溺爱态度培养出来的人,是自私自利到所谓透顶了的人。"

这个家长可谓初尝苦果,但他们能从中接受教训吗?不一定有令人满意的答案。从调查中得知这样的家长并不是少数。

3. 不惩不戒,轻视品德

在对惩戒的范畴进行界定这项调查中,有68%的家长能接受"写检查"这项惩戒,其次是向同学、学校道歉占51.2%,口头警告占总人数的48.7%,选择"值日劳动"的占全体人数的43.9%,对取消劳动课、取消课外活动、取消参加体育课等,家长的选择率都在8%以下。从这些统计可看出,家长们对惩戒教育很有戒心。他们只能勉强接受写检查、口头警告之类无关痛痒的惩戒,对选值日劳动也开始慎重起来,对取消劳动、取消课外活动、取消体育课等几乎都闻之色变。这与前一项"学生私自不去上课"的调查不谋而合,说明家长在这一点上意见是一致的。他们认为孩子还小,他们的任务就只是学习。家长和学校应为孩子做一切事,这样的惩戒会让孩子吃苦的。另一个观点是孩子只有坐在课堂上才是在学习,只要学习成绩好,其他一切都不重要。而教育不但包括在课堂上接受知识的教育,更包括对孩子人生观、世界观及人格的塑造。事实证明,只会学习的孩子是不健全的,清华大学的学生硫酸泼熊事件不就是最好的例证吗?

家长们的选择可看出对孩子的溺爱之真之切。对于需要自己孩子"出劳动力"的事,他们一概否定。也难怪,这些小皇帝、小公主平常在家是横草不捏、竖草不拿,何曾受过这份"洋罪",你让其劳动,还不是要了家长的性命!不是有每周都来代子值日的家长吗?家长们宁愿代劳也要让孩子"毫发无损"。其实以上列举的这些惩戒方式,没有一条能对学生的身心造成伤害,但却可给学生以小惩大戒的作用,"难能可贵"的是,家长们不约而同选择了前者。那位清华的高才生用硫酸泼熊事件并没给这些家长留下太多的思考。

从家长们的选择上可看出他们对教育孩子的明确态度。他们普遍认为把违规学生带出课堂是剥夺了孩子受教育的权力。《上海教育》杂志副主编金志明认为,教育形式是多种多样的,不要孤立地认为上课就是享受教育权利的全部范畴,个别地进行思想教育也属于这一范畴,而这种单独的针对性的教育所起的作用,要比带着问题上课大多了。我们必须把惩戒看成一种教育手段,孩子受教育的权利并没有受到损害,而是接受了另外方式的教育。这另外方式的教育在孩子的人生旅途中也是不可或缺的。

教育是连续的,进行了恰当的惩戒,如果他接受了,就会提高他今后的学习效率。

其实所谓的教育惩戒,也是教师对学生厚爱的一种表达方式。苏联作家高尔基说过:爱孩子这是母鸡也会做的事。可是,要善于教育他们,这就是国家的一件大事了。

四、思考

1. 爱,应该从长远计

与家长不同,老师的爱是理智清醒的。用恰当的惩戒手段让他们铭记终生,知道哪些界线是不可逾越的,逾越了就会受到惩处。这应该是作为教育者的家长、学校共同肩负的责任。然而在目的一致的问题上,方法上却往往无法沟通、配合。家长的糊涂、不理智会抵消学校的教育,甚至害孩子一生。

有一女生,多次在超市偷东西被抓,超市打电话到学校后,家长、学校取得联系,共商怎样教育这个孩子。家长口气很大:"赔!"他认为自己有钱,没有什么摆不平的,赔了钱就万事大吉了。老师与他商量怎样给这孩子点教训,这家长说:"我会带回家教育,多大事啊!"我把此事作为一道题进行调查,在学校接受教育,80%的家长只能接受让学生写检查,其他方式都不能接受。多数家长还是选择带回家教育,与该家长惊人的一致!该家长带回家如何教育孩子的不得而知,但数天后,这位女生又"故伎重演"了!

捷克教育家、心理学家夸美纽斯在《大教学论》中强调:"犯了过错的人应当受到惩罚。但是他们之所以应受惩罚,并非因为他们犯了错……而是为的要使日后不去再犯。"这,关系到孩子的前途和命运,但家长并没有想得那么长远。苏联作家马卡连柯也在《论共产主义教育》中指出："合理的惩罚制度不仅是合法的,而且也是必要的。这种合理的惩罚制度有助于形成学生的坚强的性格,能培养学生责任感,能锻炼学生的意志和人格,能培养学生抵制引诱和战胜引诱的能力。"该女生已滑向了违法犯罪的边缘,不给她些惩戒让她铭记终生,再发展下去就是犯罪。可叹的是家长并没有意识到这一点。

2. 爱,要理智清醒

家长们总是以国外为例,动不动就讲国外教育如何尊重孩子"人权",孩子如何"自由",但他们只知其一不知其二。

在美国,就该不该体罚学生、体罚学生合不合法也众说纷纭,莫衷一是。目前在全美 50 个州中,立法禁止体罚的有 21 个州,其他无明文规定。

在日本,体罚学生是明令禁止的。但教育实践中体罚的现象较为普遍。日本学校教育法规定:校长及教员对学生及儿童可行使惩戒但不得给予体罚。

我国台湾省教育部门规定禁止体罚,但又提出对学生进行"暂时性疼痛的管教"(其实是一种惩戒性质)。

前不久看到几篇报道:某校的几个初中女生离家出走;某学生将批评他的老师打倒在地;某地一高中生用锤子将父母杀死……让人不解的是,每当这样的事情发生,总有媒体责备家长、老师,说是没跟孩子好好沟通,实际上这样的指责不全对,不只是缺少沟通,也是现在家庭和学校对孩子管教不严所造成的。

你说他管教不严,也有家长大呼冤枉,他说他常打孩子,他认为惩戒就是"打",仅仅"拳脚伺候"就能达到教育效果吗?

打,在某种程度上可谓"中国特色"。现在的孩子都是独生子女,从记事起父母就讲他不得,如果口气严厉一点,旁边就有老人"护驾",他何怕之有! 一方面,家长们对孩子倍加爱护和娇惯,有时甚至不加区别地满足他的欲望;另一方面,他们的爱护和娇惯把孩子养出了坏毛病,再动以拳脚来进行纠正,反而走向了极端,从而教育出一些性情乖张的孩子。

现在的舆论普遍倡导激励教育、赏识教育,只能讲"好",不能说"不"。就像一棵小树,从不给它修剪枝条,一味任其自由生长,到头来,很难成为栋梁之才。萧伯纳说过:"一个人感到自己可耻的地方越多,受尊敬的程度就越高。"我们中国人传统上就讲究自省、反省,"则智明而行无过也"。问一问现在的学生,有多少人反省过自己? 对自己何曾说过一个"不"字? 他将别人打得头破血流,他还若无其事地为自己辩解:"和他闹着玩的。"

3. "教育",该深刻反省

现在家庭教育的畸形、缺失,如果在学校能严格管教也行,家教不足校教补。可现在学校也被迫同家长达成了"共识",学校也成了娇纵学生的地方。有时老师管教学生,学生开口就是:"我怎么了?!"能将老师噎个半死。老师是应当尊重学生,但学生也要尊敬老师。老师的严格就是对学生的爱呀!苏联著名的教育家凯洛夫曾说过:"教师如果对学生没有热情,决不能成为好教师。但是教师对于学生的爱应是一种带有严格要求的爱。"

中国的教育自古是以"严"著称的,所谓"严师出高徒"。这种严不仅仅是教学的严格,也在于管理的严格。这种优良的传统我们没有继承下来。当我们看到学生出现行为上的偏差,看到这种教育体制下多次出现杀双亲、打老师等情况时,社会、媒体还在责怪家长和学校,呼吁家长、教师理解孩子。当我们看到缺少正义感、责任感的学生走向社会时,教育,是该深刻反省一下自己了!

附调查表:

关于惩戒教育调查表

惩戒教育,首先是教育,其次是处罚。即施罚使犯过者身心感到痛苦,但不以损害受罚者身心健康为原则的一种惩罚方式。它的目的、手段、方式、结果都与体罚有本质的区别。为了探讨惩戒教育对现代教育模式的影响与作用,特制定该调查表,请各位家长配合我们做好调查工作,谢谢!

一、选择题(把选中的题目序号填在后面的括号中)

1. 家长会上,教师能否点名批评学习态度不好的学生?　　　　　　(　　)
   a. 能　　　　　b. 不能　　　　　c. 随便
2. 常言道:"不打不成器。"你认为对吗?　　　　　　　　　　　　(　　)
   a. 对　　　　　b. 错　　　　　c. 不确定
3. "实施说服教育就可以把学生教好"的说法,你赞成吗?　　　　　(　　)
   a. 赞成　　　　b. 不赞成　　　　c. 视学生个体情况而定
4. 孔老夫子对不肯学习的学生用鞭子做惩罚的做法是　　　　　　(　　)
   a. 太残忍　　　b. 对某些学生可行c. 做得对
5. 有些学生经不起挫折,稍不如意就撒泼、要赖,甚至自残、自杀,是家长、学校

娇纵,过多强调赏识、激励,禁止惩戒惯出来的毛病,还是惩戒教育过于严厉导致的恶果? ( )

    a. 原因是前者   b. 原因是后者

    c. 原因是其他   d. 不确定

6. "孩子从小没受过惩戒教育,长大后就没有违法犯罪的概念",这种说法对不对? ( )

    a. 对   b. 错   c. 不确定

7. 如果有学生多次私自不去上音乐、体育、美术等副课,发现后应该 ( )

    a. 赶紧让学生去上课,不能剥夺他上课的权利

    b. 留他在办公室接受批评教育

    c. 不闻不问

8. 有的学校对不愿做值日生的学生采取强制其值日一周的做法,你认为

( )

    a. 应该   b. 不应该   c. 视具体情况而定

9. 有的学生课堂上自己不好好听讲,还干扰同桌,作为教师应该如何处理?

( )

    a. 调位子   b. 罚站

    c. 逐出教室   d. 睁只眼闭只眼

10. 如果你的孩子偷拿了超市物品,被扣留,超市让学校去领人,你认为学校应采取什么方式进行教育? ( )

    a. 口头批评

    b. 书写检讨

    c. 让家长全权处理

    d. 大事化小,小事化了

11. 假如你的孩子故意损坏了学校的门窗、桌椅等公共财产,学校应采取什么措施教育孩子? ( )

    a. 照价赔偿   b. 赔偿加罚款

    c. 只是批评教育   d. 其他

12. 假如你家孩子不小心损坏了同学的物品,要不要及时赔偿? ( )

    a. 主动赔偿   b. 被迫赔偿   c. 决不赔偿

13. 你认为目前媒体对待教育的立场是客观、公正,是抱着理性、宽松、公开的态度激浊扬清,还是盲目追求所谓的新闻亮点而不乏炒作之嫌? ( )

a. 前者　　　　　　　　b. 后者

c. 兼而有之　　　　　　d. 不能肯定

14. 作为家长,当自己的孩子犯了错误,或考试成绩不理想,是一味地指责、训斥孩子,还是首先自我反思?（　　）

a. 前者　　　　　　　　b. 后者

c. 迁怒于学校、老师　　d. 无所谓

15. 你认为现在学校对学生是管得太严了,还是太松了?（　　）

a. 太严　　　　　　　　b. 太松

c. 刚好　　　　　　　　d. 不能肯定

16. 你同意"现在的学校(特别是'贵族学校')也成了娇惯学生的场所"这种说法吗?（　　）

a. 同意　　　　　　　　b. 不同意

c. 有点赞成但不完全赞成　d. 不肯定

17. "现在提倡的教育模式惯出了缺少正义感、责任感的一代人",你认为这种讲法对吗?（　　）

a. 对　　　　　　　　　b. 错

c. 要一分为二地分析　　d. 不能肯定

二、判断题(把您认为正确的答案序号填在题后括号里)

1. 对惩戒的理解（　　）

a. 惩戒是一种教育方式　　b. 惩戒的尺度很难把握

c. 惩戒就是体罚　　　　　d. 惩戒应该另外理解

2. 对体罚的态度（　　）

a. 坚决禁止　　　　　　　b. 视情节而定

c. 偶尔为之也无妨　　　　d. 赞成

3. 您认为下面哪些行为属于恰当的惩戒范畴?（　　）

a. 值日劳动　　b. 写检查　　c. 取消一切课外活动

d. 取消参加劳动课的权利

e. 取消参加体育课的权利

f. 口头警告　　　　　　　g. 增加作业量

h. 被罚款　　　　　　　　i. 向同学或学校道歉

三、问答题

1. 您认为惩戒教育应如何定义?

2. 学校教育是否包含惩戒教育在内?

3. 如何界定惩戒的范围?

4. 惩戒的裁决权应属于谁?

14. 浅谈教育惩戒

一、身边的困惑

据报载,前段时间又有因高考落榜而自杀的学生,有因一事不如意而杀害双亲的孩子,更有没考上理想大学而打骂父母的学生……又闻南京一中专学校一对男女生上体育课时当众在操场上拥抱、接吻,被老师制止后报复老师的事……

这一系列的"小事",都是人们司空见惯的现象,但细细思考,实不正常,也暴露出教育的无奈。

焦点一:教师的困惑——这样的学生该如何教育?

我班上一名学生经常不写作业,一次连续一周都不交,说服教育他不补,通知家长让其督促,家长尽管满口答应,可几天下来,还是没做。我发现这样不起作用,就利用中午放学后的时间,让他到办公室补。可没过半小时,其家长来了,我讲让他补完今天的作业再吃饭,而家长却说饿坏了孩子了不得,非要马上带他回家吃饭。我再坚持就有体罚学生之嫌,况且激怒家长也不是闹着玩的,只好让他回去,结果作业仍没有完成。

这样的情况,在每个年级、每个班级都有,该怎么教育? 教师们都忧心忡忡!

焦点二:对这样喜欢施暴的学生,难道就没办法了?

一小学六年级男生,长得高大健壮,不想学习,上课神思恍惚,放学后常跟在女生后面,或打或骂,有时闹到女生家里,班上女同学家长很反感,多次告状到班主任那里,可是班主任只能说服教育,再则请家长到学校,但效果甚微,该生照样如此,还扬言:"告老师又怎样? 老师能把我怎样?!"

焦点三:教师是否有权对学生施以适当的惩戒?

有小学生因偷超市物品被送至学校,而学校家长教育无效,再反复偷窃之事……

一老师让连续几周不值日的同学连扫三天教室,其家长气势汹汹,到教育局告老师体罚……

焦点四：名次不能排，难道不要激励学生赶超先进了？

小学某班在一次期中考试中，排了名次，激怒了家长，告老师伤了学生自尊，侵犯了学生的隐私权……

二、目前的教育现状

现在社会舆论认同的是：社会、家长、学校、老师要尊重学生，爱护学生，要打破师道尊严，给学生以平等交流的机会。学生需要的是表扬、奖励和肯定，这无疑是正确的，但在倡导和要求这些的同时，是否还缺点什么？如上面事例中所讲的，学校和老师的教育有时常常显得那样的苍白无力，常常会将他们置身于无奈而尴尬的境地。

从网上得知，目前，36岁的辛洪梅从自己供职的济南市一所私立学校辞去了教职。让她无法接受的，是这所学校对老师的种种"苛刻"要求：不准批评和变相批评学生，不准向家长讲学生的坏话……各教育主管部门对公办学校三令五申，大会小会讲，还明确规定了一票否决制，也就是只要有一人告状，情况属实，老师就必定下岗。加之媒体不断跟风炒作，缺乏理性，学生则动不动就是未成年人保护法，一度曾使教师如履薄冰。作为教师，学生犯了错，教师自然要给予批评教育，这是社会赋予教师的天职。但现在都不敢管，不能管，教师常常是多管多错，少管少错，不管不错。

教师越来越难做，学生越来越难教了！这是目前中小学教师的普遍感慨。教师一方面要面对在家长、社会的怂恿下越来越大胆调皮、越来越难以管束的学生，另一方面要面对各种惩罚学生的"禁令"和社会舆论的苛责，使部分教师采取明哲保身的态度教学。

上学期，我校一位五年级学生，上午老师检查背书，别人都会背了，老师让她回家把已布置了几天的背书任务完成，下午老师检查。她下午就不敢来上学了，跑掉了。其家长把责任全算到老师头上。还算不错，最后孩子找到了。试想，如果找不到，会有什么样的结果？她家长从没想过，这个学生连这样的挫折都经受不了（如果也算挫折的话），将来走向社会怎么办？还会有人这样呵护她吗？

造成这样的状况，原因是多方面的，有人曾撰文，认为将犯错误的学生单独请到办公室是侵犯了学生的受教育权，罚站或放学留下学生辅导，是侵犯了学生的人身自由权，点名批评是侵犯了学生的名誉权，公布分数是侵犯了学生的隐私权等等，照这样推下去，学生是不能碰的，只能当祖宗一样供着，可谁考虑过教师的权利？教育部门这样要求那样检查，这个测验那个统考，来要成绩，教师都没权利管学生了,哪来成绩呢?

宽松的环境中成长起来的一代应该是人才,最起码应该是宽容、大度的。但恰恰相反,这一代独生子女中问题少年、问题青年层出不穷,吸毒、吃摇头丸、杀人等犯罪现象呈上升趋势,令人痛心。

纵观美国"二战"后,美国父母把脉脉温情悉数倾注到孩子身上,认为爱就是一切,但二十年后这一代孩子成人后,吸毒、酗酒、自杀、暴力等犯罪五花八门,富裕生活没得到他们的感激,反而是对抗、蔑视,更有人对西方国家的恐怖分子作调查研究发现,他们绝大部分受过良好的教育,有富裕的家庭背景和对他们言听计从的父母的疼爱。但他们没成为对人类作出杰出贡献的人才,反而成为祸害人类的害人虫。什么原因?经研究发现,这些孩子从小在没有约束的环境中长大,他们并不认为父母对他们疼爱有加,相反,他们认为父母对他们不管不问,所以他们要到外面寻找刺激,男孩子吸毒等犯罪,女孩酗酒、从"性"中寻找刺激,成为堕落的一代。

三、教育需要惩戒吗

中国古时候的教育推崇"不打不成器"、"棍棒下面出孝子"等等,虽有失偏颇,但在现实中情况的确如此。谁家孩子从小管教严格,一般都是孝子,而那些溺爱无原则的家庭,孩子长大后没有责任心,自由散漫,甚至犯下了罪行,父母到头来吃尽了苦头,后悔莫及。

放任孩子就是害孩子,有子不教,有错不改,乃大祸之源。

只讲激励,不讲惩罚是不完全的教育。说服教育不是万能的,"孩子从小没有受过惩戒,长大后就会没有违法犯罪的概念"(上海比乐中学校长唐关胜)。

其实,大家不必谈惩色变,惩罚和惩戒是两个不同的概念,惩罚侧重在"罚",惩戒侧重在"戒"。体罚是对学生给予身体上感到痛苦或极度疲劳的惩罚,并造成学生身心健康损害的侵权行为,它包括体罚与变相体罚,即体罚与心罚,这是我国明令禁止的。而惩戒是施罚使犯过者身心感觉痛苦,但不以损害受罚者身心健康为原则的一种处罚方式,它在目的、手段、方式和产生的后果上都与体罚有本质区别,其中最关键在于,体罚损害了受罚者的身心健康。

按照一切从实际出发的原则,难道我们的学生就不需要一点惩戒吗?在实施素质教育强调学生张扬个性的同时,是否还必须强调以遵纪守法、尊重他人、遵守社会公德为前提?是否还应该教育和鼓励学生对自己的过失或错误行为产生的后果有承担责任、接受惩罚的勇气呢?

中小学教育该不该有惩戒是一个老生常谈的问题了,却始终没能很好地解决,在这方面，许多国家也都处于摸索之中。如西班牙虽明令禁止体罚，但家长们却难以接受，他们认为有些情况下给孩子几记耳光是非常必要的。瑞士政府对学生要求很严格，如果有人无故旷课，瑞士法院就要对他（她）提起诉讼，因为学习是学生应尽的义务。对旷课的学生，一般都要处以罚款。法国对学习极差的学生，班级理事会可投票决定给予留级处分；对于打架斗殴、迟到旷课等小错误，犯错者受到节假日必须到校反省补课或做作业的处罚。韩国则规定对违反校纪的学生，教师可在规定范围内进行一定程度的体罚，等等。

禁止教育惩戒虽具有良好的初衷，但在具体的教育实践中却遇到了不少难题。有时我们需要对人的某种行为给予肯定和鼓励，有时需要对人的某种劣迹给予适当教育，两者都是必需的。其实惩罚就是一种教育，一种爱的表达方式。只要适度，运用恰当，就会收到良好的效果。有些教师、家长对孩子相当严厉，却能受到孩子的尊重和爱戴，就说明了这一点。

惩戒的消极作用毋庸置疑，禁止惩戒的消极作用也不容忽视，那么能否在允许教育惩戒的情况下，将惩戒的消极作用降到最低？

四、教育需要什么样的惩戒

1. 心罚更伤人

有人认为，如果学生身体没受到伤害，就算不上体罚，这种观点只看现象，不看本质。学生的身体不能伤害，但对学生辱骂，直接伤害的不是身体，而是学生的心灵。身体的伤害是短暂的，而心灵的伤害则是长久的，比一般体罚更可怕，因此心罚实际上是更严重的体罚。

曾有一教师对没能及时完成作业的学生施以这样的惩罚：一个月内不让他参加班级任何一项活动。其时恰逢校运会，体育老师提出让他参加接力赛（因他跑得快），班主任却说：我就要治治他！就不让他参加！当一个又一个比赛项目进行时，该生只能眼泪汪汪地站在人群中充当看客——班主任剥夺了他的参赛权。该生毕业后多年，一提起这件事还耿耿于怀，难以忘记。这就是心罚，比体罚更伤人！

还有的学生上课讲话，教师不让他（她）听课；学生迟到，教师不让他（她）进教室；学生成绩差，班主任不准他（她）参加班干部竞选；学习成绩没考到前三名，不让他参加升旗，等等，都属于剥夺性处罚，虽不是体罚，但它伤害了学生的心灵，使学生自卑，不利于学生人格的完善，这实质上是属于违法行为。

可见体罚与惩罚的区别不在于是否打了学生，而在于是否伤害了学生。合理的处罚是一种教育策略,教师应有处罚权。在具体操作中要把握"度",合理就是处罚教育,不合理就是体罚。

2. 对学生应以积极处罚为主,消极处罚为辅

所谓积极处罚,是指对学生的身心发育有益的替代性的处罚。如对喜欢打骂同学的学生,可罚他(她)打扫卫生,或为班级做一件好事;对迟到早退者,可罚他(她)多读几遍书,等等。

而消极处罚,就是抑制性处罚,如对上课睡觉的学生罚站等,这不利于学生的身心发展,要尽量避免。

3. 让学生为自己的行为负责

谁损坏了别人的东西,就必须赔偿;谁伤害了别人的尊严,就必须公开当面道歉。谁作业不能及时完成,就不能和同学一起进行课外活动;谁无故旷课、迟到、早退,就要让他(她)反省……总之,他(她)做了不利于别人的事,就应该承担行为后果。

让学生为自己的错误买单,承担错误行为造成的后果,是惩戒,也是教育,寓教育于惩戒之中,这样不但使他(她)牢记不再犯同样的错误,也不至于对他(她)造成伤害。

五、惩戒教育应遵循的原则

1. 给学生制定行为规则,但要合理简单明了。

2. 违反了规则就要按规定行事,不要让学生讨价还价。

3. 如果学生有许多会令你担心的行为,应先取其一方面问题解决,各个击破。

4. 以爱心视学生的错误为判断失误,这样更有利于制定挽救学生的办法。

5. 教育学生时,要保持良好的心态,也就是宽容,对学生的缺点、错误,不能动辄处罚、责骂,要多教育,多引导,在无效的情况下,再施以适当的惩戒。

漫行之二——立足课堂　言语实践

　　在教学的理论指导下,在课堂教学这个教育阵地中,我且行且思,力求让孩子们从一篇篇精彩的文章中,品味作者独特的言语表达形式,感受着汉语言文字的魅力,享受着言语实践的盛宴,锤炼着语言文字的驾驭能力。

　　本篇章精选的各类教学案例,有完整的常规语文课,语文课片段,设计巧妙的课堂细节,教材留白处的教学构想、教学过程及效果呈现,课外作文课的选材、构思、预设与生成,综合实践活动课的方法和过程等,都力求体现"注重言语实践"的教学特色,提高学生对语言文字的应用能力。

　　《姥姥的剪纸》,言语表达形式丰富多彩,篇章结构、标点词句、语感节奏、笔法选材等,都是我们进行言语实践的典范。《蚕姑娘》的教学遵循低年级学生的心理特点,以趣激情,在趣味识字中开发学生的潜能,激发学生学习的兴趣。在《田园诗情》的阅读教学过程中,巧妙引导学生们"奇思妙想",让思维之花竞相开放。

　　总之,课堂教学,就像坚实的大地,养育着如饥似渴的学子们,让他们放飞思维,在知识的海洋里遨游;让他们沐浴着阳光,在广阔的空间里自由生长。

1. 关注言语表达形式，彰显语文别样本色

第一部分：案 例

姥姥的剪纸

教学内容：苏教版国标本小学语文第十一册第 12 课
主题：《姥姥的剪纸》第二课时
班级：六年级

一、背景分析

现在的小学语文课堂教学虽然百花齐放，但家常课课堂的重心基本压在对文本的人文价值的挖掘分析上，要么极少涉及，要么"蜻蜓点水"。它的文法、笔法、技巧及为文之道，多数围绕着文本所承载的人文价值去挖掘、分析。

所以，小学语文课堂教学误区存在已久，令人惊讶的是很多教师并没有意识到教学上的问题，也低估了这样的教学对孩子将来成长造成的影响，令人担忧。

很多专家、学者只看到教育终端问题的呈现，其实源头是基础教育偏离了语文教育的本色所致。

专家学者呼吁的较多，可奇怪的是，我们基础教育一线的语文老师不少还是云里雾里，依然是按照原来的教学轨迹在按部就班地运行着，依然进行着非语文的课堂教学。

二、教材解读

这是一篇让人读了开头想笑、读过结尾想哭的优美散文。课文以中国的传统文化——剪纸作为载体，塑造了一位心灵手巧、慈祥善良、舐犊情深的"姥姥"形象。

这篇文章文字凝练,语言舒缓,读来如同一行行诗;情感真挚,字里行间充溢着浓浓的亲情。

教学目标：

1. 学会生字,理解由生字组成的词语,能正确、流利、有感情地朗读课文。背诵课文最后两个自然段。

2. 联系上下文,并结合自己的生活,理解"熟能生巧,总剪,手都有准头了"这句话的含义。

3. 学习作者的言语表达方法,凭借具体的语言材料感受"姥姥"的心灵手巧、勤劳善良,感受姥姥与"我"之间浓浓的亲情,感悟作者字里行间流露的对"姥姥"的深情思念。

4. 欣赏、品析课文朴实、生动的语言。感受剪纸这一民族文化的独特魅力。

教学重点：

学习作者的言语表达方式,感悟积累。凭借具体的语言材料感受"姥姥"的心灵手巧、勤劳善良,感受姥姥与"我"之间浓浓的亲情,感悟作者字里行间流露的对姥姥的深情思念。

教学难点：

学习作者特殊的言语表达方式,联系上下文,并结合自己的生活,理解"熟能生巧、总剪,手都有准头了"这句话的含义。

教学时间：

第二课时。

三、教学过程及细节解读

(一) 欣赏剪纸

1. 请欣赏,这就是我们的民间艺术——剪纸,它凝聚着人们对善和美的追求,传承着吉祥文化的意蕴。(播放喜鹊登枝、莲年有余等幻灯片)。看到这些剪纸,你想说什么?(惟妙惟肖、形态各异、精美、巧夺天工、栩栩如生、活灵活现……)(这样的问题没有限制,更能放飞想象,无论是词还是句,或者是引用,都可以。可以激发学生自由表达的欲望。)

2. 如果笑源看到这些剪纸,会回忆起什么? 今天我们接着学习。(齐读课题：12. 姥姥的剪纸)

3. 通过上节课的学习,我们知道了什么? (姥姥剪纸技艺高超、深入人心;姥姥勤劳善良、广结善缘)

你看,一把剪刀,一张彩纸,在姥姥的手里翻来折去,要什么就有什么了。难怪乡亲们常说,你姥姥——神了。(板书:神)(复习巩固侧面描写的方法)

(二)认识姥姥

过渡:姥姥的每一幅剪纸作品背后还藏着令人难忘的故事呢。(总体切入)

学习单:(出示喜鹊登枝图)这幅姥姥剪的"喜鹊登枝",令作者想起了一件什么事呢?请同学们打开课本,静静默读课文4到6小节,说说你读懂了什么。

预设:

(1) 剪得好:形象生动、大小疏密无可挑剔。

(2) 为什么剪得这么好?

(3) 其乐融融的祖孙情。

点击:"一天,我用双手死死地捂住姥姥的双眼,让她摸着剪窗花。岂知工夫不大,一幅'喜鹊登枝'便完成了。嗬!梅枝与喜鹊形象生动,大小疏密无可挑剔。"

理解:能说说你的体会吗?你从中关注到了哪些词语?(A. 用"双手死死地捂住姥姥的双眼",姥姥剪纸的难度特别高。B. "岂知"是没料到,没料到什么?"工夫不大",姥姥完成"喜鹊登枝"的时间真短呀!C. "形象生动,大小疏密无可挑剔",姥姥的这幅剪纸挑不出任何毛病,很完美。)

本来是要刁难姥姥,现在却发出这样的感叹(指读:嗬!……)说说感叹词表达的感情。

难怪人们都说,你姥姥——神了(指板书),(出示第4节)让我们一起来夸夸姥姥(齐读这部分)。

师引读:我服了,可还要耍赖:(生读)"姥姥,你从我手指缝里偷着往外看了!"(师读)"你差点儿把姥姥的眼珠子按冒了!"

祖孙的对话让你仿佛看到什么样的画面?(我用巧妙的师生对话形式,让学生通过体会语气来启发学生的思维。就这一问一答,果然,学生立即就从语言的表达中体会到了那温馨甜蜜的画面,体会到"我"和姥姥的亲密无间,效果非常好。通过活用语气这样的言语训练,实现语文课堂目标。)

关注到"耍赖"了吗,这段话中还有类似的词呢!

(出示变红:刁难、挑剔、耍赖、调皮蛋)想想它们原来的意思,用在这里有什么不同吗?引出《清平乐·村居》里的"无赖"作对比,点明:贬义词褒用。

(这是贬义词褒用,这样特殊的言语表达方式,在特定的语境中,更加突出了姥姥的温柔、慈爱,写出了孩子的天真无邪、机灵调皮,进一步突出了孩子的善于观察、心无惧意,反映了"我"和姥姥之间的融洽与甜蜜。这种用词的智慧是学生积累运用祖国语言文字的技巧所需。）

2. 姥姥出神入化的剪纸技艺是天生的吗？那又是怎样形成的呢？姥姥自己是怎么说的？

A. "熟能生巧，总剪，手都有准头了！"（出示齐读）什么叫"熟能生巧"？

理解"熟能生巧"：（熟的意思是——熟悉，熟练；巧的意思是——灵巧，灵活。熟悉、熟练了，就能产生巧妙的办法，手就会灵活。）

用姥姥的话来理解这个词就是：（出示齐读："总剪，手都有准头了！"）从哪儿看出姥姥是"总剪"的？

B. 出示：数九隆冬剪，三伏盛夏剪，日光下剪，月光下剪，灯光下剪，甚至摸黑剪。

多么富有节奏的语言，齐读！

读着这句话，你能想到哪些词语或俗语？（日光下剪，月光下剪，从白天一直剪到黑夜，这是——）（冬练三九，夏练三伏；拳不离手，曲不离口；夜以继日、滴水穿石、锲而不舍、金石可镂）（这种富有民间特色的语言形式，简短活泼，表现力强，民间俗语的运用更能简单有效地表达姥姥练习之多，突出姥姥的高超技艺来之不易，对学生人格品行的形成有积极的意义，同时丰富积累了这类表现力强的语句）

师总结：不管是严冬还是酷暑，不管是白天还是黑夜，姥姥一直在练习、练习、练习。谁来读好这句话？让我们走近姥姥的四季，感受姥姥的生活（指读第6节）。

姥姥长年累月地练习，出示：

C. 姥姥的手就是眼睛，好使的剪刀就像她两根延长的手指。

正因为剪刀在姥姥手中已经出神入化，变成她身体的一部分，所以乡亲们夸奖姥姥：（出示）（引读"剪猫_____，剪虎_____，剪只母鸡能_____，剪只公鸡能_____，剪个小孩_____，剪朵牡丹_____，剪个篮子_____"）

看来，姥姥高超的剪纸技艺的确不是天生的，而是她长年累月练习的结果。引读：姥姥的手就是眼睛……所以说（指板书）姥姥真是神了。（这里安排回顾第一课时的学习，要对文章有一个整体的认识，最主要的是这几句话富有韵律美、节奏感强，学习作者这样的表达方式，积累内化，学习应用。）

（三）剪纸悟情

1. 姥姥不仅剪纸技艺高超，而且还会用剪纸说话呢！默读课文7～12自然段，看一看姥姥是用哪两幅剪纸说话的？说了什么？

(1) 你看一只顽皮的小兔子骑在一头温顺的老牛的背上。（出示图）就好像……

(2) 你看一头老牛和一只兔子在草地上啃食青草(出示图)就如同……

(出示两幅图学生练习说话)我仿佛看见姥姥……感受到……

同吃同住,亲密无间,"我"和姥姥就是这样亲密啊!

2. 姥姥想用这样的剪纸说什么?(希望自己和小孙孙能够平平安安、快快乐乐地生活着,共享自然的美丽、生活的美好。)

3. 这两幅画面表达的是什么?(爱)

4. 文中并没有提到"爱"字,但在这句话中(出示句子)却有一个字很好地表达了爱。

出示句子:密云多雨的盛夏……

相机理解体会"拴"(这也是一个特殊的用法,"拴"字本来就是一个动词,把东西固定的动作,但是这里作者把它用活了!)

5. 想走进那个密云多雨的盛夏吗?

同桌分角练读对话。

师生合作表演。

听了祖孙俩的对话,有什么感受?(姥姥很爱"我","我"对剪纸越来越感兴趣了,也越来越依恋姥姥了。)

6. 姥姥的剪纸就是一个个生活情境的再现,关于牛兔主题的剪纸,姥姥还剪了许许多多,出示第12自然段(指名读),从中读懂了什么? 关注到哪些词?

想象:"我"是怎么缠姥姥的? 会怎么说? 把"我"当姥姥,来缠缠看。

(预设:"缠"让"我"感觉到一开始是姥姥要"拴"住"我",当"我"知道了姥姥就是老牛,"我"就是小兔,"我"就对剪纸感兴趣了,着迷了,不需要姥姥"拴"了,对姥姥更加依恋了。从姥姥总在干活,总在劳作,说明姥姥很能吃苦耐劳,为了孙子愿意付出一切,正是姥姥的勤劳,"我"才有了快乐的生活,才能健康成长。姥姥希望孙子健康成长,所以不是剪纸拴"我",而是"我"越来越迷恋姥姥的剪纸,更离不开姥姥。所以,姥姥的剪纸不只是拴住"我"的身,更是拴住了"我"的心。)

(品词析句是触摸作者丰富的内心,感受作者跳动的思想,揣摩作者思维的过程。通过对一个词一句话一段文字的仔细品析,含英咀华,想象作者脑中景、心中情、胸中境、笔中意,丰富作者的精神世界,鲜活作者深刻的思想,还原作者的思维过程。学生在教师具有张力的问题引导下,围绕文本中作者之思之情之感进行思考、品味、争论,领悟作者的写法。如薛法根老师在教学《我和祖父的园子》时,让学生于品词析句中,理解了内容,领悟了写法,在"意""言"转换中实现了二性的自然融合)

背诵练习：我缠着姥姥给我剪了那么多的剪纸，生接读（出示）：蹦跳的兔子，奔跑的兔子，睡觉的兔子；拉车的老牛，耕地的老牛……兔子总是在玩耍，老牛总是在干活。我摆弄着各种各样的窗花，对活泼的兔子和敦厚的老牛充满了好感。

（积累内化）

小结：是啊！依恋着，依恋着姥姥的剪纸，依恋着姥姥的笑容，依恋着姥姥的声音。谁能读出对姥姥的依恋？（指名读。）

让我们一起走进这祖孙其乐融融的世界里。（齐读第 12 节。出示 PPT。）

7. 后来我上学了，小学、中学、大学——越走越远了，可姥姥依然留在大平原托着的小屯里。大学之后，我还是不断收到姥姥寄来的剪纸，其中有一幅是这样的——

（出示文本）引读：一头老牛定定地站着，出神地望着一只欢蹦着远去的小兔子，联结它们的是一片开阔的草地。

自由轻读，思考：从这段话中你读懂了什么？（提示：想想括号里的词语，细细体会，）（品词析句）

（读懂了："我"好像看到姥姥站在村口，出神地望着村路的尽头，想着："笑源什么时候回来，姥姥太想念你了！"姥姥想着孩子回来团聚的样子，脸上不时露出笑容，但是又想到孩子要完成学业，又希望孩子在学校好好学习，能快快长大，早日成才，有了成绩再回来。）

期待什么？

师过渡：姥姥不识字，也不会写信，她把对"我"的思念、期待、祝福和爱化为一幅幅剪纸，深情地剪着，不断地寄着。

8. 如果说姥姥的剪纸在童年时拴住的是"我"的身体，那么到现在拴住的其实是（"我"的心），正如作者在文中所写的：

（出示第 13 节）：事实上，我不管走多远，走多久，梦中总不时映现家乡的窗花和村路两侧的四季田野。无论何时，无论何地，只要忆及那清清爽爽的剪纸声，我的心境与梦境就立刻变得有声有色。

全班齐读(配乐)。

9. 不管……总……、无论……无论……、只要……就……从这一系列的关联词中你明白了什么？（对姥姥、对家乡的思念）

10. 小小的关联词传递了深厚的情感，谁来读好这段话？（关联词是指一个或几个词在语义上起到与上下句相关联作用的词语，作为联结分句、标明关系的词语，关联词语总是标明抽象的关系，可以作为某类复句的特定的形式标志。用关联词表情达意,是汉语言实践活动中不可缺少的一项训练,是日常沟通、交流必不可少的,能不能正确运用关联词,是检验语文素养的一项重要标志。)

11. 只要忆及那清清爽爽的剪纸声,我的心境与梦境就立刻变得有声有色。联系课文想一想,哪些情景会自然而然、有声有色地再现于"我"的心境与梦境呢?(全面回顾课文)

12. 由此可见,不管时间多久,不管距离多远,涌动在"我"和姥姥之间的是一股……?(这就是浓浓的亲情。)(板书:情)

13. 这篇文章的作者笑源在他的另一篇回忆姥姥的文章中说道:

(指读:)可能是我好久没回乡了吧,最近老是梦到姥姥,梦到她慈祥的面容和温和的话语。中秋前,我本来打算回家给姥姥过生日的,还没动身就传来了姥姥去世的消息。我当时以为听错了,可弟弟的话再次证明是真的。我不知所措地赶回家,一进姥姥家门口,就泪流满面,姥姥没能等到我们给她过生日就走了。

14. "我"没能和最爱自己的姥姥见上最后一面,说上最后一句话,现在假如你就是作者,你最想对姥姥说些什么?

小结:相信姥姥在天有灵,一定会她那一片真挚而深沉的爱心,保佑着"我"一生平安。

(带领学生回顾课文,这是整体把握课文内容的方式,启发学生用学到的语言表达对文章整体的理解。这样的环节,在文章的篇章结构上和语言实践上都会给学生带来潜移默化的影响。)

15. 让我们齐读13段,表达对姥姥那深深的思念。(配乐)

四、总结全文

1. 再看课题,你觉得姥姥的剪纸仅仅是精美的图案吗?

小结:姥姥的剪纸,哪里仅仅是剪纸,哪里仅仅是剪纸技艺的高超,姥姥的剪纸是姥姥的丰富的内心世界,是家乡的缩影,剪纸中蕴含着浓浓的乡情和亲情,寄托着姥姥对"我"深深的牵挂,也是"我"童年美好的生活写照,是"我"永久的记忆和怀想。

让我们共同记住这份浓浓亲情的见证——姥姥的剪纸(读题)。

五、作业布置

★ 背诵课文最后两个自然段。

★★ 搜集一些剪纸，欣赏中国的民间艺术。

★★★ 阅读一组亲情、乡情的美文，体会作者对人物正面描写、侧面描写的技巧。

附：板书设计

姥姥的剪纸：神□

第二部分：回顾和反思

一、关注表达，活学活用

表达方式是言语形式的一种，它包括记叙、说明、议论、描写、抒情等。

1.《姥姥的剪纸》是记叙文，不少段落中都夹叙夹议。比如第 4 自然段是正面描写姥姥的剪纸技艺高超的：……我一双手死死地捂住姥姥的双眼，让她摸着剪窗花。后面接着就是议论：岂知，功夫不大，一幅"喜鹊登枝"便完成了……再接着就是正面描写姥姥的剪纸如何精美。这样夹叙夹议，作者抒发了当时的独特感受，特别是"岂知"一词，表示出乎意料之意，说明作者和姥姥这么亲近的人也没有想到姥姥技艺如此高超，令人惊叹。这样的议论，为正面描写姥姥渲染了气氛，做了铺垫。

一篇好的文章，往往是用真情打动人、感染人的，而产生这种感染力的，可以是叙述，也可以是夹杂在叙述中的抒情、议论。这些文字，不须过长，常常通过三言两语或一句话来抒发、阐明自己的观点或感受就行了。

2.《姥姥的剪纸》中的细节描写真实感人，其中正面描写和侧面描写尤为突出。一开始，作者为了表现姥姥的勤劳善良、剪纸技艺的深入人心，写道："乡亲们都说：'你姥姥神了，剪猫像猫，剪虎像虎，剪只母鸡能下蛋，剪只公鸡能打鸣！'"

我问：同学们，这是乡亲们对姥姥的夸赞，从描写的角度呢？学生回答：侧面描写，是要丰富姥姥的形象，作者用了侧面烘托的方法。可是侧面烘托也有很多种方法，为了让学生明白这个方法的特别，出示对比：乡亲们都说，姥姥的剪纸非常传神，剪什么像什么，他们都喜欢让姥姥剪。

一对比,同学们马上发现了问题:还是书上那种侧面描写好!然后让学生反复诵读这段话,分析好在哪里。学生总结:语言形式活泼、读起来朗朗上口、节奏明快,是民间口语。

我让他们自由朗读,然后背诵。再出示:"你姥姥神了,剪＿＿＿＿像＿＿＿＿,剪＿＿＿＿像＿＿＿＿,剪＿＿＿＿能＿＿＿＿,剪＿＿＿＿能＿＿＿＿"(学生填空)。再出示:"美术老师神了＿＿＿＿"(学生仿写)。

文中还涉及对姥姥的正面描写、议论、抒情、夸张等各种表达方式,我在教学中,都分别欣赏分析,进行了潜移默化的渗透。比如,文中对姥姥剪"喜鹊登枝"是正面描写。这两方面的描写让姥姥的形象在我们心中更加丰满。这是描写人物不可或缺的两种表达方式。在课后的作业设计中,就体现了这一点。

读是为了积累语言,写是为了升华情感,于永正老师说读读写写,写写读读,这就是学语文。课内练笔,读写结合,注重实践;课外巩固,举一反三,切实提升了学生的语文实践能力。

言语表达方式是文章的血肉,这些血肉遍布文章的全身,或对人物、事件和环境等作绘声绘色、细致入微的描绘与刻画;或统领全文,引发思考,或升华主题,突出中心,引起读者共鸣。掌握各种特殊的言语表达方式,会大大提高写作表达能力。

二、品析标点,学习用法

标点符号看起来很渺小,然而用好它,可以四两拨千斤,起到事半功倍的效果。教学中,我刻意带领学生细品其用法之妙,在品味中学习作者巧用标点的技巧,领悟作者运用这样的表达方式如何写出人物的神韵。

在《姥姥的剪纸》教学中:"小外甥说:'嗬!梅枝与喜鹊形象生动,大小疏密无可挑剔。'"

指导学生反复诵读这句话,问:小外甥的语言有什么独特之处吗?

生:一个字"嗬!"就是一句话,一个感叹号,写出了小外甥的惊叹,衬托出姥姥剪纸技艺之高超。

生:一个感叹号,就把小外甥那调皮可爱,又佩服姥姥的那种惊叹神情表现出来,让我们仿佛看到孩子那夸张的表情,突出"我"和姥姥之间的那种默契、亲密。

师:你能像他那样,夸夸姥姥吗?

生:啊!多么生动的喜鹊,好像展翅欲飞。

生:呀!姥姥,你真棒!喜鹊和梅枝都栩栩如生了!

一个感叹号,把小外甥那调皮可爱,又佩服姥姥的惊叹神情表现出来,让我们仿佛看到孩子那夸张的表情。一个叹词加一个标点，往往能起到意想不到的效果。这样简洁的言语，传达出如此丰富的画面，其他方式是很难做到的，但是一个小小的标点做到了。落实积极语用的关键是给每一位学习者提供充分表达的平等机会，并在同伴的交流、老师的引导下趋向言论个性化活力的生成与迸发。通过学习标点的用法，促进思考，自主表达。

三、关注词句，深度解读

词语和句子是构成文体的基本要素。在阅读教学中，词语和句子是言语形式中的重头戏，在教学中，我进行了这样的尝试：

(一) 贬义褒用，掌握言语密码

在《姥姥的剪纸》中，有一组特殊的词语，贬义词褒用，在教学中，我是这样处理的：

师：关注到"耍赖"了吗，这段话中还有类似的词呢！（生找）

出示：刁难、挑剔、耍赖、调皮蛋。想想它们原来的意思，用在这里有什么不同吗？

相机复习《清平乐·村居》里的"无赖"的用法。

（这是贬义词褒用，这样特殊的言语表达方式，在特定的语境中，为了突出姥姥的温柔、慈爱，为了写出孩子的天真无邪，用机灵、调皮、刁难、耍赖等词，进一步突出了孩子的善于观察，心无惧意，反映了"我"和姥姥之间的融洽、甜蜜。）

理解了这样的特殊表达方式是掌握言语密码的最好时机。我接着问：你在生活中有过类似的用法吗？

生：有一次妈妈和爸爸吵架，我在中间巧妙调解，终于，他们和好了，妈妈爱抚地摸着我的脸说："你这个小坏蛋！"

生：昨天我们数学考试，一道很难的题目被我解出来了，张老师高兴地说：你这个坏小子！

生：妈妈常常喊我傻姑娘！

……

学习作者的用词智慧，经过独立思考，再进行个性表达，不知不觉中，这种特殊的言语形式就"得于心，会其神"了。

(二) 语感解析，整合表达

语气，是表达语义的重要手段，也是抒发感情的重要方式。同是一句话，由于语气的不同，就会产生不同的负载信息和交际效果。语气，是由说话人的态度、情感呈现在语流中的调子决定的。通俗地讲，语气就是指说话人的口气。如：强调和

含蓄、肯定与否定、果断和疑问、粗野与温柔、激越和平淡、喜悦与悲哀,等等。狭义地讲,语气是专指说话人的语调高低,只包括陈述、疑问、祈使、感叹四种语气。

1.《姥姥的剪纸》教学中:

我引读:"我服了,可还要要赖。"(生:)"姥姥,你从我手指缝里偷着往外看了!"(师读)"你差点儿把姥姥的眼珠子按冒了!"祖孙的对话让你仿佛看到什么样的画面?

我巧妙地用师生对话形式让学生体会语气来启发思维。就这么一问一答,果然,学生立即就从语气的表达中体会到了那温馨甜蜜的画面,体会到"我"和姥姥的亲密无间,课堂效果非常好,然后同座位再分角色朗读体会。

2. 在《姥姥的剪纸》一文教学中,为了更突出表达效果,我对 7~11 节内容做了整合:(出示,师生分角色读)

生:(不解地)牛干啥驮着兔子?

师:(笑了)谁让牛是兔子的姥姥呢?

生:(恍然大悟)唔!姥姥生肖属牛,而我属兔。

生:(大嚷)我还要,我还要!

师:(慈爱地)好,姥姥再给你剪。看明白了吗?

生:(想了想)我知道了,是说我和姥姥在一个锅里吃饭呐!

师:(把"我"搂在怀里)机灵鬼!

同座位分角色再读。

我有意让学生通过祖孙的对话来感悟语气。这样的对话更加明确地突出了姥姥那慈祥可亲的形象,学生听了师生模仿的祖孙对话,那双方的语气所呈现出来的信息,让学生马上就能有身临其境之感,仿佛自己就是那小外甥,亲身感受到姥姥宠溺的爱。在诵读中,对这种表达方式也深入于心。

课后,我布置学生模仿这部分写一段在家和长辈的对话,有的孩子写的和妈妈的对话,证明这堂课的效果很好。(例略)

离开了诵读感悟就学不好语言、学不好语文,所以汉语之美主要体现在音节的轻重缓急、音调的抑扬顿挫、音律的婉转飞扬上,只有通过诵读感悟才能使学生耳醉其音,心醉其情,努力使课文"入于目,处于口,闻于耳,铭于心",这样才能达到"文若己出"的效果,也才能如身临其境,举一反三。

(三) 特色言语,诵读拓展

高年级文章篇幅很长,我们不能把每一个词都分析透彻而是应该有所选择,找那些言语表现形式独特的、最有教学价值的、最能表现文章情感的重点语句实施教学。

在教学这段"数九隆冬剪，三伏盛夏剪，日光下剪，月光下剪……"时，我先让学生自由朗读，接着问：发现这段话的表达秘密了吗？生：两两对称，数九隆冬对三伏盛夏，日光对月光……指导朗读、背诵这句话。

师：是啊，就是(生接)从白天一直剪到黑夜……也是——(师)冬练三九，夏练三伏；(生)拳不离手，曲不离口；夜以继日、滴水穿石、锲而不舍、金石可镂……

背诵就是输入，然后用这种范例引导的方法，和学生一起进行语用实践，延伸拓展课外的民间俗语、谚语、成语，体会中国语言的博大精深，感悟民间语言的智慧！这不但积累了课文中优美词语、精彩句段，而且积累了这些优美词句所在的优美语境，储备了一些语言模式和语言图式，使学生在大脑中形成一个良好的语言反应机制。学生积累了这种富有表现力的言语，在思考发酵的基础上，创造性输出。这样，言语应用的能力也在逐步提高，涵咏于如是母语，品味其声色滋味，在逐渐形成的言语系统里深深烙上了"中国印"。

四、品音韵节奏，丰语用之库

音乐节奏是音乐的灵魂，其实语文和音乐是一对"双胞胎"。语言，讲究节奏、韵律、平仄，这是语文的灵魂。小学语文阅读教学中，体会文章的韵律之美，学习作者对音韵节奏的运用把握，能提高语言文字运用的能力。

在《姥姥的剪纸》一文教学中，我特别关注到第二段中：一把普普通通的剪刀，一张普普通通的彩纸，在姥姥的手里翻来折去，便要什么就有什么了，人物、动物、植物、器物，无所不能……"你姥姥神了，剪猫像猫，剪虎像虎，剪只母鸡能下蛋，剪只公鸡能打鸣！"

教学时，我让学生反复诵读，思考体会作者独特的言语表达形式，学生评价：两个"普普通通"连用，看似重复，实际上是突出了姥姥的不普通；"人物、动物、植物、器物，无所不能"，四个罗列的词语好像没什么特别之处，但是一读，才发现，不但对称，还押韵合仄，朗朗上口："剪_____像_____，剪_____像_____，剪个_____能_____，剪个_____能_____！"多么富有节奏感的语言，这哪里是描写，分明是音调抑扬顿挫、节奏明快的一首诗！

每篇文章都有着不同的音韵节奏，这样的言语形式就是充满韵律美的诗歌！我和同学们在诵读中都深深迷恋上了这样的场景、这样的表达，同学们在自我感悟的基础上评价得那么得心应手！由此，"音韵节奏"的这颗种子也深深扎根在了同学们的心中。

五、析材料选择，学为文之道

写人的文章，离不开选择材料，语文课的最终目的，还是培养言语表达力和表现力，也就是语言的应用的能力。因此，学会选择材料对培养语用能力非常重要。

在《姥姥的剪纸》一文的选材上，我认为作者也是匠心独运的。姥姥一生剪纸无数，可是他只选了"喜鹊登枝"和"牛兔图"作为描写的对象。

学完本文后，我用一节课进行习作指导，出示问题：为什么作者不选其他的剪纸，却独独选择这两个意象作为描写对象呢？（给学生4分钟左右的思考时间）

同学们综合考虑后，得出结论：因为喜鹊登枝是农村里最受欢迎的，它是喜庆和吉祥的象征，结婚、生娃、过寿这些喜事都用得着，所以来求的人也多，姥姥才得以常年练习，所以盲剪仍能剪得无可挑剔；还有的说，正是因为这样，它是姥姥的代表作，最能体现姥姥高超的剪纸技艺，丰富了姥姥的形象。

为什么选择"牛兔图"？

同学们讨论得出：是因为牛是姥姥的象征，不只是属相，更因为姥姥愿意为外孙做任何事（俯首甘为孺子牛），是姥姥刻意选择的一个图案意象，姥姥就是想通过这个意象表达对外孙的那种无可替代的、绵绵无尽的爱。因此姥姥总是在剪，剪出各种各样的牛兔图，特别是"我"上大学以后，姥姥特意寄来的剪纸，牛和兔的各种组合图案，每一幅都情意绵绵，是祖孙之间的那种亲密无间、默契和谐的真实写照。所以，这个图案最能体现"我"和姥姥之间的亲密，最能表达"我"对姥姥的深切思念。学生由此得出了这样的结论：写文章就是选择能表达中心的材料。

课后作业：阅读一组亲情、乡情的美文，仿写一个人物，根据你要表达的主旨选择材料，注意正面描写、侧面描写的技巧，在描写中适当加入议论。

在课堂教学中，我不断地探索着、实践着。我渴望通过广大教师的这种实践性的探索，能打造出未来公民以"表达力"和"表现力"为内核的"言语童子功"，最终转化、汇聚成象征东方大国空前文化创造力的强势汉语。

六、思考和困惑

具体的言语形式是无限复杂微妙的，其中蕴含着无比丰富生动的语言知识，学习"怎么说"的言语形式可以直接掌握许多最切实用的具体感性的语言知识，同时真切地感受语言文字的巨大魅力和运用的无穷奥妙。诗人、自然科学家、文艺理论家歌德说：内容人人看得见，含义只有有心人得知。形式对大多数人是一个秘密。

言语形式如此神秘，要想掌握、运用必须下苦功夫；而对于输入"听、说、视"，通过"思"的发酵，输出"个性言论、独立评说、审美表达"这样的理论，理解比较容易，要想自如、恰当地运用到教学中就不容易了，操作起来难度很大，有很多干扰因素。作为一名普通一线教师，教育教学活动繁杂而忙碌，没有那么多时间专门去做学术研究，只能在研读新课标的基础上，认真钻研教材，从实践的角度去尝试，在实践中摸索前行。

在实践中，我收获着，喜悦着；但是也失败过，困惑过。在有限的 40 分钟内，要通过关注言语形式，践行积极语用，就必须给予学生充分思考留白的时间，分析欣赏、诵读积累、拓展延伸、"言""意"转换、独立思维、个性表达、文化创新……总之，那么多的内容，要扎扎实实地训练实践，一堂课往往很难完成预设的教学任务，远远达不到名师们的课堂效率，这可能是我"急功近利"的原因，具体怎样设计操作，还需静心思考探索。阅读教学、口语交际、写作教学，到底怎样有机地整合，怎样促进表达和表现的完整语用能力之打造，怡养语用主体积极的生命表达动机和言语表现的个性活力，达到从言语内容到言语形式都洋溢着主体个性活力的"表现性语用"的效果，还是任重而道远的！

2.《蚕姑娘》教学细节的设计与反思

第一部分:案　例

蚕姑娘

教学内容:苏教版国际本小学语文第四册第 2 课

主题:《蚕姑娘》第一课时

班级:二年级

一、设计背景

传统的识字教学往往忽视学生在识字过程中的主动性,缺乏学生对汉字规律的自主探究,教学过程单调乏味,学生学得苦,教师教得累,也不利于提高教学效率。新大纲强调:"识字教学要体现汉字的特点,做到音形义相结合,要改进识字方法,注重培养识字能力。"以下教学片断便充分体现了新大纲的精神。

在引入课题时由课题中的生字入手,不但巧妙记住了生字,而且总领课文,让学生一接触课文就对蚕姑娘有了好感,对内容产生了浓厚的兴趣,有利于进一步学习课文。

本细节设计,是运用科学理论机制将现代汉字构造特点和儿童识字特点有机结合起来。遵循学生的心理特点,以趣激情,在趣味识字中开发学生的潜能,引起学生学习的兴趣。

二、细节设计

(一) 引入课题

师:今天,老师给大家带来了一个非常温柔可爱的朋友,你们想知道它是谁吗?

生:想。

（出示图片）

生:蚕——!

师:对,这节课,我们要学习的是一篇介绍蚕姑娘的文章。

（出示课题）2. 蚕姑娘

生齐读课题。

师:谁见过蚕姑娘,给大家介绍一下?

生:我养过,它软软的,灰白色,像虫子。

师:对呀!（再出示放大图）请看图,它像不像虫子?

生:像!

师:它是一般的虫子吗?

生:不是!

师:请你说说它为什么不是一般的虫子?

生:因为它会吐丝结茧。

生:而且蚕茧能织成衣服。我妈妈就有很多件蚕丝织成的衣服。

生:它真了不起!

生:看到这个字的结构,就能明白"蚕"不是普通的虫,是天下第一虫。

师:你真聪明,它就是"天"字下面加一个"虫"字。只不过把"天"字一撇、一捺分开、拉远了一些。

师边说边范写。

生:这个字造得真好!

师:对! 这个字造得多好啊! 难怪小朋友第一次见到这个字就记住了它的写法!

师:蚕姑娘这么了不起,同学们肯定很想和它交朋友。对你的好朋友,可要详细了解呀! 请打开书,翻到第二课。

（学生迫不及待地打开书。）

(二) 初读课文

师述初读要求。

生初读课文。

第二部分:反　思

一、巧妙引导,自主识字

识字是低年级语文教学的重点。《语文课程标准》中强调低年级要注重"培养学生主动识字的愿望",旨在培养学生识字的兴趣,让学生愿意识字,喜欢识字,逐步形成识字能力,为自主识字、大量阅读打好基础。这一理念在上面教学片断中得到很好的体现,始终以培养学生兴趣为前提,突出了学生的主体地位,扎扎实实地落实好了识字教学的目标。

二、字理识字,提高效率

汉字比拼音文字难学,这是人们容易看到的一面。其实汉字也有易学的一面——汉字有形声、象形、会意这些特点,它们能帮助我们学习汉字。本教学片段中,引导学生利用这些特点来识记字形。这样既提高了学生识字的兴趣,又培养了其识字能力,从而提高了识字教学效率。

三、以情激趣,巧设悬念

低年级孩子的学习目的性不强,兴趣是他们学习的主要动力。只有一开始就引领他们进入课文的意境,勾起他们的求知欲、好奇心,他们才能和老师一起感悟文本的内涵。本细节就是由自主识字过渡到对蚕姑娘产生好奇心,激起孩子们想了解蚕姑娘的兴趣,想亲自读课文了解蚕姑娘,由此自然而然地进入初读课文。

3. 巧抓阅读奇想，让思维之花开放

第一部分:案　例

田园诗情

教学内容:苏教版国际本第七册第11课
主题:《田园诗情》第二课时
班级:四年级

一、案例背景

冰心曾说过:"读别人的文章,写自己的文章。"这句话很好地阐释了阅读和写作的关系。阅读和写作在我们的语文教学中是不可分割的。阅读是基础,大量的阅读是写作的源头活水;写作方法的学习则是细读体会的结果。阅读和写作其实是互为因果的关系。多年的从教经历让我深切体会到:若要大幅提升学生们的写作水平,阅读教学尤为重要。特别是学生们在阅读教学中常常会迸发出"奇思妙想",进而在提问时有"惊人之言"。为师者若能抓住孩子们新奇而闪光的语言,并进行巧妙而恰当的引导,适当延伸,渗透写作方法,可触发孩子们对写作的兴趣,起到事半功倍的效果。

二、案例描述

(一) 按部就班探究文本

我教学《田园诗情》第二课时,首先板书"田园"二字,以"田园"为切入点,激发孩子们的兴趣,接着提问:"看到这两个字,你眼前出现了怎样的景象?"很快,学生们你一言我一语地打开了话匣子——

生:青草碧绿碧绿的,能冒绿油。

生:一眼望不到头。

生:老师,肯定有大片大片的高粱、大豆。

……

我按照课前预设提问:"昨天游览过后,你能告诉大家,真正的荷兰是什么样的吗?"

生:是无拘无束、自由自在的。

生:风景如画,美得像天堂!

生:是水之国、花之国、牧场之国。

孩子们七嘴八舌,争先发言。

师:作者从哪几个方面写了牧场之国?

随机板书:奶牛流动图——骏马驰骋图——家畜休闲图——傍晚挤奶图——夜幕寂静图。

按照预设,我进一步引导:"是呀,这里没有喧嚣,没有拥挤,没有污染,只有悠闲的牛,欢腾的马,快乐的牲畜,静谧的夜……这里是水的世界,花的海洋,动物的天堂……这就是荷兰,是真正的荷兰。"我话锋一转,"这些牛、马、牲畜给你留下了什么印象?"

生:太多了,数不胜数。

生:大大小小,姿态各异。

生:它们生活得快乐自在,无忧无虑。

生:做荷兰牛是幸福的。

……

学生们根据自己对课文的理解抒发着自己的感受,他们的回答全在我的预料之中。一切按我的课前精心预设在有条不紊地进行着。

生:老师,荷兰是水之国、花之国、牧场之国,可荷兰有高楼大厦吗?

生:没有,书上说了,那里是水之国、花之国……没说有高楼大厦。

生:你说得不对,应该是牧场之国,因为课文主要描写的是牧场。

生:对,课文从奶牛图、骏马图、家畜图、傍晚图、夜幕图等几个方面重点写荷兰是牧场之国的。

生:你们说的都不对,肯定有,我课前还在网上查过资料呢,我看到荷兰也有高楼,也有霓虹灯,很热闹呢!

生:那为什么作者只说是水之国、花之国、牧场之国,而没有提荷兰有这些呢?

（二）巧抓阅读奇想，让思维之花开放

这个同学的问题太出乎我预料了，完全在我的预设之外。但是转念一想，他的提问不是没有价值。我突然觉得这不是麻烦，而是不可多得的进行阅读和作文教学相结合的契机。于是我放手让他们争辩，在争辩中更加明晰写作的窍门。

我接下来顺势问道："同学们想想，明明有高楼大厦，为什么作者连提都没有提呢？"

生：我觉得是作者看到的都是田园，没见过高楼。

生：哈哈，你胡说，人家作者肯定是看到的高楼不如田园多。

生：不是看到的田园多，是作者喜欢田园，所以把高楼略掉了。

生：那当然写田园了，因为题目是《田园诗情》。

我适时点拨："同学们真爱动脑筋，不但真正读懂了课文，而且分析了写作方法，作者确实是围绕题目组织材料。"听老师谈到写作方法，还表扬了他们，孩子们更来了精神。

生：作者不但围绕题目组织材料，而且有详有略呢！水、花、牧场是荷兰的三大特点，但是作者重点描写牧场。

生：因为牧场才最能表现主题《田园诗情》，所以他在选材时重点写了这一方面。

师：是啊！作者详细描写了牧场的特点，水、花这两方面都是略写，这样的选材处理，才让我们感受到荷兰的田园诗情。

生：有道理，就像香港，高楼最多，我要是写香港，就主要写高楼，而不能主要写田园的牧场。

生：哦，老师，我明白了，荷兰这个国家主要是田园，田园里主要是牧场，所以，虽然有高楼，但不是它的主要特色，所以不写。

生：我认为，既然题目是《田园诗情》，作者就要围绕田园来写，扣紧题目来写才是好文章，老师您说过的。

生：对，我也这么认为，如果作者想写荷兰的高楼，那就要另外立题目来写了，作者这样写，是抓住主题写作的方法。

我心里一阵喜悦：好一个抓住主题！这正是我要听到的！

看来孩子们还真不可小视！这真是无心插柳柳成荫啊！同学们的激烈争论，让他们更明确了习作中题目和所选材料的关系。

为了让同学们更深入了解写作方法，我继续引导："这说明文章选材都是围绕什么的？"

生：那当然是围绕题目来选材了。

生：是的，有很多题目就是文章的中心，本文就是这样的例子。

生：本文中的水之国、花之国、牧场之国，就是围绕题目"田园"来写的。

生：作者在举例时也是有所侧重的，比如作者在写水之国、花之国时是略写，写牧场之国时就从奶牛图、骏马图、家畜图、傍晚图、夜幕图这几个方面详细描写。

生：作者这样写的目的是突出田园的诗情画意，正是文章要表达的中心。

师：水之国、花之国不也是写田园的吗？不是也没有详写吗？

生：老师，写文章就是要有详有略。

师：作者为什么不详细写这两方面呢？

生：因为作者对田园中的牧场最有感情。

生：因为作者觉得田园最有诗情画意的地方是有静有动的牧场。

生：肯定是作者认为牧场的画面动静结合，一天中每个时段都有不同的情趣，所以最能表现田园的诗情画意这个中心，所以作者就这样写了。

……

争辩在继续。我很为同学们的精彩发言而暗自得意，孩子们连这么有难度的写作特点都分析出来了，看来巧用争论，链接写作方法，这真是意外的收获啊！我总结道："荷兰当然有高楼大厦，但是高楼大厦不是荷兰的特色，更不是我们这篇课文的主题。如果要写，那又当另立文题了。我很佩服同学们！不但和作者一起参观了如诗如画的荷兰田园，而且从作者那里学会了写作方法，明白了围绕主题选择材料，详写最能突出主题的内容，全文做到详略得当。"

我乘机教给学生抓住主题、详略得当的写作的方法，这也正是四年级习作的一个重要阶段。

下课铃响起，这堂课结束了，但我看到孩子们意犹未尽，红扑扑的小脸上写满求知的渴望……

第二部分：回顾和反思

一节普通的阅读教学课，由于学生们的"异想天开"，畅所欲言，虽然打乱了教师原有的教学预设，但却给课堂带来了勃勃生机，智慧的花朵竞相开放，想象的翅膀翩翩起舞，彻底激活了师生创造的潜能和思维的火花。

在平时的阅读教学中，能激发孩子们"头脑风暴"（我用了这个大胆的词汇）的瞬间是非常多的，但常常会被教师们所忽略，被"一言堂"的教学方式和"规范"的备课准备所扼杀，孩子们的童真与烂漫在教师的"专制"与威严下化为乌有。

这堂课，孩子们的发散思维与"多元理解"给了我莫大的启发：现在的孩子是活跃的一代，以往的"一言堂"往往禁锢了他们的思维空间，这实在不利于孩子们的全面成长与发展。我觉得阅读教学能否按照预设的教案进行已经不重要了，重要的是学生们在老师的尊重、引导与鼓励下自主阅读、积极探究、畅所欲言，多元地理解和感悟文本，使得课堂气氛变得生机盎然，这对孩子们的语言表达能力的锤炼与写作水平的提高不无裨益。

阅读教学应该让学生越学越聪明。怎样才能学得聪明起来呢？我认为就是要引导学生讲出"言外之意"、悟出"言中之情"，透过语言文字看到背后的意思。哪怕他们的解答偏离了主题，也应认为这只是前进路上的一次磕碰。

平时费了九牛二虎之力教给学生写作方法：怎样围绕题目选材，选择什么样的例子表达中心等等，可是收到的效果微乎其微。今天适时抓住学生的思想之花，打破预设的束缚，利用了学生的"奇思妙想"，巧妙生成。

对于小学生写作来说，阅读是基础，没有大量阅读的写作就是无源之水、无木之本。这也是我们的学生感叹无东西可写的原因所在。广泛的阅读可让学生思维活跃、感情丰富，并在潜移默化中掌握写作方法，积累大量的语言、词汇，从"阅读"中学会"思考"，从"思考"中学会"写作"。

那么如何让学生喜爱阅读，并把阅读的收获融入到写作当中去，这堂课给了我们很好的启示。

善待孩子们的奇思妙想、异想天开，我认为要从以下几方面下功夫：

一、多创设宽松融洽以学生为主体的课堂氛围

一节课是否上得"完美无缺"，教师们常常用是否完成了预设的教学目标来衡量。结果在这样预设的"教学重压"之下，教师计算着时间进行教学，学生心无旁骛地听讲，师生间看似配合默契，实际上都在压抑着自己的本性，不敢偏离预设的教学模式半步，课堂教学成了一潭死水。长此以往，孩子们饱受教学的压抑，不仅在课堂上缺少了所思、所想、所说，更会产生厌学情绪，"后进生"变得越来越多。

课堂上，教师要想方设法让学生成为课堂的主人翁，而教师应成为课堂的发现者、开发者、欣赏者、组织者和引导者。整个教学过程中教师自始至终不去干涉学生的学习行为，充分体现以学生为主，让学生在课堂中交流、讨论、争辩、质疑……教师只是在规范学生的学习行为、维护课堂秩序方面，做适当的、健康的引导。

有意识地创设宽松融洽的课堂氛围，打破教学上条条框框的束缚，让学生们充

分发挥孩子的天性,尽情地去思、去想、去说,去互动。

二、及时抓住闪光的瞬间

课堂是灵动的,是学生在老师的引导下与文本对话的过程。无论老师课前下多少功夫,课备得多么精细,预设多么到位,但因为有学生的参与,生成过程就绝对不会是一成不变的。

学生在思考和回答时常有灵光闪现,甚至有"出格"的问题和语言,关键是老师能不能及时发现有价值的问题并紧紧抓住,巧妙引导,让学生的思维向着有价值的方向发展,为教学服务,这也是老师教学智慧的体现,对教师知识水平、文化修养、教材的熟悉程度和课前准备工作都要求很高。如果教师思维僵化,不能认识到问题的价值所在,很可能错失教育良机。

三、恰当引导,目的明确

当学生中迸发出了思维的火花,老师要迅速敏锐地捕捉到,并快速辨别是否有教学价值。

当确定了这个问题的价值所在,明确了目标,就要设计引导方法,要不露痕迹,循循善诱,顺着学生问题的思路,一步步把学生的思维引到目的地,然后在这里让学生展开争辩,让所有的同学都跟着这个同学的问题,顺着老师设计的路线来到这个知识点,通过讨论进行强化。

最后老师表扬孩子们的思维敏捷,并进行总结,再次强化这个知识点。

俗话说:教无定法。教学过程应该是灵活的,因为教学面对的是聪明活泼的孩子,他们对文本的解读绝对不是一成不变的,更不会严格按照老师"天衣无缝"般的预设进行,所以教学过程实际上是对老师的考验过程。一个合格教师应该做到心中有教材,教学多灵动,努力追求更加高效的课堂。

4．口语交际：给家乡环保提建议

第一部分：案　例

七嘴八舌话环保

教学内容：苏教版国标本第十册练习五

主题：《七嘴八舌话环保》（第一、二课时）

班级：五年级

一、课前调查

了解家乡的自然环境保护状况，调查我们生活污染源，垃圾的处理、废水的排放，南京的水污染状况、森林植被状况、大气污染状况等，以及我们为这些所做的努力。针对家乡环境中存在的问题提出意见和建议。

调查对象：普通市民、环保专家、政府分管环保的领导等。

根据问卷调查、参观及随访，我们了解到，南京的环境遭到了不少的破坏。如：秦淮河变臭、长江变浊、空气质量下降、雾霾天增加、垃圾污染，等等。

二、教材分析

这是一堂综合性很强的语文课。我的教学目标是："全面培养学生的综合素质，提高学生的品德修养增强学生的公民责任意识，激发学生的道德情感提升学生的言语表达能力和口语交际能力，全面提高语文综合能力。"

在教学设计上集教材与活动于一体，丰富和扩大了原有教学内容，突出了口语交际的综合性学习的特点，充分体现了本课主体性、实践性、开放性的原则。

通过"七嘴八舌话环保"这个口语交际，在调查、整理、交流的过程中，全面提高学生的综合素质,增强学生对环境保护的认识和主人翁之责任感,让学生正确认识自然、尊重自然。

三、教学目标

(一)知识目标

了解南京环境遭受污染后的现状和已采取的措施及效果,为南京环保献计献策。

(二)技能目标

培养学生的口语交际能力,提高对语言文字的把握和驾驭能力。

培养学生的主体意识,合作精神。

(三)情感目标

激发学生关心环境,为家乡环境作贡献的思想。

增强学生的环境保护意识。

四、教学措施

围绕实现课堂教学"全面培养综合素质,充分发展学生个性"的需求,充分体现新课标精神,我采取了以下措施:

1. 尊重学生见解,建立良好的师生关系,课堂教学氛围融洽。

2. 指导学生主动参与整个过程,注重语言训练。

3. 合理运用现代化教学手段,重视情感教育。

五、教学实录

(一)情境激趣

(学生四人一组,每人课桌上都放着收集来的资料)

教师导语:有一首歌叫《大中国》,大家会唱吗? 我们一起唱(师生齐唱):"我们都有一个家,名字叫中国,兄弟姐妹都很多,景色也不错……"可是日复一日,年复一年,我们家园的景色还真的不错吗? 今天这节课,我们就共同探讨我们的环境问题。

请同学们阅读自备材料,谈谈自己想从哪几个方面介绍我们南京的环境。

(二)讨论——交流——演说

根据课前调查,从南京的水污染、大气污染、垃圾污染、噪音污染等几个方面展开讨论。

1. 分组探究

下面我们分组探讨我国的环境问题。对水污染作详细调查的同学是第一组，对大气污染作详细调查的是第二组，对垃圾污染作详细调查的是第三组，详细调查噪音污染的是第四组，对水土流失、土地沙化问题进行调查的是第五组。

（做了五个小组的牌子分放在五张桌子上，请同学们以最快的速度找到自己的小组。）

[在交流的基础上，指导学生对资料进行分类整理。增强了资料的针对性，也加深了学生对环境状况的认识。]

学生找到自己的小组。

2. 小组交流

请同学们按小组交流、讨论，看哪个小组研究得最细、调查材料最有说服力，哪位同学的演说用词最恰当、条理最清楚。推荐一名或几名同学和大家交流。

[小组合作学习的教学组织形式给每个学生机会，有利于培养学生的参与意识、与他人协调合作的能力，这是社会发展对人才的基本要求。]

3. 全班演说

下面我们讨论交流结果，看哪个小组的内容最丰富，总结最好。如果你们小组推荐的同学说得不完整或有叙述不清之处，本小组的同学马上站起来补充或纠正。

生：我们小组调查的专题是南京地区的水污染。生活废水、工业废水、医院废水等排入河流，造成了水污染。水污染能引起疾病的传播，还破坏环境，影响人们的娱乐、休闲，严重的还会威胁人们的生命。

生：我觉得他说的不够具体。我调查了有关秦淮河的情况，老人们告诉我，我们的秦淮河以前碧波荡漾，两岸的人们在里面吃水、在里面淘米做饭，河里的游鱼历历可数。

生：我给刚才的同学纠正一个错误，"在里面吃水"，应说成"吃里面的水"。我听爷爷说，以前的秦淮河可漂亮了。人们坐在游船、画舫上，头顶蓝天，脚踏碧水，那才叫美！[注意到了语言规范化训练]

生：那都是过去的事了。听爸爸说有一段时间秦淮河臭不可闻。那时南京的制药厂、化肥厂、上游的一些小企业都向秦淮河里排污，再加上沿岸的老百姓向河里倾倒的生活垃圾，政府虽多次治理，但治标不治本，依然不容乐观。不过最近几年，政府加大环保力度，一些制药厂等小企业都责令搬迁了，秦淮河水质也有了明显改善。但是依然存在污染，请看我们取的河水样本（出示水样：玻璃瓶里的水浑黄）

生:我这还有一张照片,是我拍的秦淮河。(实物投影仪展示)照片上的河水并不清澈。河面上漂着一些垃圾。

师:你们小组做得真不错,你们不但进行了口头调查,还带来了样品。语言表述清楚明白,有的同学还关注到其他同学语言的规范,真是不简单!

师:哪个小组跟他们比一比?

生:我们小组给大家介绍的是噪音污染问题。噪音主要源于交通、娱乐、装修等。那些杂乱无章、令人烦躁不安的声音都是噪音。

生:噪音对人类的危害非常大,可使人失眠头痛头昏、记忆力减退,还可影响少年儿童的智力发育,注意力不集中,而且对动植物也有危害。

师:如果把"注意力不集中"改成"导致他们注意力不集中"就更通顺了。

生:(急不可耐地)当噪音超过150分贝时,可立即导致耳聋,突如其来的噪音会使畜牧业受损害。

生:我们还录制了几段录音(放录音,学生解说)。这是晚上,工作了一天的人们却因这刺耳的噪音无法入睡。另一段录音是早晨小贩的叫卖声,人们的喧哗声、汽车的鸣叫声混杂在一起,听来令人烦躁不安、头痛难受。

师:你们的证据也很棒!

生:我们小组给大家汇报大气污染的情况,工厂排放的废气、汽车排放的尾气、城市建设灰尘垃圾等。

生:据我调查(他拿出了数据),当人类排放的废气进入大气层时,会破坏大气的臭氧层,而臭氧层每减少10%,辐射到地面的紫外线就会增加2%,各种皮肤病的发病率就会成倍增加,而且过多的紫外线也会使农作物减产。

师:能不能告诉大家,你们的资料是怎么查到的?

生:从网上查的。

生:我从家带来了一盘录像带,是关于大气污染的,想给大家看看。

(播放录像:工厂排放的废气直冲云天,药厂的周围寸草不生,皮鞋厂旁,乌黑的臭水横流……)

生:我这有一幅图画给大家看看(实物投影仪展示,学生介绍),画上内容:玄武湖的湖面上漂着大片的死鱼,青蛙边叫边逃,这都是人们污染湖水造成的。这幅画警示人们,如果再不加节制地排放废水、废气,污染环境,人类将落得像鱼虾一样的下场。我们不想有这样的下场,就一定要保护好环境。

师:说得真好,我们为他喝彩!(鼓掌)

生:老师,我认为他们不但说得好,最重要的是他们材料准备充分。从大气的污染源到污染造成的危害、污染数据及后果、实物照片、录像等,真是图文并茂,特别是对照片的解说,条理清晰,用词准确,值得我们学习。

师:你很会欣赏别人的优点! 还有哪个小组接着讲?

生:我们小组探讨的专题是水土流失、土地沙化。由于人类近年来不断砍伐树木,地球上的树木大量减少,土地大量沙化,造成严重的水土流失,使长江水变得浑浊不堪。

生:大量砍伐森林还会造成沙尘暴。这几年北京年年暴发沙尘暴,南京的雾霾天也时有出现。过度砍伐森林造成水土流失,还会暴发洪水,淹没大片农田,使农民流离失所。

生:这是我收集的一幅漫画,这个漫画上有两只小鸟,满地都是光秃秃的树桩。在原来的家园里居然找不到可以安身的一棵树。同学们,这是我们人类的悲哀。

生:我们小组研究的是生活垃圾的污染。我们每天的生活产生大量的垃圾,目前还没有很好的办法消化它,所以在不少地方出现了垃圾山。

生:对! 我们南京的母亲山——紫金山竟然也堆满了垃圾,真令人心痛。

生:如果不能尽快采取分离、消化的措施,不只紫金山会变成垃圾山,南京城也会被垃圾所包围。

师:看来,同学们真是为我们的环境而忧虑,有你们这样的下一代,何愁环境不改变? 老师真为你们高兴。

[这一环节的设计,意在充分发挥学生的自主实践意识,学生在主动参与资料的搜集、整理、分析的过程中,获得了寻求知识的能力和方法。在交流中他们互相学习,培养了合作精神,同时增强了语言的驾驭能力,感悟到语言文字的魅力。]

4. 情感升华

师:我们祖国幅员辽阔、山河壮丽、景色优美,我们的祖祖辈辈在这块土地上生息繁衍。可是如今,我们的"母亲"遍体鳞伤,失去了往日的美丽,更为可怕的是我们的子孙后代将面临怎样的生存条件? 此时此刻,同学们,你们想说什么?

生:爱护环境,就是爱护我们的家园。

生:保护环境,人人有责!

生:让我们从自己做起,从身边做起。

生:我们携起手来植树造林,让世界充满绿色。

[这个环节设计,目的是使学生充分认识到破坏大自然所带来的灾难,激发学生的情感,为南京环保献计献策。]

师:同学们讲的真不错,很有真情。我们对家乡的环境都做了详细了解,那么政府为此做了什么努力？你准备给家乡环保提什么样的建议呢？

生：在调查中我了解到，政府在环境治理上也花了大力气，比如对秦淮河的水污染投入了大量的人力物力，从整体上看是有所好转，但总是时有反复。我建议多栽树、裸露的地方都植上草坪。

生：我们国家还为环境保护出台了好多法律，如《森林法》《保护野生动物法》等。我也了解到政府为了治理秦淮河，命令河旁的药厂搬迁，对上游的小型造纸厂进行关闭等。秦淮河两岸的居民垃圾乱抛现象令人忧虑，我建议南京每年定期举办一次全民爱家乡卫生月，在卫生月中，政府大力宣传，并采取适当监督措施，让居民养成讲卫生、爱南京、护南京、建南京的好习惯。

生：我认为这些还不够，我建议南京及周边地区都要提高绿化率，每一条路边都栽上树木，种上花草，每一处小区都应多栽种高大的树木，不应像现在的房产商所宣传的，绿化率多少多少，但大多是草坪。

师：好！你提得好，真是个生活的有心人。

生：听父母说，南京以前的公交车大都是无轨电车。针对南京大气污染的情况，我建议南京的公交车还换成无轨电车；取缔二冲程的机动车，减少不完全燃烧的废气排放到空中。

生：我认为他说的这些措施还不够，要减少大气污染，不能单纯从排放的废气下功夫。要结合治理水环境、处理垃圾、绿化土地、固定水土等方面综合治理，才能有效防止空气污染。

生：我同意这个同学的意见。对南京的垃圾处理我也想说几句，我了解到不少国家和城市都采取了垃圾分类，南京也在做这个工作，希望同学们能督促家长做好垃圾分类工作。也可到公共场所做些宣传。

生：对收集来的各类垃圾分别处理，特别是对那些不可降解的垃圾，采取适当措施，尽快设计出分解办法，减少对土地的污染。

生：这个同学用词不当。是"研究出分解方法"，不是"设计出分解方法"。

生：我准备将来致力于对垃圾处理的研究，让害人垃圾变成为人造福的垃圾，为环境做出贡献。

师：真有志气，能有这样的理想，老师很佩服你，你肯定能成功。同学们刚才为我们南京提了那么多建议，老师很高兴。我们的环境治理有希望了。

生：噪音污染也是我们深恶痛绝的，对人体的危害也不可小看。我建议在城区，任何地方都不能鸣笛；对施工单位要实行严格管理，早上八点以前和晚上九点以后不准施工，违者重罚。

生：我认为，对小商小贩要加大管理力度，居民区严禁小商贩进出，居民楼和大马路要拉大距离，不能相互靠得太近。

生：这些要依靠政府的办法。比如居民楼和马路的距离，就要由政府制定标准强制执行。

（还有同学急着想说）

师：你们想得真周到，没想到同学们对减少噪音污染还有这么多好主意。不过不是"依靠政府的办法"，而应说成"做到这些要依据政府的政策法规"。

[这是正面教育，结合南京实际情况使学生充分发挥想象为南京环保献计策，增加学生对环境保护的兴趣和责任感。]

师：同学们提出了这么好的建议，怎样让我们的建议变成现实呢？我们把自己的建议写成建议书，我们评选出最合理的最优秀的寄给南京市政府和环保局，好不好？

生：好！

师：我们都明白了环保的重要性，作为小学生，我们能做点什么呢？

生：不破坏环境，不乱扔垃圾。

生：看到别人破坏环境的行为，及时出面制止。

生：爱护花草树木。

生：保护野生动物。

生：影响周围的人都来一起保护环境。

（还有许多同学争着发言）

(三) 总结概括

师：今天这堂课大家畅所欲言，充分发表自己的意见。很多同学都想为保护环境出一份力，请同学们将课外搜集的环保知识和信息，课外做一张《我为环保出份力》的小报，呼吁更多的人加入环保的行列。相信通过努力，会使我们的天更蓝、草更绿、水更清、空气更清新。

（伴随着优美的音乐，展示一幅幅大自然的美丽的画面。）

[这里的美与遭受污染的丑形成强烈的对比，使学生陷入深思]

第二部分：回顾与反思

本节课以环保为主题，以锻炼学生的口语交际能力为目标。从指导思想、设计构思到组织实施，都较好地体现了口语交际综合目标和特点。归纳起来，主要表现在以下几个方面：

1. 形式的开放性。本节课，从整体设计，到具体环节都为学生创造了开放和宽松的氛围，使教学的开展更充分有效。

2. 活动的自主性。这节课充分体现了以学生为主体的思想。活动中以学生自主活动为主，学生课前广泛搜集资料，课堂上自主交流，主体意识、合作精神都得到充分体现。

3. 主体的实践性。活动中，学生通过各种渠道，运用各种手段对环境做了大量的调查、采样、采访、取证等社会实践活动，在学生接触社会、自然的过程中，获得了大量的资料，取得了感性认识，培养了观察、分析、动手能力，学会观察、发现、思考问题、解决问题、主动表达，提高了社会责任感和审美情趣等各方面的素质。

4. 综合能力的训练性。学生在搜集查找材料的过程中，调查了大量的市民、专家、政府工作人员。通过与调查对象的接触，在交谈、采访中，锻炼了口头表达能力和处理问题的能力，交际能力也得到了锻炼；在查找资料的过程中，学会了通过各种媒体、各种方式，搜寻筛选自己所需要的资料；在整理加工材料的过程中，提高了语言的应用能力，促进了学生人际交往能力和语言文字的驾驭能力。

5. 小学品社留白处有效生成的导学案例及反思

第一部分:案　例

媒体连着你和我之——网络改变生活

教学内容:国标本苏教版品德与社会四年级下册第三单元第23课

主题:网络改变生活

班级:四年级

一、背景分析

《品德与社会》这门新课程的教材和以前的《思想品德》教材有很大的不同,主要是教材的内容更加多元、丰富,形式比较灵活多变,尤其是更加生活化,特别是每一课的大量"留白",对这门学科的老师是个考验。多数教者习惯以前的教材和教学方法:步步为营、环环相扣、层层深入、面面俱到。他们的精心、细心和良苦用心跃然课堂上。学生才思敏捷、妙语连珠、对答如流、滔滔不绝。他们的配合、表现和训练有素让人难忘。课堂场面热烈、气氛活跃、掌声不断、笑声不绝,让人感到似乎轻松和谐、成效卓著……其实,大家都知道,这样的课堂80%的发言最多只掌握在20%的学生口中,有80%的学生只是课堂的"看客"。而导致这80%的学生不能成为课堂活动参与者的根本原因在于,老师没有能够给绝大多数学生充分的感悟、体验和思考的时间,编者的初衷也没有得到体现。如今的教材对"留白"的处理对策改变了这个思路,那么究竟怎样利用这些留白来拓展学生思维,提高课堂效率呢? 这就成了承担这门课教学任务的老师必须面对的问题,也成了我们研究的课题。

二、教学目标

(一) 认知目标

能调动学生的生活经验,大致了解基本的使用网络知识,知道互联网络的利和弊,学生安全合理科学地上网。

(二) 能力目标

培养学生自控能力,努力遵守网络规范的能力和努力增强信息辨别能力。

(三) 情感目标

引导学生充分享受互联网给我们生活带来的便利,懂得使用互联网的积极意义,同时也让学生能切身感受到网络给我们的生活带来的不利影响,学会科学、合理地使用网络。

三、教学时间

第1课时:"网络改变生活"教学活动过程。

第2、3课时:调查、访问、观察、思考、收集资料,写成论文。

第4课时:汇报交流,成果展示;活动总结,评价反思。

四、教学准备

1. 教材的相关内容。

2. 相关课件。

五、教学过程

1.《健康歌》MTV,带领学生轻松一刻。

2. 引导学生展开上网的话题,指名说上网步骤,相机渗透"宽带连接"、"浏览器"、"搜索引擎"、介绍地址栏等。

课后调整设想:引导学生现场上网操作,下载歌曲、动画片、发电子邮件,让学生充分感受互联网给自己的生活带来的便利。

六、网络小调查

老师:咱们班的孩子曾经上过网的有多少? 经常上网的有多少?

学生举手示意。

老师:上网干什么?

学生:聊天、游戏、购物……

老师根据学生回答,随即点击相应的课件。

(设计意图:课本上一开始就提出一个问题:"你喜欢上网吗?为什么?"这个问题的目的是想了解学生上网情况,以及他们在网上所做何事,以便于下面对孩子进行上网的正面引导。但是这样的问题过于直接,孩子都知道家长、老师都反对他们过多上网,所以从心理上本能地排斥,会不说实话。从"咱们班的孩子曾经上过网的有多少?经常上网的有多少?"这样的小调查入手,不带有明显的倾向性,有利于学生敞开心扉,有利于了解学生与网络有关的生活经验,同时也理清了学生的思路,整个过程十分自然顺畅。)

七、便利的网络

老师:利用网络,我们能更方便地做什么呢?先在 4 人小组里进行讨论。学生组内讨论后进行汇报。

学生:发电子邮件;网上购物;网上招商;查阅资料……

老师:你知道有哪些搜索引擎?

学生:百度、Google 等。

老师:谁能现场用百度来搜索关于"金融危机的影响"的资料?

一学生上台进行现场操作。

老师:猜一猜,我们搜索到的资料会有几条?(鼓励学生往多处猜)

老师公布答案,找到了约 433 万条相关资料。

老师:找到这些资料用了多少时间呢?(通过看页面数据)用了 0.001 9 秒,真可谓是"一网打尽天下"啊!

教师引导学生继续交流上一个问题。

一学生:我们可以在网上视频聊天。

老师:我们班同学黄新生病在家好久了,大家想不想看看他,和他聊聊天?

想!全班异口同声地回答。

(进行简短的视频聊天。)

(继续)学生:网上还可以玩游戏。

老师:要注意节制哦。

学生:可以利用网络进行远程医疗。

教师根据学生的回答进行了板书:方便生活　发展经济　获取知识　结交朋友

（设计说明：关于这个内容，课本上只有一行字："互联网给我们的生活带来了哪些便利?"编者的意图是想通过这个问题，引导学生充分享受互联网给我们生活带来的便利，懂得使用互联网的积极意义，但是也给我们留下了大量的空白，让我们教者去自由发挥，到底怎样让孩子领悟到互联网的积极意义。我尝试通过这样的互动，同时配以恰当的演示，激发孩子们的求知欲望，让他们真正领略到互联网的强大功能和作用，达到预设目标。）

八、不利的网络

（设计说明：课本上通过一行字"警惕不良上网行为"和一幅漫画来说明上网可能带来的不利情况，同样给师生留下了大量的空白。其实编者的意图不只是要通过这个课堂让学生领悟到互联网的强大功能，最主要的是想通过这样的课堂，明白互联网的"双刃剑"功能，让学生能切身感受到网络对于我们生活的不利影响，学会科学、合理地使用网络。而孩子们在生活中不是不明白互联网给生活带来的方便，不明白的是沉迷互联网给小学生身心带来的巨大伤害。因此，不利的一面反而是教者要精心设计的重要环节，其一句话、一个图片只是起到引导方向的作用，具体的预设，要教学者精心设计。）

当同学们沉浸在网络漫游给自己带来的巨大快乐中时，老师适时抛出这个问题：

1. 议一议：互联网带给我们那么多便利，那么你们的爸爸妈妈平时肯定都同意你们上网啰？（这个问题带有明显的诱导性，学生会不由自主地照实回答）

2. 学生自由发言：

同意上网的父母——只同意我们上网学习、查阅资料。

不同意上网的父母——引导学生说一说为什么不同意。

3. 说一说：互联网对我们的生活产生了哪些不利的影响？

（学生畅所欲言，把自己平时听说的、见到的争先恐后表达出来。）

老师归纳：网络犯罪→大学生猝死(谈感受)→小学生的网络生活

4. 课件出示：小网虫的烦恼，你们能帮帮他吗？

同学们畅所欲言，七嘴八舌，纷纷出主意、想办法。

（设计说明：通过同学们的讨论，列出来很多帮助网虫的办法，同时等于对他们进行了一次自我教育。）

同学们提供的方法选择：

1. 我戒除网瘾的方法是这样的：定下目标，写好决心书，多复印几张，贴在书桌、床头、铅笔盒等经常看到的地方，时刻提醒自己。

2. 网瘾来了,就拿张纸写下想上网的理由以及上网会做些什么,这样就能发现自己的理由很不充分,甚至没有必要。长此以往,就会改变心理依赖。

3. 多参加运动,转移注意力。网瘾来时,就去做自己喜欢的运动——玩滑板。还能强身健体呢!

4. 我的表哥就是个小网虫,我舅舅和舅妈又打又骂,想了很多办法都不奏效,表哥才上初一,眼睛都已经近视600度了!后来舅舅和舅妈改变策略,和老师联手,和表哥像朋友一样协商,不打不骂,双方互相尊重,没有想到表哥现在对自己上网有了时间限制了。

5. 我这个办法是从网络上看到的,家长与网瘾孩子双方协商,定出总体计划,在两个月内逐步减少上网时间,最终达到偶尔上网或不上网。网瘾者能按计划执行则给予奖励(用代币制),即每周发给适当的代币,到月终换为现金。做不到时则罚,但不可打、骂,而是将孩子最喜欢的食物、娱乐、看电视或其他活动予以减少,如不给吃快餐,不给吃冰淇淋等。这样,两个月内会消除网瘾。

6. 我就是个小网迷,虽然没有达到很厉害的程度,但是我每天都想上去玩玩,妈妈很是着急,怕我以后会更上瘾,就到处请教教育我的办法。后来,有一次,她带我出去,看到莫愁湖边的和平广场上有很多孩子都在学滑冰,我站在那里看呆了,我看到那些孩子比我还小,全副武装,在广场上驰骋,很是羡慕。妈妈马上带我买了滑冰鞋、报了名。从此我迷上了滑冰,现在我玩得可好了,在广场上众多人的目光中纵横穿梭,那种感觉真叫"爽"!现在,每天晚上我写完作业,就迫不及待地来到广场,嘿嘿,你要来了保证你上瘾!所以我的感觉是不让孩子上网,必须找别的爱好替代。

老师:网络给大家带来很多便利,大家都喜欢上网。那么大家都在什么时间上网?

学生汇报:一般都在周末。

老师:看来我们班同学很不错啊。有一个人却不能像我们这样节制地上网。有一个小学生因为长时间上网而诱发死亡。(课件出示:长时间上网加之无充足的能量补给引起的极度疲劳是造成死亡的诱因。)

老师:这个教训是深刻的,你们知道上网还有哪些危害?

学生热烈地讨论交流起来。

各小组推荐最有代表性或震撼性的事例上台在全班交流。

学生:伤害视力!我的小表哥就是最好的例子。

学生:耽误学习,迷恋网络不知道节制的孩子学习都很差。

学生:那天我看了中央一套的节目,一个高中学生和父母的关系已经到了水火不相容的地步了,孩子已经多次离家出走。

学生:这孩子算好的了,我看到一个节目中的小学生,居然为了上网吧,去偷东西,结果被公安局抓住了,但因为他年龄小把他放了出来,刚出来,他又逃学去偷了,因为他要上网,没有钱。

学生:我住的小区有个六年级女生,几天没有来上学,老师、家长都找不到,后来自己回来了,问她这么多天到哪里去了,她什么都不说,但是老师、家长发现女孩的脖子上有一道深深的紫色勒痕……

学生:我姑妈的同学在江宁,她的孩子在网吧上网时接完电话就顺手把手机放在桌子上继续玩游戏,正玩得投入,一个人碰碰他说:"这是你的东西吗?"他一回头,结果就发现自己的手机不见了!他急忙去追,谁知刚到门口就被人迎面给划了一刀,从额头穿过右眉、鼻梁一直到面部,一个好长的刀口,唉!破了相了。

学生:好可怕啊!

学生:网络本身也有不健康的东西,比如一些虚假信息,上次妈妈就上当了。她看到网上卖的红枣很好又便宜,还有图片,就很相信,邮购了10袋,准备送给亲友的,结果拿来打开一看,都发霉了。

学生:看来我们还要学会辨别好坏呢!

学生:……

(设计意图:书上只是给了一个《沉溺网吧,少年猝死》的例子,这样的留白目的是引起学生的深思,杜绝此类事情的发生,增强孩子们的免疫力。但是这样的例子其实孩子们都听过,根本就不新奇,那么怎样才能达到编者的目的,起到预设的效果呢?让学生讨论,让他们把自己知道的此类事件说给同学们听,有的同学还讲了自己的亲朋邻居事例,还有的讲了本校同学的事例,也有少数自己的例子。这样就集中了很多此类事件,从量变到质变,听身边同学们说的例子让他们更相信,对他们也是个刺激,是震撼,让他们记住别人的教训,真正增强免疫力,这样的生成不是老师能完全控制的,因为学生的知识面和见识都是老师事先不太明了的,但是,在讨论过程中,老师起到随时导航的作用。看得出来,同学们从这些真实的事件中受到震撼,此时,他们脸上的表情都严肃起来。最终的生成比预设效果还好。)

老师:说了这么多,是不是我们都不敢使用网络了?当然不是,只要科学使用,它还是我们生活的好帮手。我们应该怎么使用呢?

老师播放课件《全国青少年网络文明公约》,以拍手歌的形式出现,学生听了一遍,跟着说了一遍。

老师要求学生在课本的公约旁签下自己的名字。

老师:今天我们了解了那么多网络知识,但是,我们只是停留在口头上,老师要和同学们一起完成一道作业:四人自由组合成一个小组,选择一个与网络有关的主题,进行调查、采访,说出你们的观点,然后写成小论文,以小组为单位在课堂上交流,评出一、二、三等奖。老师这里有几道题供大家选择,当然,自己定题目更好。比如:

1. 小学生如何科学上网查资料
2. 网络对青少年眼睛的伤害调研报告
3. 怎样利用网络学习
4. 上网时间长短和学习成绩的关系
5. 我和网络游戏
6. 我看网上学习

(老师收齐后,组织学生评选优胜。)

第二部分:回顾和反思

《品德与社会》教材较以前的《思想品德》教材有很大的不同,由原来的面面俱到的谆谆教诲,到现在的大量的启发、诱导式留白,初看教材好像没有什么好教的,更让教惯以前"思品"的老师感到棘手,但是细看细品才发现,现在的教材更具灵活性,具有研究性、开放性、自主性等特点,更有利于学生拓展思路,发散性思维,但对老师来说更具挑战性,要老师从生活入手,探索在品社教材留白处的教学技巧,寻求最佳导学方式、方法,唤醒学生的生活体验,激发学生的灵动思维,开拓填补、完善留白处的创新思路。它需要学生在教师引导下进行自主思维表达,强调了超越教材、课程和学校的局限,在活动的空间上向自然环境、生活领域和社会活动领域延伸,密切学生与自然、与社会、与生活的联系,加深学生对自然、社会和生活的认知,提高其对认知和相关问题解决的多种能力,达到有效生成的活力课堂状态,以促进学生良好品德的形成和社会性发展,为学生适应生活、适应社会、学习做人与人格的和谐发展奠定基础。

这次教学活动中,学生的情绪高涨,表现出对本课的浓厚兴趣。我觉得学生在以下几个方面得到了收获:

一、留白处的有效指导提高了学生的认知能力

"品德与社会"课早已不是纯粹的思想品德说教课,这从书名的改变可以看出来。品德与社会,说明学生的品德是在具体的社会环境中表现出来的,当然,作为这门课程的教学也不能是枯燥无味的"满堂灌"的说教,更不是老师把品德和社会的关系阐述出来就能解决的问题。品社课堂应该是在老师的引领下,放飞学生的思绪,让他们对已有的生活经验进行梳理、思考,主动达成新的认知目标和情感目标。

然而,新教材的妙处就在这里,书中预留了大量空白,老师如果不能恰当处理,不能利用这大量空白进行巧妙设计、预设,那么,生成就很困难,就不能达到编者预期的目的。本课就是利用品社教材中的留白,教师适当指点引导,研究促成有效生成的策略,让课堂有相对适度的"休止"与"空白",让课堂出现一种灵敏的寂静的气氛,给学生营造一个巩固品味、想象创新的空间,让学生在空白处放飞心绪,发展思维,达成目标。

本课第二页通过一行字"警惕不良上网行为"和一幅漫画来说明上网可能带来的不利情况,同样给师生留下了大量的空白。其实编者的意图不只是要通过这个课堂让学生领悟到互联网的强大功能,最主要的是想通过这样的课堂教育,明白互联网的"双刃剑"功能,让学生能切身感受到网络对于我们生活的不利影响,学会科学、合理地使用网络。而孩子们在生活中不是不明白互联网给生活带来的方便,而是太明白了,不明白的是沉迷互联网给小学生身心带来的巨大伤害,因此,不利的一面反而是教者要精心设计的重要环节,所以其一句话、一个图片只是起到引导方向的作用,具体的预设,还要教学者精心设计。

于是,当同学们沉浸在前一个教学环节"网络给我们生活带来的便利"中网络漫游给自己带来的巨大快乐中时,老师适时抛出这些问题:

议一议:互联网带给我们那么多便利,那么你们的爸爸妈妈平时肯定都同意你们上网啰?

(这个问题带有明显的诱导性,学生会不由自主地照实回答。)

说一说:互联网对我们的生活产生了哪些不利的影响?

(学生畅所欲言,把自己平时听说的、见到的争先恐后表达出来。)

老师归纳:网络犯罪→大学生猝死(谈感受)→小学生的网络生活

课件出示:小网虫的烦恼,你们能帮帮他吗?

通过刚才的议论,孩子们大多明白了网络是个双刃剑,可以为你带来方便,也

可以伤害你,看你怎么利用它。但是,仅仅这样的明白并不能震撼孩子,其实生活中的父母亲友都告诫过,确实也没有在孩子们心中留下什么印象,即使想节制,也缺乏恒心和毅力。而通过这样自己以旁观者的身份来讨论出节制的办法,是比较理智和客观的,也更让孩子们从心底接受这样的理念,避免自己也像小网虫那样。

通过讨论,同学们畅所欲言,七嘴八舌,纷纷出主意、想办法,列出来很多帮助网虫的办法,同时他们等于进行了一次自我教育。有个孩子在后来的一次作文中就写到了这次讨论,说他平时很喜欢上网打游戏,虽然很想节制,但是一开电脑就忘了时间,常常完不成作业。是这次讨论给他提供了节制上网的办法。这样对课本中留白处的处理,达到了预设的情感目标——让他们自己进行了一次心灵洗礼:如果应用不当,会给自己以伤害,无形中自觉增强了免疫力。

二、留白处的恰当处理促使其情感目标的达成

本次教学案例中,兴趣是调动学生一切积极性的起源。在课前准备,网上冲浪,对留白处的思考、讨论、探究过程中,学生不断地调动以往的知识积累、经验、经历,并对其进行再思考;在激烈的争论中重新认知,形成新的理念、新的价值观……总之,孩子们兴趣盎然。有所经历,就有所"成就";有了思考、探究,就有了独特的情感享受。

在"不利的网络"这一教学环节中,我先是诱导他们说出父母对自己迷恋网络的反对和理由,然后让他们帮小网虫杜绝网瘾想办法、出主意。

接着老师抛出一个看来很愚蠢的问题,其实这个问题本身就带有导向性:网络给大家带来很多便利,大家都喜欢上网。那么大家都在什么时间上网?

学生汇报,一般都在周末。

老师:看来我们班同学很不错啊。(故意表扬他们,把矛头对准别人,打开他们的思路。)有一个人却不能像我们这样节制地上网。有一个小学生因为长时间上网而诱发死亡。(课件出示:长时间上网加之无充足的能量补给引起的极度疲劳是造成死亡的诱因。)

老师:这个教训是深刻的,你知道上网还有哪些伤害?

学生热烈地讨论交流起来。(因为有了前面的铺垫,孩子们就大胆表达了。)

各小组推荐最有代表性或震撼性的事例上台在全班交流,并达成共识。

(从同学们讨论的热烈程度和他们从各种例子中受到的震撼,以及他们后来严肃的表情和沉思,我清楚,他们在听、说这些例子的同时,都在悄悄地对号入座,都在默默和自己作着对比,也在悄悄进行着自我教育,我知道本课的情感目标达成了——在享受互联网带来的便利的同时,让学生能切身感受到网络给我们的生活带来的不利影响,知道应该科学、合理地使用网络。)

三、留白处的处理深化了学生的感悟,进一步促进了情感目标的达成

网络问题是一个严重的社会问题。从小学生到大学生,大量触目惊心的事实不断见诸报端,更无可辩驳地表明,网络问题将成为以后的未成年人教育的重大问题。

有了上面"不利的网络"这一教学环节,学生对网络的利弊有了更清楚的认知,接着在"合理使用网络"这一教学环节中,我进行了这样的设计:

老师:① 大家有了那么多经历,是不是我们都不敢使用网络了? 当然不是,只要科学使用,网络还是我们生活的好帮手。我们应该怎么使用呢?

② 课件《全国青少年网络文明公约》以拍手歌的形式出现,学生听了一遍,跟着说了一遍。(文明公约是书上的内容)

③ 要求学生在课本的公约旁签下自己的名字。

老师:今天我们了解了那么多网络知识,但是,我们只是停留在口头上,老师要和同学们一起完成一道作业:选择一个与网络有关的主题,进行调查、采访,说出自己的观点,然后写成论文,我们在课堂上交流,评出一、二、三等奖。老师这里有几道题供大家选择,当然,自己定题目更好。

我把这个留白处设计成课外作业,目的是延伸课堂成果,加深他们对网络的深层认知,通过完成调查和采访,写成论文,增加实践经验,更有利于情感目标和能力目标的达成。

学生通过争论、讨论、思考、辩论、研究、分析,得出自己的结论——在充分享受互联网给我们生活带来便利的同时,要努力避免网络对于我们生活的不利影响,所以应该科学、合理地使用网络。

这一结论并不要求完全教条化,只要学生有逻辑地、清楚地表达自己的看法,就予以肯定,满足了他们成长中的心理需求。开展实践活动,学生有了收获的同时也存在一定的困难,遇到一些共性的问题,可以采取课堂形式进行阶段性交流,让学生了解到目前各小组研究状况的同时,将自己的收获和遇到的困惑与别人进行交流,在为自己或他人的成功感到高兴的同时,也将大家各自遇到的困难提出来共同讨论,商量解决办法。

在总结评比论文时,我先让同学们互评打分,然后各小组推选代表在班级交流,大家投票选出一、二、三等奖。

这个过程我不光是体现民主,主要是让同学们多接触别人的思考,多学习别人的经验,无形中巩固了自己的认知。

让孩子们不但在课堂中学习交流、思考这个问题,更让他们走出课堂,用自己的眼睛观察、用自己的头脑思考、用自己的心去探究、用自己的笔去表达。在这个过程中,他们遇到很多人和事,看到很多触目惊心的事实,以一个研究者的心态去看这些社会问题,当然,也遇到更多的困惑,他们会去问老师、同学、家长,同时,也在调动自己的思维,去思考这些社会不良现象。虽然他们不一定全能弄明白,但是,会引导他们去深思、去探究。到社会中去调查、去研究、去体验、去感悟,在生活中学习,在实践中提高自己辨别是非的能力。学生们在开展活动的过程或成功、或失败、或欣喜、或沮丧的亲身体验,都是成长过程中一笔不可小看的财富,这种酸甜苦辣的经历也会让学生学会感悟生活、感悟人生。

四、留白处的处理锻炼了学生的各项能力

"合理使用网络"中,对留白处小论文的设计,可以说是本课的亮点,孩子们在调查采访中、在思考中、在写作中,都得到了不同的收获,不但锻炼了社会实践能力,巩固深化了本课的各项目标的达成,也在言语实践过程中提高了对语言文字的驾驭能力。

如今的孩子大多娇生惯养,能力缺失,学习、生活中处处按照大人设计的套路不假思索地施行,无形中养成了依赖的惯性思维。多给孩子们有关"留白"的锻炼,使他们由"让我思"变成"我要思",在思考中形成对人生的独到见解,对社会的独特感悟,逐渐提高他们独立思考的能力。

五、让学生在实践活动中学会合作

作为社会的一员离不开相互间的合作。在教学过程中我格外重视合作精神的培养。我把全班分成 11 个小组,在小组内进行合作,调查、访问、讨论、交流,寻找控制网络的有效途径,学生自己合理分工,培养小组成员的合作意识和团队合作精神。尤其是在第三阶段展示小组的调查心得体会时,虽然推荐一个人上台,但是,当其他小组有疑问时,小组的其他成员都适时补充,每一个数据,每一个回答,每一篇小论文,虽然在成年人看来不乏幼稚,但是他们那种认真劲儿从字里行间透了出来,更能体现出小组合作的益处。学生们为多日来奔波、观察、访问、思考、讨论所取得的丰硕的成果"沾沾自喜"的同时,也正是他们体会到团结、合作、分享的重要性的良好开端。

格式塔心理学派"完形压强"理论认为：当人们在观看一个不完满即有"缺陷"或"空白"的形状时，会在知觉中情不自禁地产生一种紧张的"内驱力"，并促使大脑积极兴奋地活动，去填补和完善那些"缺陷"、"空白"，使之趋向完美，构建成一个"完形整体"，从而达到内心的平衡，获得感受的愉悦。品社课堂教学中利用"留白艺术"，指导学生有效生成，易于激起学生的主动思考和积极探索，使教学逐步完善，形成一个丰满的整体。

从美学理论的角度讲，中国传统美学思想历来注重对虚实关系的处理，强调虚实相生，虚中求实，"虚"和"实"的辩证统一。"品社"教材的编者为了更充分地表现主旨而精心留出了"空白"。这种"空白"并非空而无物，而是相对于物象的"实"所呈现出的艺术的"虚"，它是一种空灵，一种"虚"中求"实"，一种"虚"与"实"的和谐统一。教师利用教材中的留白，艺术地指导学生从多种维度，即兴生成，让学生对所学的知识有充分的思考和探索，对知识有更深一层的理解和掌握。

从多元智能理论的角度讲，每个人具有语言、逻辑数学、视觉空间、肢体运作、音乐、人际、内省等多种智能。教师利用小学"品社"课本中的"留白艺术"，有效指导学生，促使其各种智能得到尽情发挥，取得最佳学习效果。

苏霍姆林斯基说过：在人的心灵深处，总有一种根深蒂固的需要，就是希望自己是一个发现者、研究者、探索者。然而这种思想需要"温床"的培育，这"温床"应该是优化了的学习环境，特别是一种心理环境。在教学中利用留白，再给学生以恰当的引导，在空灵的空间里尽情挥洒，可以说，留白使教与学更加灵动和精彩！

6. 巧用学习地图，优化留白处课堂教学程序

——品社留白处案例片断分析与反思

　　新课程《品德与生活》体裁多样，形式灵活多变，尤其是更加生活化，每一课几乎都是几个问题、几个例子、一两个画面，初看好像没有东西好教，实际上是编者的精心设计。每一课的适量"留白"，旨在激发儿童生活实践中已有的经验，对某一事物产生兴趣，想办法去关注、了解、探索、思考、实践，才能获得有关这一事物的知识和技能。在这个过程中，儿童对这一事物产生兴趣、形成情感态度，在这个过程中获得的知识能力及形成各种习惯等目标是同时达成的。《课程标准》提出的生活德育理念、尊重儿童理念和追求教育有效性理念，是教学必须遵循的基本原则和指导思想。要将这些理念贯穿和渗透到教学活动的每个环节中，促进目标的达成，对每课教学程序预设就显得尤为重要。

　　那么究竟怎样设计教学程序，利用这些留白来拓展学生的思维，提高课堂效率呢？这成了我探索、研究的课题。

一、在留白处巧用"学习地图"，激活学生的思维

　　课例：现在的我能做什么（《品德与社会》三年级上册第 11 课）

　　课前交流：谁知道自己刚出生时的体重是多少？现在的身高呢？（生自由说）老师给你们算了算，每个小朋友从刚出生到今天，不知不觉已经在这个世界上生活了三千多个日子。在这三千多个日子里，小朋友们从五六斤重的小娃娃一点一点地长到了今天这样高、这样重。那么，在这三千多个日子里，谁最辛苦？谁对我们的成长功劳最大？（勾起回忆，体会父母的家庭责任感。）

　　师：同学们，老师先出个题目考考你们，有信心接受挑战吗？（屏幕显示甲骨文"家"字图）你们猜猜这是什么字？

　　师：（学生猜到了）你真有想象力！告诉大家你是怎么猜到的？这个房子里面像个人，也是甲骨文的猪。

　　师：古时候造字时一个屋檐下有孩子或者养着猪，那就是家。那现在呢？我们

都有一个自己的家,跟你同住一个屋檐下有些什么人呢?

师:如果把我们的家比作房子(简笔画:房子),你觉得在你家里是谁撑起了它呢?(房子两个支撑的墙上贴爸、妈的头像)

生:是爸爸妈妈。

图 2-1(A)

师:是的,就是他们用爱与责任为我们营造了一个温暖的家,是他们起早贪黑支撑着这个家,这样,你们冬天才有暖洋洋的空间,夏天才有凉爽宜人的学习环境。那你们知道爸爸、妈妈每天都在忙什么? 什么时候起床? 干些什么? 晚上什么时候回家? 又要忙些什么?(出示图:"父母一天要做多少事")同学们,难道你们就不想来夸夸自己的爸爸妈妈?

生:每天早晨,我都不知道妈妈什么时候起床的,都是妈妈喊我起来吃早饭,我还懒洋洋地不起来。

生:妈妈喊我起来吃早饭,饭桌上早已摆上了热腾腾的饭菜。

生:爸爸早晨起来就忙着去买早点,然后送我到学校,一路上还千叮咛万嘱咐的,让我上课好好听讲。

生:我是个丢三落四的孩子,常常忘记带东西,要爸爸中途给我送来,爸爸从无怨言。

生:晚上,爸爸常常工作到很晚,我都不知道他什么时候睡的;妈妈下班回来很疲惫,还要关心我的营养,问我吃什么,然后去买菜,常常一路小跑;在厨房里做饭,忙得满头大汗的;吃完饭还要洗碗打扫卫生,给我洗换下来的衣服,还要给我检查作业、签字……

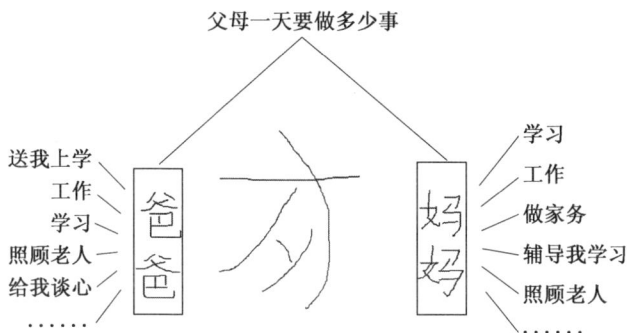

图 2 - 1(B)

从发言中看出，孩子们的思路一下子打开了，那种发自内心的对父母的情感自然溢出。此时再让学生谈对父母的爱，那是自然流露，是发自内心的感激和敬爱，那种强烈的情感，那种浓厚的学习兴趣，是其他教学方式所不能替代的。

同样，在《我们共同的家》一课教学"民族大家庭"时，我结合"中国地图"，让学生给每个民族在图上"定位"，从而完成"学习地图"，使枯燥无味的民族知识栩栩如生地印入学生的脑海里，使学生感到 56 个民族是一家。可见，在教学中，教师只要结合学生的生活实际，巧用"学习地图"，就能培养学生的学习兴趣，使学生自觉主动地去认识生活，体验生活，发展能力，形成良好的品德。

二、在留白处巧用"学习地图"，促进道德认识的内化

(一) 规则的体验

(1) 生活中的规则很多，你们在遵守规则的过程中，遇到过开心的事儿吗？

(2) 是呀，遵守规则给自己、给他人带来了方便，使人感到愉快，使生活更有秩序。那么，在遵守规则的过程中，你有没有烦恼呢？

① 你当时是怎么想的，有什么感受？

② 遵守规则到底烦不烦呢？

③ 小结：虽然有时候比较麻烦，甚至有时候吃点小亏，但是对你，对我，对大家，对社会都有好处。

我在教学《我不要赖皮》一课时，先让学生自己绘制了"学习地图"，图中分为两部分：遵守规则的好处和不遵守规则带来的后果(见图 2 - 2)。接着请各小组围绕"是否守规则"的内容讨论。

小组分头讨论交流。(老师参与、指导、点拨、帮助。)

全班交流。

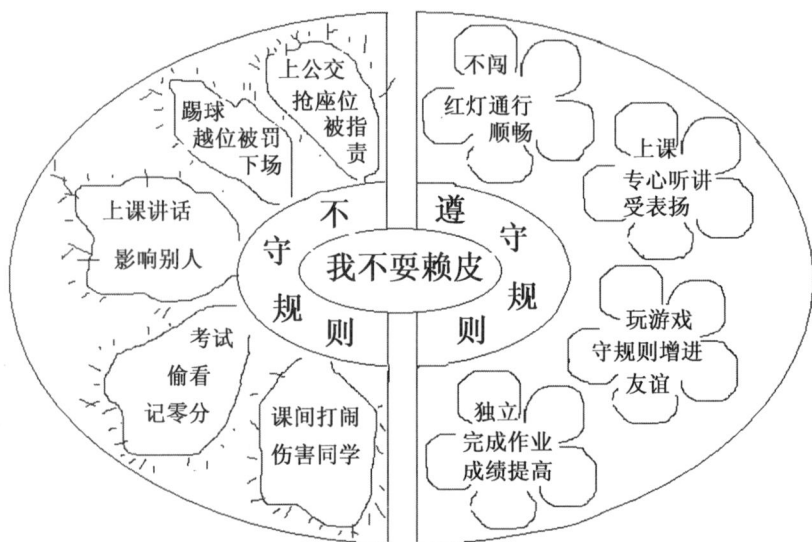

图2-2

(二)自理能力的培养

小学品社的教学目标,最终目的就是使学生在学习和生活中促使道德的内化。而新版的品社教材大量的留白,必须经过精心巧妙的设计才能达到这样的教学效果。

如教学《我学做家务》一课时,我先让学生自己绘制了"学习地图",图中分为两部分:我会做的、我想做的。接着请各小组围绕"做家务"展开讨论并在地图上标示。

(反思:以生活为基础,引导学生先画图,再让学生讨论交流,把留白处的设计主动权放给学生,给学生更多的创造空间,这样,课堂向生活延伸,生活融入了学生的世界,从而达到情感和认识的和谐统一,巧妙促进了道德内化。)

三、在留白处巧用"学习地图",加深道德情感的体验

(一)规则的体验拓展

针对《我不要赖皮》,刚刚大家谈了自己的感受,明白了遵守规则的重要性。其实,规则不仅给我们的日常生活带来了好处,对整个社会的文明和进步都有很大的影响,你知道吗?

1. 出示图片:人们砍伐树木,造成了沙尘暴。你有什么感受,想说说吗?

小结:经济的发展不能以牺牲环境为代价,经济的发展也需要规则。

2. 出示图片:如今的太湖为什么这么美?

小结:是呀,近年来国家治理太湖,制定了很多规则,大家也自觉遵守,所以我

们的太湖越来越美了。

（二）制定游戏规则

1. 在我们的社会中,这样的事例还有很多呢! 社会的文明、进步、科学发展是多么需要规则呀! 刚刚同学们讨论得真好,说出了自己的心里话。现在,让我们一起来玩一个拉球小游戏吧! 为了让这个游戏玩得又开心又公平,我们该先做些什么呢?

2. 小组讨论,定出游戏规则。

3. 请各组长来拿瓶子,到小组组织游戏,组长做小裁判! 游戏开始!

4. 刚才我们进行了拉小球的游戏,体验了遵守规则带来的好处,现在我们再进行一个逃生练习:

师:地震了,请同学们赶紧下楼! (同学们争先恐后地跑离座位,但是教室门很小,很多同学拥挤在这里,拼命往外挤,虽然有同学喊着一个一个来,但是多数同学不听,全部疏散到楼下用了 3 分多钟。)

师:刚才我们的练习很不成功,大家没有遵守规则,很拥挤,如果是真的地震或者火灾,后果不堪设想。现在我们重新强调规则:先撤离第一组,由这一组的同学最前面的先出来,后面依次跟着,这样依次第 2 组、第 3 组、第 4 组。

这次的练习很顺利,大家顺序井然,全部撤离才用了 1 分多钟。

5. 小结:看来,无论做什么事都要遵守规则,只有这样,才能品尝到事情本身给我们带来的快乐。

6. 学生把这两次游戏中的体验和感想画下来(见图 2 - 3)。

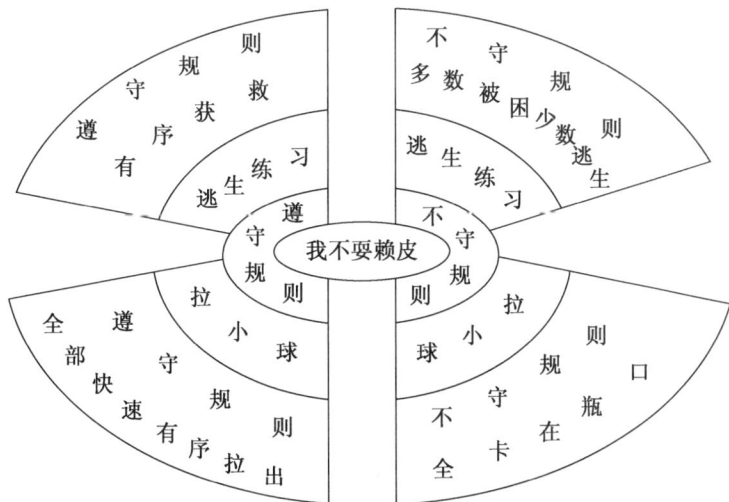

图 2 - 3

以学习地图做媒介,优化留白处的课堂教学程序,实践显示,收到了良好的教学效果。

四、巧用"学习地图",催化道德行为的养成

光有认识是远远不够的,要将学生头脑里的观念转变为自己的实际行动,用以解决他们生活中的实际问题,优化行为,才是教学的最终目的。

在《别把花草弄疼了》这课的结束部分,我设计了这样的环节:通过这堂课的学习,我们知道花草树木对人类有这么大的贡献,那么,我们又能为花草树木做些什么呢?

出示我们学校美丽的花草树木图片。学生欣赏。

同学们能为我们校园里的花草树木做些什么呢? 请同学们先用"学习地图"(见图2-4)构思自己的想法,然后组内交流:

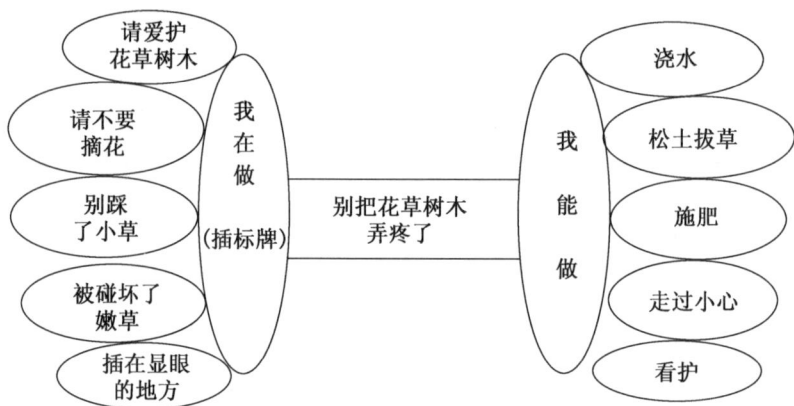

图 2 - 4

交流镜头一(一个小组):

生1:校园里的花草树木口渴了,我可以给它们浇水。

生2:我们走过花草树木身边时要小心,不要把花草弄疼了。

生3:我们考虑了一下,决定写上"爱护小树苗"的牌子。

生4:我要在牌子上写"请不要摘花"。

交流镜头二:

师:假如现在每组派一个人代表小组去插牌子,你们有什么要嘱咐他们的吗?

生5:把牌子插在一眼就能看到的地方。

生6:在插牌子的时候,小心别把脚踩在小草身上。

生7:插的时候小心一点,千万别把树木上的嫩芽碰掉了。

生8:插在有花草树木的地方,别插在空地上。

……

（评析：老师们，试想一下，如果此时此刻，让孩子们去插警示牌，会出现怎样的场面？不言而喻，这样的课一定能提升学生对"爱护花草"的认识、态度、价值观等等，孩子们也一定能正确地解决这个问题。）

其实，在《品德与生活》课上，在学生明白了本课所阐述的观点以后，教师也要着力进行行为辨析训练，指导学生确立正确的行为准则，分清行为实践的是非善恶，逐步形成良好的行为习惯。

例如在教《有多少人为了我》一课时，学生在明白了"要尊重他们，理解他们"的道理以后，我通过实物投影，向大家展示"学习地图"（见图2-5），共同讨论"如何对待这些人"。因为"学习地图"中，学生们所想到的"人"不完全相同；教师引导对之进行整理，全体学生积极、主动参与。教师巧用"学习地图"以不同的话题（直接为了我的人，间接为了我的人等）、不同的形式加大对学生辨析行为的训练，从而树立了正确的行为准则（不要乱扔垃圾，要遵守交通规则……）。所以，借助"学习地图"，在动态的教学生成过程中，从满堂讲课本知识到结合生活实际设问，启发学生在讨论中自己悟出观点，并结合社会实际加以指导，这样才能让学生真切感到"学了有用"，才能化为自觉的行动。

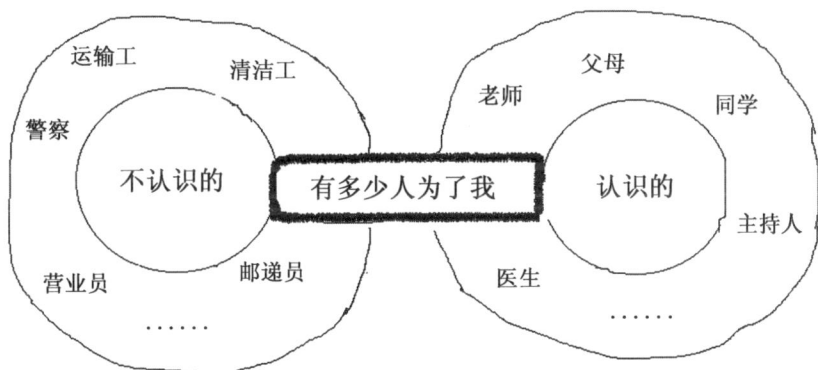

图 2-5

从多元智能理论的角度讲，每个人具有语言、逻辑数学、视觉空间、肢体运作、音乐、人际、内省等多种智能。教师利用小学"品社"课本中的"留白艺术"，有效指导学生，促使其各种智能得到尽情发挥，取得最佳学习效果。

在品社教材中的"留白"处，巧用学习地图，进行恰当指导，优化教学程序。在老师爱心的浇灌下，的确能促使学生更快、更好地进入课堂情境中，在这样的情境中潜移默化，在不知不觉中提高素质，也促成了本课程情感目标的达成。

7. 绘本作文：圆圆的月亮

第一部分：案　例

四年级作文指导课

教学内容：绘本故事《圆圆的月亮》（日本作家叶祥明、安井季子）

主题：绘本作文：圆圆的月亮

班级：四年级

一、教学目标

1. 创设情境，激发学生月下遐思的兴趣，培养学生观察表达能力。

2. 通过对绘本的解读，锻炼学生欣赏美的能力，启发思维，丰富想象力，体会特殊的言语表达方式，即心里话、自言自语，使语言得体、适宜、丰富。

二、教学过程

（一）创设情境，揭题导入

1. 孩子们，你看过月亮吗？你看见过什么样的月亮？

2. 你看着月亮时，想过什么？做过什么？

是啊，我们沐浴着月亮的清辉，神思飞扬，这就是月亮的魅力！

孩子们，让我们抬起头，去凝望那一轮圆圆的月亮，一起走进绘本故事《圆圆的月亮》。

（二）欣赏绘本，学习表达

1.（放幻灯片配乐，老师随着画面读绘本故事）

2. 多么温馨的故事，让我们伴着音乐，轻轻读出作者的心声！（配乐、学生轻轻

地读)

3. 刚才同学们又一次享受了这个绘本故事,哪个同学也想读读这个绘本? 指名读(音乐伴奏)。

(三) 放飞思维,练习表达

1. 故事听了三遍,印象最深的是哪个故事? 你有什么话想说? (学生说到哪个故事,就相机打开哪个画面)

2. 在这皎洁的月光下,还会让谁想说些什么? 小组内交流。

3. 每组推荐一名,参与全班交流。

(四) 读写结合,续写故事

1. 谢谢你们,说得真好! 绘本作者在圆圆的月亮下,带给我们多么温馨的故事,给予我们美的享受;让我们也仰望着那一轮圆圆的月亮,放飞思绪,写下我们的所思、所想、所说。开始写吧! (音乐伴奏)

2. 学生仿写。

(五) 展示习作,相机评价

1. 小组内交流作品,推选一篇,并说说为什么推荐这篇。

2. 被推荐的同学朗读自己的作品,并展示在黑板上。

3. 小结:同学们写得真好! 多么富有诗意,在这皎洁的月光下,同学们的心都变得温柔起来! 我们的这些作品装订在一起,就是一个温馨的绘本故事,肯定能打动很多人的心!

第二部分:选　材

在评课的时候,有老师质疑为什么选"圆圆的月亮"这个绘本内容。随便发给学生一个题目,学生就会写出来他心中所想。我觉得这个老师可能不了解中国文化,也可能没有过月下的遐思。

还有位老师质疑为什么要选《相处岁月》这个音乐,是不是有点伤感了,应该选一个中性的音乐。

一、中国人的月亮情结

回答老师们这样的问题,就要谈谈我选材的意图。自古以来,中国的文人墨客都喜欢月下抒怀:举杯邀明月,对影成三人;海上生明月,天涯共此时;不见乡书传雁足,惟见新月吐蛾眉;野旷天低树,江清月近人;无言独上西楼,月如钩,寂寞梧桐深院锁清秋;露从今夜白,月是故乡明……月亮是中国文人喜欢的意象。晚上,月光笼罩着一切,朦胧而美丽,这时月下闻笛是最合适的,《红楼梦》里的贾母就常带领着众人听笛赏月……笛声中,一轮皎洁的明月悬挂夜空,天地间一片静寂,这时,沐浴着月亮的清辉,人们的心也渐渐沉静下来,淡淡的忧伤渐渐弥散于心间。这,正是舒展自己心灵的美好时刻。这样的时光,灵魂可以自由穿越,任意驰骋,让疲倦的心灵有了休憩的时间,让蒙尘的灵魂有了拂拭的空间。

不止是文人,过去在民间,也从来不缺乏关于月亮的浪漫情怀。小时候,家里没有电视,夏夜漫漫,一家人在小院中躺着乘凉。仰望着夜空,依偎在长辈怀里吟唱着童谣、听着关于月亮的故事,那份温馨永远都是我心中最美好的回忆。中国民间自古就有"月下看美人"的说法。这样的意象符合中国的传统文化氛围,正是中国人的月亮情怀构成了中国的月亮文化,也成了中国传统文化中不可缺少的一部分。

因此,每个人都应该有望月的姿态!

二、心灵成长的需要

一个孩子,他的心灵越是丰富,他未来的路走得越是宽广。读月、赏月、月下抒怀,正是丰富孩子的心灵,带领孩子学会遐思的诗意教学。

现在的教育崇尚速成,孩子都成了速成品。看过一个漫画,画的是三四十年代,两个人相对躺在炕上吸大烟;21世纪,画的是两个人都躺在火车样的床铺上聚精会神地玩手机。这样的文化氛围让人忧思。那么多孩子,把所有的空余时间都用手机、电脑游戏填满了,是否还能在月亮下遐思? 是否还具有这种月下放飞思绪的能力?

第三部分:预设与生成

一开始备课,我还设计了几个欣赏绘本画面猜想的环节,后来进修学校的教研员朱廷梅老师帮我备课时提醒我,大道至简,不需要那么多繁文缛节,让孩子们把感兴趣的故事多读几遍,因为只有通过阅读才能深入内心,发现自己心灵的需求。

一开始,通过问孩子们见过什么样的月亮,以期和月亮建立联系。简单的表述后,就是读绘本。第一遍,是老师范读,希望孩子们很快进入望月的意境。孩子们听得很专注,已经把自己放在了绘本里。第二遍,孩子们轻声齐读,希望孩子们通过亲身体验绘本语言,学习绘本的言语表达方式。这次孩子们不但把自己放在绘本里,还让自己来到了月亮下。第三遍是一个同学有感情地朗读,其他同学边听边欣赏着绘本画面,希望孩子们在这个过程中进入自己的遐想空间。孩子们听着那绘声绘色的朗读,早已经望着月亮,浮想联翩起来。读着读着,就达到了目标。为什么达到了目标? 因为在读中,绘本里的各种人物对话、心理活动、自言自语等言语形式都已经悄然巩固内化了。所以,也就顺理成章地模仿这样的句式表达自己的心声了。表达能力源于什么? 源于阅读。

课外阅读,关键是读,不是讲,应该充分让学生读。

激发阅读的兴趣不能太"技术"。古代就有"读书百遍,其义自现"的说法。古代人学习主要是读书和背书,阅读是学好语文不可偏废的捷径。

第四部分:反思得失

1. 课堂上,在三遍读完后,定格的画面就变成了最后一幅画面:"海边的小屋里,男孩仰望着夜空乞求道:'月亮,请你医好我朋友的伤吧,她是一个女孩,住在遥远的原野上。'"就这样,画面和言语形式都定格在这个画面,孩子们在说和写时,其他的言语形式涉及比较少,虽然内容很丰富多彩,但是言语形式相对不够丰富。

最后应该定格在多幅、多类画面,这样学生在讲和写的时候就能多样化。看来还是考虑不周,预设不到位。

2. 在读完三遍后,问同学们印象最深的是哪个故事? 你有什么话想说? 这样的月亮,还会让谁想说些什么? 当时出现了瞬间的冷场,学生没有马上回答,我有点急了。其实这时候应该顺势给他们思考讨论的时间,也可以四人小组讨论交流,这是我缺乏课堂机智的表现。

平时的课堂都是有一些思考时间的,试想,一个问题下去,思维活跃,马上就想到答案,并且能瞬间组织好语言的,实在是少之又少! 因此,课堂上偶尔的冷场是正常状态。当遇到这样的冷场,应该从容地给学生几分钟思考的时间,然后让他们再讨论一下,估计这个问题就迎刃而解了。可能因为试上时没有出现这样的问题,也就没有预设。当问题出现时,就没有立即想到合理的解决办法,导致学生紧张,不敢发言。三遍故事,已经让学生沉浸在故事情节中,他们还没有从故事中醒过来,我就马上让他们回答,本身就有点不科学,这是我设计的问题,值得自己深思。

8. 综合性学习案例：关注食品，关注健康，和孩子们共成长

第一部分：案　例

关于小学生食品安全问题的研究

教学内容:公民法制教育实践活动

主题:关于小学生食品安全问题的研究

班级:六(3)班

一、确认和选择所要研究的问题

1. 提出问题

确定研究这个问题,是孩子们深入社区调查的结果。

我先让孩子们分组到社区寻找社会上存在的各种问题,孩子们经过调查,每个小组都带回来了 1 个或者 2 个认为值得研究的问题。全班共 41 名同学,带回来 17 个问题,各小组在班级陈述自己小组问题研究的重要性,最后举手表决,终于确定下来研究食品安全问题(见图 2-6)。

我国在近两年内已经对食品安全非常重视,整治也比较到位,但是市场上依然存在食品安全问

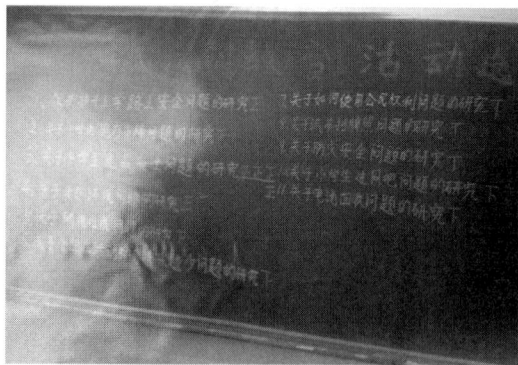

图 2-6　同学们的选题

题。我们六(3)班的学生对食品安全进行了各式各样的采访、调查，得到了市民们的积极配合。

在调查同学们的饮食习惯中我们发现：有许多同学会在放学后，到路边的小摊购买三无产品，或者食用许多油炸类的食品，这对身体是有害的。油炸类方便面中含有大量的油脂以及饱和脂肪酸等等，对健康不利(见图2-7)。

我们调查了一下同学们常吃的饼干中含有大量的热量，营养成分低，香精、色素非常多，会导致肝脏功能减退。饼干只能够提供给人体一时所需的热量，但不能长久使人保持活力，而且会损坏人体器官。

我们还调查了同学们所爱吃的烤肠，发现这类烧烤类食品毒性非常强，吃一只烤肠就等于吸60支烟。因为烧烤所用的炭火、油会直接影响产品的营养，甚至改变它的性质。

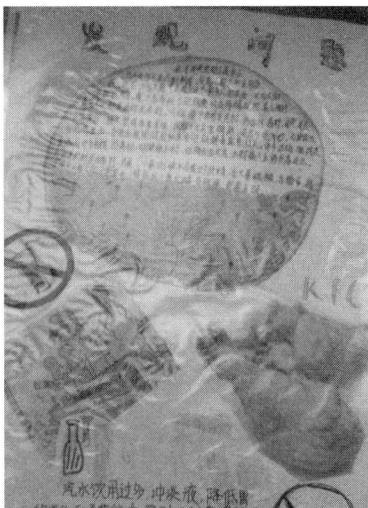

图2-7　油炸食品

调查中还发现珍珠奶茶的成分是奶精、珍珠、果粉和水。奶精的成分是脂肪酸，来源丰富，长期食用对人体非常有害。于是我们决定研究"小学生食品安全"的问题。

2. 调查情况

为了了解市民对关于"小学生食品安全问题"的看法，我们在住地小区、校园、公共场所发放了120份问卷，有效回收120份。经过分析得到一组数据：认为食品安全有问题的市民多达77.6%。对食品有信心的市民只有22.1%。

3. 小组总结陈述

在经济发展中，政府为市民的生活质量做出了努力，如果对食品的安全再多加关注，政府进行尽可能的规范，老百姓会对我们的食品更有信心，经济也会更上一层楼。我们从大量的采访调查中，看到的问题太多，听到的议论也是非多于是，老百姓更担心自己幼小的孩子会受到不良食品的伤害，于是同学们一致确立了我们班级的研究问题：小学生食品安全问题。

二、研究和制定解决问题的方案

步骤一：分析现有政策利弊（见图2-8）

（一）江苏省实施《〈食品安全地方标准管理办法〉细则（试行）》[苏卫规（监督）〔2011〕3号]

第三条　没有食品安全国家标准，但需要在江苏境内统一实施的，可以制定食品安全地方标准。

食品安全地方标准（以下简称地方标准）包括食品及原料、生产经营过程的卫生要求、与食品安全有关的质量要求、检验方法与规程等食品安全技术要求。

食品添加剂、食品相关产品、新资源食品、保健食品不得制定地方标准。（具体细则略）

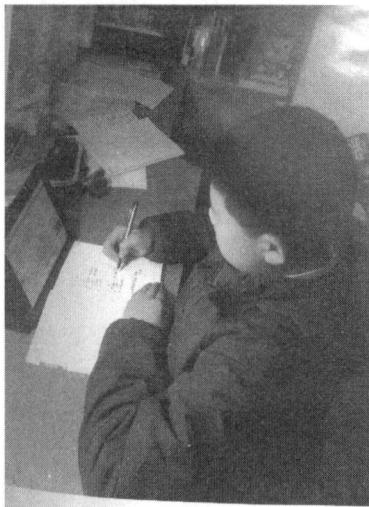

图2-8　学生在分析现有政策的利弊

优点：国家把食品添加剂等有关安全标准以及危害人体健康的各项标准做了明确规定：地方没有制定标准的权限。这样的规定确保了食品中添加物质的标准不降低。

缺点：制定的食品添加类物质标准很明确，但是没有规定怎么监管，监管力度和弹性比较大，监管起来有难度，可能会导致监管不力，使不良食品流入市场。

（二）南京市中小学2012年食品安全专项整治工作方案重点任务第二条：规范食堂食品添加剂的使用

优点：这样做控制了食堂食品添加剂的使用，做出来的食品也会更加健康。

缺点：添加剂的种类、食用量没有明确规定，没有专门的人员管理，监管无力。

（三）国务院《关于加强食品等产品安全监督管理的特别规定》

第四条　生产者生产产品所使用的原料、辅料、添加剂、农业投入品，应当符合法律、行政法规的规定和国家强制性标准。

违反前款规定，违法使用原料、辅料、添加剂、农业投入品的，由农业、卫生、质检、商务、药品等监督管理部门依据各自职责没收违法所得，货值金额不足5000元的，并处2万元罚款；货值金额5000元以上不足1万元的，并处5万元罚款；货值金额1万元以上的，并处货值金额5倍以上10倍以下的罚款；造成严重后果的，由原发证部门吊销许可证照；构成生产、销售伪劣商品罪的，依法追究刑事责任。

优点：对违法使用各种原料和食品添加剂的部门有了明确的罚款或者制裁的

数据标准,执行起来更方便。

　　缺点:监管人员、监管方式等没有做明确规定,会给监管带来困难,也给不法企业可乘之机。监管工作需要大量的人力、物力,很难做到。

　　(四)南京市中小学 2012 年度食品安全专项整治工作方案重点任务

　　加强食堂从业人员培训,要做到有计划,有记录,有系统性、针对性和长效性。

　　优点:人员培训有了保证,安全系数也会提高。

　　缺点:由谁来监督这些培训以及培训的效果,由谁来监管食堂食品的安全性,这是管理上的漏洞,做不到这些,食堂食品安全依然是一句空话。

　　步骤二:制定替代方案

　　1. 走访农业大学教授、市民、到社区、食品厂征求意见(见图 2-9 和图 2-10)

　　问题确立后,我们到市民广场、雨花街道丁墙社区、雨润食品厂调查问卷,走访了南京农业大学食品专业教授,向他们咨询、征求意见,以便制定新的方案。

图 2-9　走访南京农业大学教授　　　图 2-10　南京农业大学教授给孩子们
　　　　　　　　　　　　　　　　　　　　　　　　　讲食品鉴定方法

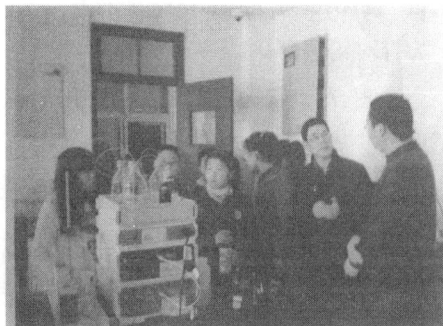

　　2. 制定新方案

　　针对食品厂:

　　方案 1:食品检验,由国家食品检验机构规定的人员独立进行,不得让食品厂的安检人员参与。

　　优点:可以有效地防止食品厂作假。

　　缺点:实行的可能性不大,需要很多专业人员,难度大,占用资金多。

　　方案 2:检验人标注检验时间,再签名。

　　优点:这样可以进行追溯,做到有证可查。当出现有问题时,可以追究检验人员的责任。

　　缺点:占用的人力资源太多,增加了经济成本。

方案3：设立专门监管食品店铺经营情况的部门，并制定赏罚的措施。

优点：可以有效减少违法行为，更能加强管理。

缺点：需要进行不定期的检查，动用大量的人力、物力。

针对食堂：

方案1：各省市由卫生管理部门，对各大、中、小学食堂从业人员进行培训，考核合格发证，持证上岗，并规定每3个月必须参加再培训，才能继续从业。

方案2：卫生部门设立专门机构对各大、中、小学食堂进行不定期突击检查，规定每个食堂每年不得少于4次检查，以加强对食堂卫生安全的管理。

（方案1、方案2）优点：从业人员卫生知识专业，有利于食堂安全；定时培训及证书制度，让从业人员专业化；国家设立了专门机构，有利于监管的进行；不定期的检查，让食堂从业人员时刻绷紧"安全"这根弦。

（方案1、方案2）缺点：由谁来监督国家卫生监管人员，他们监管的效果怎么界定，发现问题怎么处罚，这些都需要国家或者各省市制定具体法规细则。

针对销售商：

方案：对于销售三无产品、过期产品、随意涂改产品日期的商家，一经查实，立即取消其营业资格，并按照情节轻重进行罚款。

优点：能有效遏制不良商家为牟取暴利而销售三无产品和过期产品。

缺点：需要大量的人员深入各商场调查，需要大量的人力、财力。

步骤三：根据计划开展行动

1. 给江苏省卫生厅厅长和南京市市长写信

我们给江苏省卫生厅厅长和南京市市长各写了一封推广信，向其推荐我们制定的替代方案，建议制定有关食品安全的强制性法规，想以此引起上级部门对小学生食品安全问题的关注。

2. 拜访人大代表

我们来到省人大推广我们的方案，人大的张处长热情地接待了我们。他认真看了我们的方案，表示人大会讨论关于食品安全的管理问题，研究我们的方案，感谢我们作出的贡献，并给予了回复。

3. 到雨花街道丁墙社区推广方案

2月19日上午8:30，我们班同学走访了雨花街道丁墙社区，宣传我们的食品安全方案，并倡议社区开展食品安全知识讲座，普及食品安全知识。分管社区居民请这方面的工作人员认真看了我们的方案，并与我们讨论，在讨论的过程中，社区的工作人员给我们提出了很多宝贵的建议并作回复。

4. 向我校王校长汇报

我们将公民教育实践活动情况，向鼓楼区第一中心小学王校长做了汇报，王校长非常支持我们的活动，令我们振奋。

5. 和南京农业大学食品研究院教授进行座谈

师生们来到南京农业大学食品研究院，了解食品目前安全现状，并和教授进行了座谈，教授带我们参观了实验室，讲解了各种食品的安全监测方法，教授鼓励我们，很赞赏我们的行为。

6. 在社区、市民广场、学校等地宣传

在校园、市民广场宣传食品安全鉴别方法，让广大小学生明白三无产品和过期食品的危害，保证我们的健康。

总结：

对于这次的公民法制教育实践活动，我们可谓进行得又成熟又生疏。成熟的是对于整体过程有了了解，有了第一次的经验，我们做事更加主动了。生疏的是这个新选题——关于"小学生食品安全问题"的研究。面对更加困难的新挑战，同学们没有望而却步，而是奋勇向前！在查找新政策时，在采访中，在优化方案时，在制作宣传标语中，在实践宣传中……同学们克服各种畏难情绪，战胜了许多困难，终于完成了四个步骤的研究。在研究中，我们充分地感受到垃圾食品对人们身体造成的危害，也希望凭借自己的力量，抵制垃圾食品，还我们食品的未来一片绿色！

这次活动提高了我们各方面的能力：自我学习能力、资料搜集整理和归类能力、写作能力社会交往能力，特别是提高了孩子们言语表达能力，有效促进了他们言语智能的发展。它让我们书本知识与社会实践知识相结合，为成为一个合格的小公民和社会人才奠定了基础。

三、举行现场听证会：关于小学生食品安全问题的研究

[主持人]大家好，我是鼓楼区第一中心小学六(3)班的××，在公民教育实践活动中，我们研究的项目是"关于小学生食品安全问题的研究"，首先向大家介绍参加听证会的听证员，他们是××单位的_____、××单位的_____、××单位的_____。记时员是_____。让我们以热烈的掌声欢迎他们，下面由第一小组的同学向听证员陈述问题并接受听证员提问(见图2-11)。

第一小组上台

组长：我们是发现问题小组(边说边指第一块展板)，我叫……(依次说)

[生1]：我国在近两年内对食品安全问题已经非常重视，整治也比较到位。最

近,我们六(3)班的同学对食品安全进行了各式各样的采访、调查,得到了市民们的积极配合。

[生2]:在调查同学们的饮食习惯中我们发现:有许多同学会在放学后到路边的小摊购买没有安全保证的产品,或者食用许多油炸类的食品,这对身体是有害的。油炸类方便面中含有大量的油以及饱和脂肪酸等等,对健康不利。

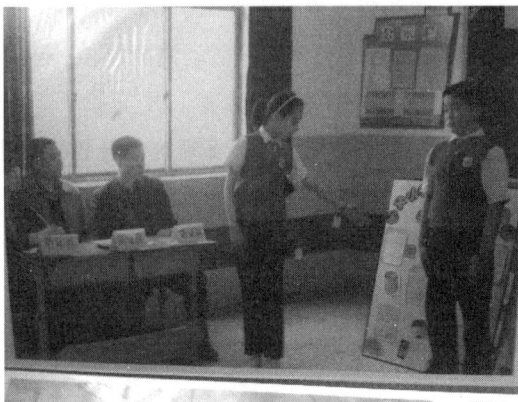

图2-11 孩子们在听证会上

[生3]:我调查了一下同学们常吃的饼干,饼干中含有大量的热量,营养成分低,香精、色素非常多,会导致肝脏功能减退。饼干只能够提供给人体一时所需的热量,但不能长久使人保持活力,而且会损坏人体器官。

[生4]:我还调查了一下同学们所爱吃的烤肠,发现这类烧烤类食品毒性非常强,吃一只烤肠就等于吸60支烟。要尽量少吃烧烤类食品,因为烧烤所用的炭火、油会直接影响产品的营养,甚至改变它的性质。

[生5]:我发现许多食品厂家为了自己的利益,出售过期产品、三无产品,这些食品是非常不安全的。在购买的过程中,我们要认清包装,买我们所信任的产品,不要购买没有食品安全标志的产品。

[生6]:我发现珍珠奶茶的成分是奶精、珍珠、果粉和水。奶精的成分是脂肪酸,来源丰富,长期食用对人体非常有害。于是我们决定研究"小学生食品安全"的问题。

组长:第一小组陈述完毕,请听证员提问。

听证员的提问(略)。

第二小组上台

组长:我们是现有政策研究小组,我叫……(依次说)

[生1]:江苏省实施《〈食品安全地方标准管理办法〉细则(试行)》[苏卫规(监督)[2011]3号]第三条指出:没有食品安全国家标准,但需要在江苏境内统一实施的,可以制定食品安全地方标准。

食品安全地方标准包括食品及原料、生产经营过程的卫生要求、与食品安全有关的质量要求、检验方法与规程等食品安全技术要求。

食品添加剂、食品相关产品、新资源食品、保健食品不得制定地方标准。（具体细则略）

[生2]：优点：国家把食品添加剂等有关安全标准以及危害人体健康的各项标准做了明确规定。

缺点：制定的食品添加类物质标准很明确，但是没有规定怎么监管，监管力度弹性比较大，监管起来有难度，可能会导致监管不力，使不良食品流入市场。

[生3]：南京市中小学2012年食品安全专项整治工作方案重点任务第二条指出：规范食堂食品添加剂的使用。

优点：这样做控制了食堂食品添加剂的使用，做出来的食品也会更加健康。

缺点：添加剂的种类、食用量没有明确规定，没有专门的人员管理，监管无力。

[生4]：国务院《关于加强食品等产品安全监督管理的特别规定》第四条规定：生产者生产产品所使用的原料、辅料、添加剂、农业投入品，应当符合法律、行政法规的规定和国家强制性标准。违反前款规定，违法使用原料、辅料、添加剂、农业投入品的，由农业、卫生、质检、商务、药品等监督管理部门依据各自职责没收违法所得，货值金额不足5 000元的，并处2万元罚款；货值金额5 000元以上不足1万元的，并处5万元罚款；货值金额1万元以上的，并处货值金额5倍以上10倍以下的罚款；造成严重后果的，由原发证部门吊销许可证照；构成生产、销售伪劣商品罪的，依法追究刑事责任。

[生5]：优点：对违法使用各种原料和食品添加剂的部门有了明确的罚款或者制裁的数据标准，执行起来更方便。

缺点：监管人员、监管方式等没有做明确规定，会给监管带来困难，也给不法企业可乘之机。

[生6]：南京市中小学2012年度食品安全专项整治工作方案重点任务：

加强食堂从业人员培训，要做到有计划，有记录，有系统性、针对性和长效性。

优点：人员培训有了保证，安全率也会提高。

缺点：由谁来监督这些培训以及培训的效果，由谁来监管食堂食品的安全性，这是管理上的漏洞，做不到这些，食堂食品安全依然是一句空话。

组长：第二小组陈述完毕，请听证员提问。

听证员问题（略）。

第三小组上台

组长：我们是方案制定小组（边说边指第二块展板），我叫……（依次说）

[生1]：问题确立后，我们到市民广场、雨花街道丁墙社区、雨润食品厂调查问

卷,走访了南京农业大学食品专业教授,向他们咨询、征求意见,以便制定新的方案。

[生2]:制定替代方案

针对食品厂:

方案1:食品检验,由国家食品检验机构规定的人员独立进行,不得让食品厂的安检人员参与。

优点:可以有效地防止食品厂作假。

缺点:实行的可能性不大,需要很多专业人员,难度大,占用资金多。

[生3]:方案2:在包装食品袋上标注食品检验人及检验时间、检验人员,这样可以进行追溯,做到有证可查。

优点:当发现问题时,可以追溯到厂家的检验人员,责任明确。

缺点:占用的人力资源太多,管理起来有难度。

方案3:设立专门监管食品店铺经营情况的部门,并制定赏罚的措施。

优点:可以有效减少违法行为,更能加强管理。

缺点:但要进行不定期的检查,动用大量的人力、物力。

[生4]:**针对食堂:**

方案4:各省市由卫生管理部门,对各大中小学食堂从业人员进行培训,考核合格发证,持证上岗,并规定每3个月必须参加再培训,才能继续从业。

方案5:卫生部门设立专门机构对各大、中、小学食堂进行不定期突击检查,规定每年不得少于4次检查,以加强对食堂卫生安全的管理。

[生5]优点:从业人员卫生知识专业,有利于食堂安全;定时培训及证书制度,让从业人员专业化;国家设立了专门机构,有利于监管的进行;不定期的检查,让食堂从业人员时刻绷紧"安全"这根弦。

缺点:由谁来监督国家卫生监管人员,他们监管的效果怎么界定,发现问题怎么处罚,这些都需要国家或者各省市制定具体法规细则。

[生6]**针对销售商:**

方案6:对于销售三无产品、过期产品、随意涂改产品日期的商家,一经查实,立即取消其营业资格,并按照情节轻重进行罚款。

优点:能有效遏制不良商家为牟取暴利而销售三无产品和过期产品。

缺点:需要大量的人员深入各商场调查,需要大量的人力、财力。

组长:本小组陈述完毕,请听证员提问。

听证员的问题(略)。

第四研究小组上台(见图2-12)

组长:我们是行动小组,我叫……(依次说)

[生1]**给江苏省卫生厅厅长和南京市市长写信**

给江苏省卫生厅厅长和南京市市长各写一封信,把我们制定的六个替代方案推荐给他们,建议以此为参考,制定有关食品安全的强制性法规,想以此引起上级部门对小学生食品安全问题的关注。

[生2]**拜访人大代表**

我们来到省人大推广我们的方案,人大的张处长热情地接待了我们。他认真看了我们的方案,表示人大会讨论关于食品安全

图2-12 课题展板

的管理问题,研究我们的方案,感谢我们做出的贡献,并给予了回复。

[生3]**到雨花街道丁墙社区推广方案**

2月19日上午8:30,我们一起走访了雨花街道丁墙社区,宣传我们的食品安全方案,并倡议社区开展食品安全知识讲座,普及食品安全知识。分管社区居民请这方面的工作人员认真看了我们的方案,并与我们讨论,在讨论的过程中,社区的工作人员对我们提出了很多宝贵的建议并作回复。

[生4]**到雨润食品厂推广方案**
(见图2-13)

我们来到南京雨润食品厂宣传我们的方案,受到热情接待。我们和专家们进行了座谈,推荐了我们替代方案中针对食品厂的方案,专家们肯定了我们的方案,并热情地鼓励我们继续努力。

[生5]我们来到南京农业大学食

图2-13 到雨润食品厂宣传我们的方案

品研究院,了解目前食品安全现状,并和教授进行了座谈,教授带我们参观了实验室,讲解了各种食品的安全监测方法,教授鼓励我们,很赞赏我们的行为并承诺会为我们的研究提供帮助。

[生6]在社区、市民广场、学校等地宣传(见图2-14)

图2-14　孩子们在广场宣传食品安全知识

在校园、市民广场宣传食品安全鉴别方法,让广大小学生明白三无产品和过期食品的危害,保证我们的健康。

组长:本小组汇报完毕,请听证员提问。

听证员的问题(略)。

四、本项目活动的小结与反思

(一)教师和孩子共同成长

激发孩子学习探究的兴趣,从小关注社会问题

同学们在走访中,在研究中,在采访中,在探究中,老师在指导中,在学习中。学生们变了,他们开始关注社会问题了,他们会查阅资料了,他们会自己设计调查问卷了,他们会主动联系有关单位,和人家协调关系去采访了……他们用自己的言行教育了我,让我适时地停下前行的脚步,明白适时放手和鼓励的教学艺术,陪着我的学生们慢慢走好每一步。

语文老师、班主任,平时只是关注学习成绩、关注学习常规、习惯的培养,对社会问题,总觉得不是孩子的事情,虽然我们也教给学生不要"两耳不闻窗外事,一心只读圣贤书";要"风声雨声读书声声声入耳,家事国事天下事事事关心",但是,不知道从何做起。公民教育实践活动,让老师找到了和孩子们一起关注社会问题的途径,培养孩子从小对社会的责任感。在完成这个活动的过程中,学生解决问题的能力在逐步提高,从提出问题——寻找策略——提出解决方案——实施方案这些过程,无一不是从各个方面培养学生发现问题、解决问题的能力,更重要的是培养了孩子们的小公民意识。

在研究过程中，老师也惊喜地发现，孩子们的学习原来不但在课堂上、书本里，还在广阔的社会大舞台上，这里，才是孩子们学习更为广阔的天地。

（二）从"反对"走向"支持"

家长也开始反思教育孩子的方向

家长一开始是不支持的，总是嫌耽误孩子的学习时间，变着法子阻挠，但是随着活动的开展，他们渐渐发现，孩子通过上网查资料、设计调查表、走上街头调查、和专家面对面等，能力提高了，学习自觉了，懂事了。家长们逐渐意识到公民法制教育实践活动培养了孩子们自主学习的能力，对孩子的成长很有帮助，因为孩子们遇到困难会主动想办法去与人交涉、协调、解决。渐渐地，家长发现孩子们说话流畅了，胆子大了，学会协商解决问题了……于是越来越多的家长支持这项活动，亲自带领孩子展开调查、协助孩子设计方案，有的家长甚至让孩子放弃周末的辅导课，陪孩子做问卷调查。这样的活动，孩子的收获远比上辅导课多得多。家长们也踊跃报名当听证员，家长们认为公民教育实践活动应该长期开展下去，他们希望这样的活动越多越好，让自己的孩子在这样的活动中获得知识的增长和交往能力、表达能力的提高和各方面智能的发展。

家长的变化是可喜的，没有家长的认可和支持，我们的教育就没有效果。我觉得公民法制教育实践活动这样的综合性学习，可以让广大家长们从填鸭式的教育中醒悟过来，走向真正的素质教育，也让广大语文教师找到了一条实施"大语文"教学的有效途径。

漫行之三——温暖心灵　引领成长

教书育人,是教师的天职,教书很重要,育人更重要。

我们常常听到一句话:蹲下身来和孩子平等交流。蹲下来,是一种形式,一种姿态,是与孩子相处的最低起点。只有蹲下来,走进孩子内心,与孩子进行心灵的对话,想孩子所想,思孩子所思,站在与孩子同样的高度,才能真正走进孩子的心灵,体悟孩子所苦、所累、所困,然后分析之,找到问题的症结所在。

做到这些,还远远不够,蹲下身来和孩子对话是教育方法,其目的是能站起来领着孩子前行,引领孩子们健康快乐地成长,这才是教师的天职。

孩子在成长过程中会暴露出各种各样的问题,我们蹲下身来,从孩子的视角去审视问题的源头,反思自己的教育行为,探索合理的教育方式。

在这个过程中,需要教师博大的胸怀和无私深沉的爱,需要一种包容心和教育智慧。不同年龄、不同家庭背景下的孩子,思维方式、成长经历各不相同,他们不可能都按照正确的方向发展,旁逸斜出、枝枝杈杈都是常态,遇到这些问题,需要我们的理解和包容,更需要立足他们的心理问题,有的放矢。

借用一句歌词表达我的心声:“我用自己的方式,悄悄地爱你。”我用心理学知识去研究孩子,用真心去沟通家长,用爱心去温暖孩子;用诚心去唤醒家长,用慧心去疏导孩子;用行动让家长认同,用成功激发潜能……以此来激活他们心灵深处最细腻、最脆弱的情感反应,继而走进他们内心深处,实施最适合孩子们的有效教育。

蹲下身来和孩子平等对话,站起身来领着孩子前行,这是我矢志追求的教育境界。

1. 包办代替型孩子个案分析

个案信息:

姓名: 妙妙,五年级学生

性别: 女

表现: 她生性腼腆、胆小,从不主动与人讲话,上课从不发言。从入学到现在,家长天天接送到教室里,直到前不久我出面制止,才接送到学校门口。现在她已上五年级,身高接近一米七,可家长连书包都没让她背过。每天都看见比她矮半个头佝偻着背的外婆挽着她的手,帮她背着书包。在路上同学跟她打招呼,她从不吭声,都是她外婆帮她应答。平时她从没单独外出过。她父母是商人,家境优裕,出门几步路都是以车代步。据她家长讲,她连钱都没用过。

针对她的这种情况,我很担忧,跟她家长谈过,可家长不认为这样有什么不好。我只好暂时作罢。

一、出现问题

这天我正在午休,"丁零零"——电话响了。"王老师吗? 我是妙妙的妈妈,今天孩子在学校发生什么事了?"听了她的话,我预感一定有事了,就如实告诉她:"今天她没带昨天的家庭作业,我让她下午带;昨天全班就她一人没背书,上午她不会背,我让她下午背。出了什么事?""孩子中午回来告诉她外婆,下午不上学,她外婆不相信,就去问同学,结果回来发现她不见了,哪里也找不着。"

听到这里,我明白了个大概,妙妙昨天的作业可能没做,中午又要补作业,又要补背书,她感觉承受不了,就"三十六计走为上"。不过这样的孩子平时连钱都不会用,居然离家出走,在我意料之外,但想想她的经历,又在情理之中。

二、分析诱因

在着急的同时,我也陷入了深深的思考:这孩子生活的环境不正常啊! 妙妙从刚生下来几个月就与外公外婆一起生活，一个月也难得与父母见上一面。其父母无论从感情方面还是从教育方面都几乎没有付出，唯独在物质方面有求必应，甚至是过分满足她各方面的有理或无理要求。从孩子的日记、作文中，能看出孩子很渴望和父母一起生活。我也做过努力，但其父母都以种种理由推脱。孩子外公外婆又没有原则地袒护孩子，平时布置的少量作业都打折扣，对孩子不做、少做作业听之任之，更不惜帮孩子撒谎，以骗过老师。这次让家长协助背书，他们就签字会背，可我检查发现她不会背，才出现上述情况。因此，发生这样的情况，可以说在情理之中，这是畸形教育的结果。就是今天不发生，将来也会发生。妙妙脆弱的神经从没承受过任何压力，在别人看来很平常的事，她都无法承受，要以离家出走来解决。

妙妙的父母对孩子如何做人、学习都放任自流，不闻不问，但对孩子的"安全"却很上心。

前段时间因一同桌女生踩到她的脚，她就回家哭诉：同学欺负她。她外公外婆怒气冲天，打电话训斥她妈妈不管孩子，结果她妈妈就跑到学校来"讨说法"了。经了解，不过是同学之间的一次哄闹而已，她闹不过别人，就回家乱说。最后我对她家长提出了一些教育孩子的方法，没想到她妈妈却说："我不指望她将来出人头地，挣大钱，我对她要求不高，将来只要能守住我留给她的财产就行了！"我又提出孩子外公外婆的教育有欠缺，让孩子回到父母身边比较好。孩子现已长大，不需要怎么样照顾，不会太耽误家长的工作。没想到她妈妈直晃脑袋："我完全可以把她带在我身边，但是太不安全，如果有人嫉妒我们，起了坏心，绑架了她，要钱倒也无所谓，给他们钱就是了，但孩子如果有个三长两短怎么办？！所以我不是不想带在身边，只是担心她的安全。"

好一个担心"安全"！听了这位为人母的一番话，我无言以对。是啊，该家长考虑的不可谓不周，但她唯独没考虑到这样"培养"出来的孩子将来会成什么样。即使就如她讲的最低要求——"守住财产"，但这样教育出来的孩子能守得住财产吗？再说，世事难料，谁又能保证你们的万贯家财在你们的手里就没有闪失？万一有意外怎么办？这孩子将来怎么生存？！

妙妙出走被找回后，家长小心翼翼地伺候着，连出走原因都不敢"叩问"。其实，正是家长一次次无原则地迁就孩子，如此久而久之，才形成孩子以自我为中心的封闭心理，想怎样就怎样，达不到目的就"逃之夭夭"，将全世界吓唬个半死！所以孩子在家成了颐指气使的小公主，稍不顺心就大发雷霆，就摔东砸西，就"愤而出走"，就极尽哭闹之能事……就像歌中唱的那样，面对此情此景，家长"总是心太软、心太软"，言听计从的结果使得孩子更加有恃无恐，为所欲为。

三、采取措施

怎么办？我不能眼睁睁地看着这个孩子废掉！

我想起了李嘉诚教子的故事。他的两个儿子都在商业上取得了很大的成绩，其中李泽钜被称为"小超人"。

对，就用这个故事来改变妙妙父母的教育观念。

我与她家长多次联系，终于，我和他们坐在一起，跟他们谈了很多：

李嘉诚对两个儿子的培养教育抓得很早。他要求儿子克勤克俭，不求奢华。事业上注重声誉，信守诺言。他特别教育儿子要考虑对方的利益，不要占任何人的便宜，要努力工作。在两个儿子才八九岁时，李嘉诚召开董事会，就让儿子坐在专门设置的小椅子上列席会议，甚至参与讨论，决策大事。

后来两个儿子在美国斯坦福大学以优异的成绩毕了业，很想在父亲的公司施展才华，干一番事业。李嘉诚却说："我的公司不需要你们！"兄弟俩都愣住了，说："爸爸，别开玩笑了，您那么多子公司难道不能让我们去工作？"李嘉诚回答："别说我只有两个儿子，就是有二十个儿子也能安排工作，但是，我觉得还是你们自己出去打江山的好，让实践证明你们是否有能力到我公司来任职。"

兄弟俩这才恍然大悟：原来父亲是把自己推向社会，去经风雨，见世面，锻炼成才呀！

后来兄弟俩在加拿大开设了地产公司，他们克服了许多难以想象的困难，把公司和银行办得有声有色，成了加拿大商界出类拔萃的人物……

李嘉诚欣慰地看到两个儿子的迅速成长和出色业绩，终于安心退休了。

每当人们称赞兄弟俩时，李泽钜总会说："感谢父亲从小对我们的培养教育，他是最好的商业教师，他教我们注重自己的名声，努力工作，与人为善，遵守诺言，特别是教授'不赚钱'这点上，我从父亲身上学到了怎样做一个正直的商人。"

像李嘉诚这样有巨大成就的大商人，难道就没考虑孩子的安全？当然不是，我想他考虑最多的是既然有了孩子，就必须教养其成才，这是父母的天职。如果儿子成了只会吃喝、消费的废人，又与没儿子有什么区别？李嘉诚这样的大忙人尚且这样言传身教亲自教子，我们有什么理由推脱教育孩子的责任呢？！

"家庭是真正的学校。"这是俄罗斯白银时代思想家洛扎诺夫说的。当孩子在毫无自主的情况下来到人间时，他（她）面临的第一个环境就是"家庭"。父母和亲人同时成为教育者及孩子的楷模。孩子毫不知情他（她）降生的地方，无法选择父母,但父母是成年人,应有为人父母的责任和意识。

在理想化的教育格局中,学校与家庭各司其职,相互不可替代。教育的目的是培养出有健全人格和劳动能力的人,而这样的目标只在学校里是很难实现的。学生在学校里固然可以学到渊博的知识,会获得实用的技能或其他有益的东西,但这些东西大多是非精神性的,并非做人的根本。只有家庭,也唯有家庭,才能培养孩子最重要的文化品质,教给他们最高尚、最本质的东西。

孩子的意识品质、行为习惯是"养成"的,而不是教成的,更不是教师用言语就可以训练出来的。与学校教育不同,家庭是孩子们生活的地方,享受快乐与亲情的地方,在游戏中成长的地方。他(她)往往在享受亲情与游戏的同时,也享受着父母、亲人对他(她)潜移默化的影响,因此对一个孩子的人格、品格等各方面的塑造,绝不是学校单一方面可以完成的。上面的那位同学就是最好的例子。学校对她的影响教育,都让其父母、亲人的"反教育"抵消了!

洛扎诺夫认为适度的贫困有助于生命的健康。这对目前日子一天天好起来的中国家庭来说,无疑是一个挑战。当然,我们也绝不会因为读了洛扎诺夫的文字而愚蠢到为了孩子的教育而放弃富有去制造一个"人工贫困"的家庭。我认为应该这样去理解:富有的家庭,任何时候都不应让孩子有富足感,也不要使他们感到自己是家庭关爱的"轴心",而应让孩子懂得家庭固然承担着教育与抚养他们的义务,但他们同样对家庭有着不可推脱的义务和严格的责任。他们是家庭的"困难"之一,而不是如我们常听到的——"孩子是家庭的幸福与骄傲"。

听了我的一番话,妙妙妈妈说了一件最近才发生的,连他们也不敢相信的事:

有一次,妙妙回家告诉外婆:班上的一个男孩某某是个穷鬼,虽然学习比她好,但有什么用? 她看不起这个男孩。她外婆很震惊,就告诉了妙妙的妈妈。妙妙无意中暴露了自己灵魂深处的东西——她骂了一个招惹了她的同学是"穷鬼",当然挨骂的孩子的家境是无法与她相比的。

她妈妈知道后也很震惊,因为他们一直都认为他们的女儿单纯而善良。

我趁机劝他们改变教育方法,把孩子带在自己的身边。

她妈妈答应考虑考虑。

四、结果

两个星期后,家长来找我深谈了一次,感谢我为他们女儿所做的一切。他们按我的意见,把孩子转到他们家附近的一所小学,真正把孩子带在了身边。

孩子已经五年级了,家长的醒悟有些晚了,但是总比不醒悟的好。

五、忧虑

其实,这样的家庭教育模式不止这一家,实在令人担忧。作为家长,仅靠老师倾注爱心是不够的,自己也要对孩子播撒"真爱",敢于对孩子的过错说"不"。其实,对孩子真正的爱,并不体现在给其一时的快乐和娇宠顺从及施与财富上,而是应像李嘉诚那样,体现在能否给孩子终身受用的知识、立足社会的本领和良好的品性。要知道,假如你今天不去拒绝孩子的无理要求,明天就会有更多的人拒绝他(她)。你今天不修理他(她)旁逸斜出的枝枝杈杈,明天就会有人连根拔起这无用之才!

2. 小学生逆反心理探秘

有人说过,如果你不能改变别人,那就必须改变自己。教育孩子也是如此。

一、现状

那天看了一档中央台的心理访谈节目。访谈对象是一个18岁的孩子和他的父母。这个孩子刚高考落榜,情绪很低落,他的父母一副老实巴交的样子,都一脸苦相,很显然是因为孩子的不如意。果然,当心理专家问他们家有什么问题时,父母就争先恐后地说:孩子不听话,很逆反,常常沉迷于网络、网恋,从来不听父母的一句话,你说做父母的什么都不让他干,天天把他侍候得好好的,他还不好好学习,他对得起谁? 还没等他把话说完,孩子就不干了,看起来很腼腆的孩子,这时却很激动,说:"谁让你们把我侍候得好好的,就是因为你们把我侍候得太好了,什么都做了,我做什么?!"很显然,这孩子在强词夺理。听了这话,那对父母一脸痛苦和愤怒,他们无论如何也无法接受这样的现实,对孩子这么好,反倒成了孩子学坏的借口!

比这极端的例子举不胜举,请看:

"孩子迷恋网络,我用了所有的办法都没能制止他,最后只好跟踪他,被他发现。现在母子之间就像仇人一样,很少说话,一说就吵,我很无奈,很痛苦,有时候觉得我这个当母亲的做得太失败了……"家住芝罘区南尧居委会的王女士,一个初三孩子的母亲,拨通团市委青少年心理咨询热线时失声痛哭。

一个15岁的少年,竟然动手殴打自己的双亲,这匪夷所思的事情发生在芝罘区只楚街道办事处。据了解,这名少年的父亲长期在外做生意,偶尔回到家,面对孩子的顽皮,他只会用棍棒、皮鞭来解决问题,而少年的母亲,开始对孩子是百般娇惯,当她发现不奏效时,就和丈夫达成一致,开始用暴力来对待孩子。久而久之,这名少年养成了孤僻的性格,随着年龄的增长,他把拳头挥向了自己父母。

团市委青少年心理咨询热线的统计结果显示,2008年1—9月份,共接到200多个关于家庭教育的电话,包括家长与孩子沟通出现障碍、孩子公然挑战家长"权威"等问题。

这种家长"权威"公然被挑战的现象在许多家庭都存在,只是表现形式不同。"我女儿只要一听到我们问她的学习情况,就低头不语,任凭我们磨破了嘴皮。"孩子这种"非暴力不合作"的态度,让在机关上班的于女士束手无策。于女士还告诉记者,据她所知,女儿班上不少的同学都用这种方法对付家长,让家长无计可施。

在记者的采访过程中,不少的孩子对记者表示,不光家长觉得与子女沟通存在障碍,孩子们也觉得和家长缺乏有效的交流,他们受不了家长整天硬邦邦的说教和强加给自己的观点,越是这样,越激起他们的反抗情绪。团市委权益部部长刘鹏表示,家庭教育不和谐的根本问题,就是家长和孩子沟通渠道不畅通。现在的孩子比以前更崇尚个性、独立和个人空间,而家长则习惯了对孩子居高临下,话语中含有强迫的味道,不注意孩子的感受,不能很好地倾听孩子的内心需求,有时还会说一些过激的言语,激起孩子的逆反心理。这样一来,家庭教育会越来越无力,家长"权威"也逐渐失灵。

很显然,这些孩子都存在逆反心理。

二、逆反心理的成因分析

逆反心理是指,人们彼此之间为了维护自尊,而对对方的要求采取相反的态度和言行的一种心理状态。青少年中常会发现个别人就是"不受教"、"不听话",常与教育者"顶牛"、"对着干"。这种与常理背道而驰,以反常的心理状态来显示自己"高明"、"非凡"的行为,往往来自于"逆反心理"。

逆反心理在青少年成长过程的不同阶段都可能发生,且有多种表现。如对正面宣传作不认同、不信任的反向思考;对先进人物、榜样无端怀疑,甚至根本否定;对不良倾向持认同情感,大喝其彩;对思想教育及守则遵纪则消极抵制、蔑视对抗,等等。

逆反心理的形成并非一朝一夕,其形成的原因包括:

1. 家长缺乏与孩子经常的感情沟通

缺乏对孩子的尊重,孩子也会以不尊重来对待家长。其表现形式有粗暴和沉默两种。心理学研究认为,沟通的意义在于对方的回应。作为家长,跟孩子沟通时,发现孩子反应不对,要立即停止,绝不能让孩子有这样的感觉:想得到的永远得不到,讨厌的东西天天都出现。这样,在他幼小的心灵里就有了强烈的挫败感,就容易形成自卑、反抗的心理。

2.“你”向信息的过分应用，导致感情对立

家长式的作风，让孩子认为家庭缺乏平等、民主和尊重。专横式的教育使孩子感到不舒畅、压抑，从而就以反抗来回应家长。很显然，造成和孩子之间这种强烈的敌对态度的原因是“你”向信息的过分运用。什么是“你”向信息？简单说，就是和对方说话时，只注重对对方的指责，“你今天怎么没有……”、“你这次考试怎么没听见我说话……”等等。说话以“你”开头，这样的话，孩子一听就觉得又在指责他，哪里还有心情再听下去！

我们在和孩子沟通时，总是以大人的姿态出现，“你”向信息运用过多，让孩子一开始就对我们抱有敌意，当然也就拒绝我们给予他的一切信息，不但导致我们的教育沟通无效，更使孩子和我们产生了敌对情绪。

孩子天生的性格、爱好等各方面都存在差异，有的孩子喜欢你送给他礼物，有的孩子喜欢帮别人做事，他觉得这样快乐，有的孩子喜欢肌肤之亲……总之，各有所爱。我们在和孩子沟通时，注意少用或者不用“你”向信息，及时把握孩子的反应，对教育方式作出适当的调整。

我们和对方的沟通往往存在很好的动机，但是就因为用的是“你”向信息，所以对方听的像是一直在抱怨。

3. 成人对孩子过分迁就，缺乏原则性

很多家长过分娇惯孩子，什么样的过错都能原谅，没有原则，生活、学习、为人中没有孩子不可逾越的鸿沟，这样的家庭培养的孩子很危险。当家长发现问题严重时，已经为时已晚！在这种环境下长大的孩子，认为犯了错误不会受到批评，这种错误的信息使孩子不明是非，一旦家长想管教时，孩子就很不适应，必然出现逆反。

这种情况和第二种正好相反，是家长对孩子的不管导致的，一切都“顺其自然”，结果孩子在应该受到教育的时候没有受到教育。当他犯了错误，由于家长的过分迁就，导致他觉得没有什么，不会受到责罚，也就强化了他的错误意识。

4. 孩子对家庭和父母不满意

孩子对家庭和父母不满意，尤其父母感情不和使得孩子心理发生障碍，往往会以逆反行为来表示自己的不满。还有，常因父母没有榜样作用而感到没有精神支柱而苦恼，也会以逆反情绪作为发泄的途径。

5. 缺乏满足感

由于种种原因，父母不能经常和孩子在一起，尽管物质上极大丰富，但孩子在情感上却感到十分饥饿，看到别的孩子天天回家和父母在一起，很难受。时间长

了,在缺少双亲关爱的情况下就会以逆反和沉默来表达自己的不满。

这些原因说明孩子形成逆反心理,一方面是因为他们的年龄阶段的原因,更重要的一方面,是家长教养孩子的方式单一、死板、不科学、不能根据时代和孩子的特点变通。

三、策略

尽快找到解决这些问题的策略,是这些已经品尝失败之苦父母的当务之急。

很多逆反的孩子成绩下滑,受到父母的责怪,干脆破罐子破摔,成绩每况愈下。父母越着急督促,他越反感,结果变得没有了自尊自爱,整天就想着如何与父母做斗争,生活的目标好像就是战胜父母,更不清楚自己的责任和义务,形成恶性循环,不可收拾。所以首先要消除父母和孩子之间的敌对情绪。

1. 消除孩子的内心块垒,走入其内心世界

孩子到了这个程度,就已经形成了自己的封闭世界。想进入他的内心世界,很难! 但是作为父母,不能眼看着孩子滑入自我封闭的深渊。孩子的心理出了问题,孩子的学习也会出问题,接着就会出现一系列的不良反应,随着年龄的增长,就成了问题少年。

如何打开孩子封闭的世界呢? 我认为,还是先不要提教育的事,要先消除敌对情绪,蹲下身来,和孩子平等对话,走入孩子的内心世界,这是当务之急。因为只有走进孩子的内心世界,才能了解他在想什么,他想干什么,他最感兴趣的是什么,然后再想办法融入孩子的世界,实施教育。

文中的那个孩子,他选择了打骂父母,这时,你无论怎么责备他,都不会改变他的错误想法,为此心理专家同他进行了谈话:

问:你选择了打骂父母这样的行为给你带来了什么?

答:(沉默)大家都看不起我。

问:这是你要的结果吗?

答:不是。

问:那你为什么还这么做?

答:我不喜欢父母这样天天责骂我,我很讨厌他们。

问:那你的意思就是希望父母对你好点,尊重你,爱你,是吗?

答:是的。

从这段对话中可以看出来,这个孩子打骂父母的目的是想受到尊重,但是他选择了一个错误行为方式,所以永远达不到目的。

2. 寻找孩子的正面动机和生成需要

寻找孩子的正面动机和生成需要,作为切入点。我们和孩子沟通,有着正面的动机,不可否认,孩子的逆反也存在正面动机。他的一切逆反行为,都是因为他找不到自己存在的价值,而出现的心理混乱状况。父母为他着急,教育他,是出于正面的动机,但是因为父母的方式是"你"向信息,他听着不舒服,就感到父母是和自己过不去,于是产生了一个假性的目标:让父母尊重自己。其实,这个动机也是正面的,但是,他又不考虑怎样做父母才能尊重自己,就本能地选择了打骂父母的方式,这就是本来有着很好的动机,却因为选择了错误的行为,他的目的永远都达不到! 他自己当时并没有那么清楚自己这样做的目的,只是在混沌状态下的本能反应。当心理专家和他谈话、剖析时,他自己方才明白。

每一个人都需要别人的尊重,需要别人的认同,甚至需要别人的赞美,这样,他才会感觉到自己的存在价值。因为父母对他是指责多于认同,他犯的错误越多,父母越是批评,他越是觉得自己失败,越觉得自己没有被认同,自己没有价值,索性破罐子破摔。孩子这样,所有的人都这样。为什么古代的皇帝身边都有那么多奸臣? 居然还那么得宠? 明白这个道理,也就不感到奇怪了。因为皇帝也是人,他们也喜欢听好话,奸臣就投其所好,当然皇帝听的顺耳,皇帝也有这样的需求,自然就得宠了。

我们作为教育者,了解到这些,就明白当孩子正在愤怒的时候,要先肯定他的正面动机,对他的表现是认同的,这样他就很快能平复情绪。等他平复了情绪,感觉到了父母对他的理解,他从心里也认同了教育者,这时再以合适的方式去纠正他方法上的错误,他才能听得进教育者的话,这在心理学上叫做"先跟后带"。如果在他正在愤怒、有着强烈的敌对情绪时,你还居高临下地教育他,恐怕就会得到相反的效果,前文中对父母拳脚相加也就不奇怪了。

3. 进入孩子的世界,和他同喜同悲

只靠专家的几次心理咨询远远不够,如果教育者——父母——不能和孩子很好沟通,不管心理专家如何努力,孩子都会回到原来的状态,甚至更差! 父母应该趁这个契机,改变教育方式。

这样的孩子大多都沉迷于一样东西,或者是网络,或者是电视,或者是游戏,或者是某一类读物。作为家长可以先了解孩子感兴趣的东西有什么样的优点,能从中学到什么。其实孩子迷恋的每一样东西都有其好的一面。只是孩子没有把握好分寸,我们也认为它害了孩子,而本能排斥它罢了。作为家长,我们现在要有目的地研究它,看它在哪些方面对孩子有帮助。比如:玩游戏可以灵活左右手,人的左

手用得少,所以我们的右脑不够灵活,玩这些游戏要双手配合,左手需要灵活操作键盘,所以可以得到很好的锻炼,右脑也会得到开发等;看电视,不管是动画片还是连续剧,都可以从中受到启发,学到做人的道理,积累生活经验,还能学到知识等;针对自己的孩子特别迷恋的东西,可以查一些资料,请教一些懂行的人,要研究透。然后当孩子再玩的时候,你就凑上去,装做很感兴趣的样子,先在一旁默默地看,如果他要赶你出来,你就说出你也对此感兴趣,谈你感兴趣的原因。他在吃惊之余,半信半疑,你就适时插话,表达你的看法,不明白的地方还不时请教他,他会突然觉得你是他的同道,就会对你刮目相看。这样他在心底就会慢慢接受你,当他能主动和你谈论此事时,你就取得初步胜利了。融入孩子的世界,和他一起分享快乐。

当孩子与你交谈不再怀有戒心,而是偶尔能和你交谈几句他内心世界里的东西,你就迈开了成功教育的第一步。当然,你可能需要忍着对这个事物的厌恶,耐着性子这样做。做到这些还远远不够,这只是万里长征走完了第一步。因为这个结果只是你目的的手段。下一步,必须和他一起喜,一起乐,一起分享他的生活给他带来的乐趣,在这个间隙,你要不失时机地给他讲你自己的故事,不过千万别讲你的成功历史,那样孩子会反感,你要讲自己失败的历史,接着孩子肯定会问,后来呢?你就顺水推舟,后来,你通过什么事,明白了错误,费了多少力气,多走了多少弯路,才取得今天的成绩等;当然,如果你没有什么骄人的成绩,你可以把自己作为反面教材,再把自己和同龄人的成功做对比。任何孩子都有自尊心,你的成功例子对他是个刺激,也是个促进;你的不成功的例子,会激起他强烈的自尊心,想去完成父辈没有实现的梦想。这样做的前提是,你只说自己,不要提让孩子好好学习出人头地之类的话,让他自己去思考,去领悟,这样站在和孩子同样的高度也避免了居高临下的教育。

有个教育家说,要想教育孩子,必须蹲下来和孩子说话,就是这个道理。

当你以这样的态度跟孩子交流,说的都是自己的不足,一点也不涉及孩子的错误,这就是"我"向信息。就是再逆反的孩子,也不会勃然大怒,也会对你的态度有所转变。只要坚持下去,孩子就会慢慢接受你,你也就融入了他的世界。

4. 用"我"向信息,和孩子心灵对话

针对已经失败了的教育方式——"你"向信息,父母应该考虑用"我"向信息。

"我"向信息的构成:a. 事实　b. 感受　c. 理由　d. 建议。

当你真正站在了孩子的高度,你就会发现,孩子的世界是丰富多彩的,也有他自己尊重的东西和他做人处世的原则,当然,错误也有很多。当孩子真正接受你,就应发挥"引领"作用了,之后要创造机会和孩子多相处、多交流,以便更进一步了解他,创造机会教育他。

当碰到孩子原则性的错误时,不要直接指责,而是要等能静下心来时,就这件事和他交流。作为父母,首先责怪作为孩子的监护人,自己没有适时处理,孩子一听,心里不反感,就有了听下去的心情。只描述这件事的事实,记住,避免用"你",你只是用很客观的语气描述事实,然后谈对这件事的感受,接着说说自己为什么有这样的感受,最后谈自己对这件事的处理建议。

在描述事实时,不带任何感情色彩,谈自己感受时,不要责怪谁,只说自己的感受,尽量多谈教育者在这件事上的责任,说自己的过失。当孩子听你这么说时,他不但不会有敌对情绪,反而会反思自己的不对。

比如:父母不在家,孩子星期天玩了一整天电脑,周一老师找家长,说孩子的作业一点都没有做,父母从学校回来没有直接骂孩子贪玩耽误学习,而是一直不动声色地做饭吃晚饭。吃过饭后,妈妈就到了孩子的房间,孩子正为妈妈的表现纳闷,心想:妈妈一向被老师找到学校会回家批评我,今天怎么到现在都没有动静? 这时,妈妈进来了,他以为妈妈肯定要开始骂他了。谁知,妈妈说:"老师今天找我到学校去了,告诉我你的作业没有做的事,我觉得这件事妈妈要负主要责任,星期天一家人应该在一起,我和你爸爸都应该为你创造一个好的学习环境,为你做点好吃的,督促你认真完成作业,可是因为你爸爸工作性质,常年在外奔波,为了这个家很辛苦,我不能强求他一定在家,但是,我应该推掉那天的加班,不在乎那点收入,多花点心思在你身上。以后再有这样的事,你一定要提醒妈妈在家陪你哦。"

这样的谈话肯定会让孩子大吃一惊,他不但不会怪罪父母的教育,反过来,他会反思自己的行为,更不会去打骂父母。他会想:难道我不写作业,真的是因为妈妈不在家? 爸爸工作忙是为了多挣点钱,妈妈加班也很辛苦,同样是为了家,而我,这么大了,不写作业,妈妈还要被叫到学校,听老师的批评,妈妈居然没有责备我,只怪她自己,难道我就没有错吗?

就算孩子还没有这样的觉悟,想不了这么多,他的心灵也会因为妈妈的话受到震撼,也会开始反思自己。这样的教育效果,恐怕要比又打又骂好得多。有个教育家说:当孩子意识到你在教育他时,你的教育就已经失败了。而"我"向信息的教育,孩子在不知不觉中就接受了。

5. 改变教育方式,激活孩子的自控能力

我们的惯性思维总是想着改变对方,就像我们做父母的,总想着去改变孩子。当然,孩子是需要教育的,但是也要讲究教育策略。如果教育者总想着操控对方,父母总是以家长的身份、权威去操控孩子,那是注定要失败的。

所以，我们不能抱着明确的目的去改变别人，我们只能改变自己的教育方式，去影响孩子，促使孩子自我醒悟，让醒悟了的孩子自己去改变自己。

每个人都有能力改变自己，只是他的这个能力被限制或者没有觉醒。我们教育者的责任就是要催醒、激活他的这个能力，而不是想办法去控制他。

当我们不开心时，我们通常会把抱怨指向外部，但是并不都是外部造成的。著名的 ABC 理论告诉我们，很多不好的结果往往是我们自我控制、耐挫能力太差造成的。

如：高考落榜(A)→消沉(B)→自杀(C)

高考落榜(A)→发愤(B)→成功(C)

可见，很多时候，同样的事情导致的结果不同，原因就在于遇到同样的事情，有人是控制自己往好的、积极的方面发展；而有的人就会任由坏的情绪蔓延，走向可怕的深渊。

孩子们也是如此，当他老是怪罪外部条件，不从自身找原因，是很可怕的。当他开始反思自己的过失时，他就会知道应该不断修正自己的行为，提高耐挫力和自控能力。

四、反思

没有哪个孩子天生就是叛逆的，只有个性的差异。所以，孩子是什么样，那是我们教育者塑造的，是我们的"作品"。作为父母，我们应该时时学习，跟得上时代的步伐。蹲下身来，真正深入了解现代孩子的心理特点，运用"我"向信息，采取适合个体的教育方式，发现问题，及时做出反应。

3. 孩子性格缺陷及其家庭因素的个案探究

中国古代就有孟母三迁的故事,说的是孟母为了孩子有个好的成长环境,不惜兴师动众,三次搬家的事。古人为了孩子的成长,都很重视周围的环境,更不用说家庭环境了,可见环境因素对孩子影响的重大。我们现代人更应该意识到这一点。下面我通过调查分析个案,来探究有着不良家庭影响的孩子的教育对策。

该生的个性特点:

该同学喜欢说谎、上课搞破坏,自己不学还影响别人。撒泼耍赖、自私要强又很自卑。不关心别人、不尊重老师。课堂及家庭作业不交是家常便饭。让他补,就想方设法偷偷溜走。没有哪门功课是他喜欢的。几乎每个任课老师都说:这孩子是没治了。

一、家庭因素的分析

1. 家庭结构

该生名叫华,他有个特殊的单亲家庭,他父母在他刚出生后就办理了离婚手续。但这孩子并不是他妈妈一手带大的。离婚后他母子俩来到他外公外婆家,还有一个小姨和他们住在一起。可能觉得他从小缺乏父爱,这一家人对他疼爱有加,甚至到了溺爱的程度。

2. 家庭成员的职业、性格及对孩子的影响

华的外公外婆都是唱京剧的,文化程度不高,如今已退休在家。华的妈妈连初中都没毕业,三四年级的功课她都不懂。他外公外婆考虑孩子上小学要花不少钱,华的妈妈工作又不稳定。所以,两人一直在外教唱京剧,自然对这个孩子也寄予厚望。当华上学后,他们发现外孙并不像他们期望的那样,很是失望。可惜他们没有去客观地分析原因,而是打、骂,甚至被气得犯病。

在前年我刚接手这个三年级时,华上课捣乱,不交课堂作业、家庭作业。一问他要,都说丢在家里。又不能让他回家拿,令人不胜头疼。几天后,我决定去家访,以便于了解情况,配合教育。华的外婆外公在家。没等我把情况说完,他外婆就叫

起来:"这孩子快把我气死了。从一年级到现在,只要老师一来家访或叫我们去学校,我就犯高血压、心脏病。我早晚会死在他手里。他这样,我有什么办法,打也打了,骂也骂了,就是好不了!"他外公接着说:"老师,随你怎么处罚,我们不管!"发完这些牢骚,竟也不管我如何惊讶,忙家务去了。我看华的妈妈不在家,也无法深谈下去,只好告辞了。

通过这次家访,我对华的亲人有了点滴了解。这两个老人都是要强的人,他们爱面子,虚张声势地吵闹一通,不容老师把孩子的问题说完。这说明他们对外孙的坏习惯是清楚的,但是又不肯接受这个现实。他们没有意识到这样做的危害性,他们给孩子做了一个"极好的榜样"。作为家长,其行为与愿望背道而驰。

尽管华的家长当时说不管,华后来两天的作业还是做了。但好景不长,第三天,华故病重犯,而且还告诉其他同学:"我就是不做,看能把我怎么样!"

这天上午,第三节是活动课,五年级的戴老师气冲冲地跑来告诉我,她正在上数学课,华跑到他们班教室,对着全班做鬼脸。戴老师就说了他几句,谁知,他往讲台上一躺,四脚朝天,又哭又闹(当然是假哭)。戴老师去拉他,他更得意了,闹得愈加厉害,害得全班没法上课。

我把华喊到办公室,问他为什么这么做,他死活不承认。问到他的作业,又说忘在家了。我给他妈妈打电话,让她把作业送来。他妈妈来到学校,告诉我作业不在家,结果在他书包里找到了,当然都没做。我把华最近的表现告诉了他妈妈。他妈妈并不接我的话,却开始倒苦水:"这孩子从上幼儿园就不讨老师喜欢,幼儿园要他退学,我还跟老师吵了一架。从上小学一年级,他只要犯错误,我就打他板子,你看有什么用? 还是这样,你们老师都没有办法了,我除了打,没别的办法。"说完抓过孩子又要打。我拉开了她,说:"你能听我说几句吗? 我今天叫你来,是解决问题的,不是老师对他没办法,是没有家长的配合,孤掌难鸣,今天请你来,就是商量我们双方怎样共同努力,挽救这个孩子……"我给她分派了任务,我每天布置好作业,让华抄下来,我给签字,回家,她按我签字的作业逐个检查。她虽然口头接受了,还是当着孩子的面说:"主要还要靠他自己,自己不要好,我们做什么也没用。"

就这样,华有一周没少作业。我在班上表扬了他,还在队会课给他发了进步奖。可到下周一,他作业居然少了一半,我拿他的签字本一看,他妈妈没签字。问华,他说"不知妈妈为什么没签"。我跟他谈心,表扬他一周来的进步,告诉他,家长很忙,要他自己养成好习惯,不要依赖别人……

教育他是一个方面,我又打电话给他妈妈,提醒她孩子已有进步,请她继续配合。她在电话里就发起火了:"我说过了,这孩子好不了,就像他爸爸……"又是一大堆牢骚。

想一想，华的家庭成员这样有始没终，又不肯面对现实，缺乏自信，对华的影响是可想而知的。

我原以为他们对华要求是极其严格的，我又错了。班干部经常告诉我，他不做眼保健操还捣乱，女同学天天告状，华欺负她们。班上有个弱智的小女孩，个子矮小，华每天都以打她取乐。这天早晨，第一节是语文课，我刚到后门，就看到华正在挨个敲同学的头，他没发现我，居然从最后一排敲到第一排。我批评他，他硬说他没打，只是跟他们玩玩。上课没几分钟，他就踢后面的同学，踩人家的脚（他独坐一张桌子，从没有哪个同学能和他同坐一个月的），我很生气，就临时让他坐在最后一排空位上。

没想到第二节下课时，华的妈妈怒气冲冲地来到办公室。我很惊讶，因为她从不主动来了解情况。我让她坐下来，就听她说："王老师，我儿子又犯错误了？"虽然她的口气故作平静，但看得出来很激动。问她怎么知道的，她不说。我就把华的情况讲了，并告诉她我对华的教育计划，希望她能理解、配合。她不答我的话，气愤地说："班干部和女同学常告状，是因为我儿子不讨喜，只要是坏事，他们心目中首先想到的是我儿子！"她越说越激动，最后气得站了起来……我知道她今天是冲我来的。后来，听学生讲，华的外公常常在教室门口转。我这才明白他妈妈为什么这么快就来了。

平时他们总是说请老师严加管教，可见并不是真心话。其实他们对老师的严格早已不满，他们认为老师一次次家访、请他们来，严重伤了面子。认为是老师与华过不去。我做这么多努力，她不能理解，更不认为是为了挽救华。她这种情绪肯定影响了华，长此以往，我的教育与她的反教育不但完全抵消了，而且随着年龄的增长，华的抵抗情绪将更加严重。因此我发现要想转变华，首先要转变他的家长，和他家长的沟通变得更为重要。

有一次，大雨过后，操场满是积水。下课后，同学们都来到操场玩，华玩得兴起，捡起一块石头砸水，本想溅湿同学，但不巧正好砸在一个跑来的同学头上，顿时，血流如注。卫生老师赶紧带去医院，我打电话通知双方家长。华的外婆在电话里说："孩子送到学校就交给你们了，有什么事，应由学校负责……"

西格莉夫人曾说过：希望你的孩子成为怎样一种人，你就得在自己的言行中争当那种人。因为母亲是孩子的第一任老师。作为母亲，她并不明白这一点。家长不负责任、溺爱袒护孩子、不分是非的做法，害了孩子。华撒谎、欺负弱小、耍赖撒泼的毛病，分析起来，与其家长不无关系。

3. 其家庭成员为人处世的道德观及人格

伯克说："教育的最终目的是培养人格。"其家庭成员的人格对华的影响相当大。华的妈妈每次来学校总是诉说其不幸,工作不稳、挣钱不多、生活困难。但从孩子和她的穿戴看却与她说的相反。有一次华告诉同学,他妈给他找了个后爸,很有钱。她穿着入时,华穿的用的也在全班同学之上。没人问这些事,她本不必说。但她的谎话无形中给华一个印象:妈妈在撒谎。

在华的学习上,进步了,她从不表扬。当有了进步,就说:好是暂时的。没进步,就打骂。她本身就不能正视孩子的错误,有着严重的心理障碍。这样的妈妈教育孩子,怎么能正常?

在生活中,这位家长表现得没有爱心,没有责任心,自由随便,不守规则。不能虚心向他人学习。

我班有一女同学雯,患肾病综合征,需住院治疗,全班同学自发带来了水果、鸡蛋等营养品。我选几个代表与我去医院看望。华喊得最响,我同意让他去,全班同学都叫了起来,说不能让他去。原来全班只有他没带东西。他站起来申辩道:"我要带,妈妈说家里没东西。我要去买,妈妈说:'干吗花钱买东西看别人?'"看来,并不是华没有爱心。我安慰他说,不一定买东西,你可以自制一张贺卡或折几只千纸鹤送给雯,她一定会很高兴的。他答应了。第二天,他什么也没带来,我不知道具体原因,但有一点是明确的,他本来是关心同学的,但由于他家人的影响,他在一点一点地改变,将来可能变成一个冷漠的人。

他种种行为及平时表现,使同学们与他更为疏远。孩子是最耐不住寂寞的,在课间大家都结伴玩耍时,他孤零零地,就忍不住到处捣乱:抢人家的毽子、推倒游戏的同学、躺到同学的游戏场中间,等等。我问他为什么这样,他很有理:他们为什么不带我玩?我找来很多同学问不带华玩的原因,他们都说华玩游戏时好耍赖,不守规则,输了会打人。听到这,我想起一次上思想品德课,讲到遵守社会公德,当我让大家想想见过哪些违反公德的现象,华站起来说:"妈妈骑车从来不看红绿灯。"

华一向自由随便,不守纪律,语文数学课好一点,上其他课则是大喊大叫、满地乱爬,打人说脏话,常常被送来办公室。我一直苦于找不到原因。一次四年级下半学期家长会,学校请了家长委员来作报告,内容是"教子心得",我特地在通知单上注明重要性,请家长务必参加。这次会在大会议室举行,由三、四年级参加。开会前,华的母亲来到办公室,问期中考试华考了多少分,我告诉她开会地点。谁知,开会后,我没发现她。数学老师告诉我她问过数学成绩就下楼了,猜想她回家了。第二天,我问华:"你妈妈怎么不开家长会?"华说:"妈妈常跟老师见面,家长会有什么好开的?"我打电话问华的妈妈,她说:"别人家的经验对我有什么作用? 我家的孩子与别家的不同。"

这就是她的观点,她连一学期一次的家长会都不愿开,又那么自负,别人家的经验又不肯借鉴,这在孩子心目中埋下了隐患:规定可以不遵守,没必要向别人学习。

我班黑板报总是出不好,我就采取了"招标"的办法,自由竞争。结果班上的一个小男孩中标了,他自己忙不过来,华自告奋勇承担画图的任务。我知道后,鼓励他发挥自己的长处。这天中午,因没画完,他放学后接着画,他画得那么投入,我很高兴地陪着他,没想到他外公来了,硬把他叫走了。还说:"是吃饭重要,还是画画重要?"饭晚吃几分钟有什么关系,而培养孩子责任心的机会可不是天天都有的。

华的家长就是这样对孩子进行潜移默化的影响,这给学校实现教育目标带来了极大的困难。

4. 家庭氛围

该生脾气暴躁无常,有时课堂大喊大叫,胡说、恶作剧。

有一次,校长到我班上课,在黑板上写一个科学家的年龄段:20 岁、32 岁、50岁、60 岁,问分别属于什么年龄段。华高高地举起了手,他站起来说 60 岁是婴儿期,说完对全班同学做了个鬼脸,还肆无忌惮地大笑起来。类似的情况经常发生。如果当堂批评他,他会乱发脾气,大吵大闹。家长说原以为孩子有病,可什么都查了,结果是没病。家长没想到从他们自身上找原因。他外公、外婆、妈妈,不管是人格、公德、品质,都存在着不小的问题。家长平时对老师的态度,为人处世的态度,都默默影响着华。

有一回,我找华谈心,当我问到他妈妈的职业时,华说他妈妈没有正式的职业,有时替人家做礼品销售,大多时间在家。早晨很迟才起床,常常打麻将,他常常一人在家写作业。华的妈妈可不这么说,她说她很忙,没有那么多的时间管孩子。经过调查,华说的大多是实情。华没有爸爸,朝夕相处的妈妈居然这样,对孩子的负面影响不言而喻,华上行下效也就不足为奇了。孩子的心理扭曲也在"情理之中"了。

我通过深入了解发现,其实,华的潜意识里是很自卑的,他的家庭不健全,母亲又这样,同学又不喜欢他。他的种种怪异行为,都是为了吸引别人的注意,让别人不要忽视他的存在。这是自尊扭曲变形的结果。

二、采取的对策

马克思说:"人创造环境,环境也创造人。"华生活在这样的家庭环境里,他没法选择。正是这样的环境造就了华现在的情况。毕竟华还小,人生观、世界观还没形成,还可以改变他。我决定利用学校环境对他施加影响。

心理学研究表明,孩子在生活中受到的关心越多,越有利于良好个性的形成和发展。老师要指导帮助学生承受多方面的,尤其是家庭对他造成的不良心理影响,使他适应环境,努力消除父母对他个性的消极影响,使之成为一个心理健康的学生。

1. 正确引导

肯尼迪认为,一个受了不良教育影响的孩童等于失去了方向。华在家庭教育中迷失,学校有责任帮他重新找到正确方向。华从小缺少父爱,在这么特殊的单亲家庭中成长,而家庭教育和学校教育常有冲突。他小小年纪,没有分辨是非的能力,就形成了扭曲的心理,表现为对抗、逆反、自卑、不诚实等。

心病还需心药医。华在平时生活、学习、交往中产生的问题,多属于心理健康问题。心理健康问题的解决,不能一蹴而就,更不能急躁;不能过分批评指责,更不能讽刺打击。要朋友式的谈心、有针对性地梳理、耐心启发、正确引导,发现其闪光点及时表扬,在同学中间树立其正确形象。

2. 家长配合

对华的心理问题,由于根子在家长,因此,多与家长交流,做耐心细致的工作,用恒心和爱心感动家长,要尽最大努力争取家长的支持。当然,也不能把所有希望寄托在此,主要是学校和老师采取主动措施,根据发生的具体情况,采取相应的方法进行心理疏导、治疗。

3. 班主任工作

走进他的心灵,引导他打开心扉,克服心理障碍,展示真实的自我。作为班主任,想方设法理解他,让他觉得老师可信。教师蹲下身来,和他平等地交流沟通,以朋友的身份和他平等相处,亲近他、消除他的敌对意识。

(1) 班干部帮扶。安排班干部进行帮助,每天安排两名中小队干部陪他课间做游戏,宽容他的小毛病,纠正坏习惯。让他摆脱孤立状态,重回正常轨道。把班干部安排在他周围,课堂作业有专门的班干部对其督促、带动、及时上交。家庭作业,采取家校联系本的方式,每天由老师和家长对其表现简单评写(以表扬为主),促其正常习惯的养成。

（2）课堂上，营造轻松和谐的教学环境。发现小错误，尽量用眼神制止，不点名批评，逐渐建立其自尊。简单的问题多让他回答，及时表扬，满足其想出风头的愿望。答错了问题，只引导，不批评，吸引其注意力集中在课堂上。

（3）创设合适的环境，正确引领。我利用中队主题会活动，创造机会，让华有发挥自己才能的机会。他喜欢画画，我让他活动前布置黑板。他很高兴，他在同学面前露了脸；他喜欢讲故事，我给他创造机会；他喜欢折纸，我来个折纸比赛……总之，我努力寻找其闪光点，发挥他的长处，处处树立他的正面典型，让他感到自己也很了不起，老师和同学很喜欢他是因为他的优点，当他再犯错误时就有所顾虑。这样他就在不停地进行自我教育。有一次我找他谈心时证明了这一点。

（4）对比进步法。我在班上找几个和他成绩差不多的同学，让华和他们比较，看谁的进步最大、最快，定期表彰、鼓励。这样，他心里就有一个暗暗较劲的对象。

经过一个多学期的努力，华已有明显进步。作业由原来的基本不做，到现在能做一半以上；原来几乎每天都有老师把他送到我办公室，到现在平均一周有一两次被送来；课间打骂人的现象明显减少。最重要的是他表现出了要求进步的愿望，他有时下课期间会在办公室门口走动，我明白他是在间接告诉我他课间表现很好。有时华的妈妈告诉我，华主动让她到学校来问老师他表现怎么样。这明显是自信的表现。这可是从前没有过的。

不过，心理问题的解决需要一个过程，甚至是一个缓慢的过程。水到渠成、不令而行，潜移默化、春风化雨。有时反复，不能灰心，据其发展，再探对策。要善于等待，坚持不懈。我相信不久的将来，华会成为一名身、心都很健康的孩子。

4. 真情拉近了距离

——一位"疏离感"强的小学生转化的个案报告

一、个案身份

姓名:李勋(化名)　性别:男

出生年月:2001 年 2 月　就读年级:四年级

二、问题行为描述

该生严重自卑、怕吃苦,但是又想表现出天不怕地不怕的形象,因此是个矛盾体。平时爱跟老师唱反调、唱对台戏,上课随便走动说话,和老师严重对立。喜欢欺负同学,厌恶学习,学习有压力时烦躁不安,容易冲动。

三、形成原因

李勋同学的这种情况,首先是家庭的过分纵容、溺爱造成的。

孩子从生下来就是他外婆带的,这孩子的两个舅舅都没有孩子,所以,李勋的外公外婆、两个舅舅都很宠爱他。这个宠爱是要天得天要地得地,要多少钱给多少钱,从小就学会自己出去买零食和玩具。这孩子竟然没有上过幼儿园,是因为他外婆怕他受不了约束。

但是当他上学后,才发现自己什么都比不上同学,学习很吃力,又很不自由。他成绩这么差,又不服从管教,很不讨老师的喜欢,这让他感到很自卑。可是已经养成的优越感和自由散漫的恶习又让他觉得自己应该比其他同学享受更多的爱,再加上前任老师可能没有意识到这些,也就没有适时进行心理辅导,所以形成了一个不可调和的矛盾体。

他妈妈到现在还是溺爱他,每到星期五,他妈妈来接他,很少管他学习,只是满足他一切吃喝玩乐的愿望。

因为李勋的爸爸工作忙,李勋的外婆又常在他耳边说他爸爸如何无能,所以,孩子本能地拒绝他父亲的管教,敌视他爸爸。

孩子的这些缺陷,让老师感到很费神。老师工作都很忙,也很累,这样的孩子要额外分去老师很多的精力,更恼人的是花了时间也不一定能处理好,还要落下一肚子气,家长还不理解,不承认是自己的孩子给老师添了麻烦,反而对老师横加指责。

这样的情况,令老师很不舒服。孩子虽然调皮,但是他还是很敏感的,老师的一个眼神,都能让他感觉到冷漠,他本能地感觉到来自老师的态度,再加上学习很差,就产生强烈的自卑感。于是他自然也就对老师产生了不信任和敌意,和老师的关系也就越来越差,对老师的疏离感就这么形成了。

四、辅导过程

这个孩子的疏离感主要是和老师的疏离感,所以,我首先要改变他和老师的关系。

1. 你想做班级举牌手? 可以!

那是刚开学两周的时间,学校决定进行国庆大阅兵。每个班级都准备好自己班级的阅兵形式、参加人数、口号标语等内容,进行训练,到国庆那一天进行比赛。不少班级都在精心挑选参加的人员,紧锣密鼓地做着各种准备。我们班级人多,我本来想挑选一部分同学参加,但是,想到李勋同学,我突然改变了主意,让全班都参加。因为如果不让李勋参加,就会给他一个印象:这个老师讨厌、嫌弃他,我不能这样做。

于是,我就组织全班同学进行排练,其中包括8个手举标语的同学。8个标语牌是在40公分见方的硬质纸板上印好的彩色大字。训练中,我挑选了8个表现好、反应灵敏的同学做举牌手,我把牌子发到这8个同学手上,开始训练。还没有训练到举牌的环节,就看到队伍后面骚动起来,有同学马上告状:"老师,李勋抢我的牌子!"我一看,李勋的脸都气得歪了,憋得通红,两只眼睛仇视地盯着我。

我立即明白了,据我了解,以孩子现在的状态,接下去就是要爆发了:和老师对打对骂! 为了不扩大事态,我想把牌子都收回来,可是,别的同学都交给我了,只有他,双手紧紧地握着牌子,两眼恶狠狠地看着我,怎么也不松手。我知道硬拿会起冲突,就不再理他,装着若无其事地继续训练,其实我心里在想着对策。

本来放学想留他下来,但是经验告诉我这是绝对行不通的。我尝试过,他根本不理人,连路队都不排,就自己跑了。

我先跟家长沟通,然后回到教室,说:"李勋,你家长来电话说让你在学校等他,一会带你出去有事。"送完路队,我来到教室,他正在教室乱转,看到我把脸扭到一边,情绪非常紧张,与我严重对立。我微笑着说:"平时都是谁接你啊?""你问这干什么?"他警惕地看着我。"老师只是想跟你聊聊,没有其他意思,更不想喊你家长。""没有人接我,我自己到托管班。""那今天老师跟你聊几句,耽误你的时间吗?"他不解地看看我没有说话。

看着他脸色逐渐平静了,我才切入正题:"李勋,你是不是想在阅兵式中举标语牌?"他马上又警惕起来,看看我,犹豫着没有吭声,但是明显坐立不安起来。突然,他抬起头来,说:"我也能举,为什么不让我举?!""老师不知道你想举牌啊,你想举为什么不跟老师说呢?""跟你说也没有用! 你们都不喜欢我!""李勋,老师喜欢每一个同学,你也不例外。知道老师今天为什么要跟你谈话吗? 就是想了解你的想法,你怎么想的,不跟老师说老师怎么满足你的愿望呢? 你今天在操场上抢同学的牌子,就是不文明的行为,老师当时并没有批评你,为什么? 就是想给你留面子,想等同学们走了以后,再和你沟通。你想举标语牌,说明你想为班级争光,只要给老师正确表达,老师怎么会不给你举呢?"

他看着我,眼神变得不再那么对立,说:"你说的是真的?""绝无戏言!""那我明天就可以举牌了吗?""不可以,因为你昨天当着大家的面抢牌子,要是给你举,同学们会有意见。你必须明天当着大家的面给那个同学道歉后,老师才能答应你。你能做到吗?"

他变得犹豫起来,我说:"你考虑一下吧,今天不要回答我,明天早晨来告诉我就行了。"

第二天,我没有急着去问他。到下午,训练前,我开始发牌子了,他着急地看着我,突然对着天空叫了一声:"Sorry!"同学们立即惊奇地看着他。

我知道,对他来说,这已经不容易了,就赶紧说:"李勋同学为昨天的行为道歉了,我们原谅他昨天的行为。"然后我跟一个班干部商量,把举牌的位置让给他。

2. 孩子,做人要守信用

李勋一向放学不排队,课间操时,他高兴就去排排队玩玩,到处捣乱,不高兴拔腿就跑,大家都在升旗或者做操,他满校园乱跑,根本无视学校的纪律,老师说什么他都不听。

有了做举牌手这件事,我就想逐渐给他压力,慢慢约束他不羁的行为。

我们的训练继续进行,自从当了举牌手,李勋坚持每次都来训练,这是一大进步。但是,他在队伍里面左冲右突,搞得前后左右的同学想好好训练都不能,告状声一片。因为思想无法集中,该举牌的时候往往不记得,比别的同学慢,因为举的时间比较长,他怕苦怕累,不能坚持,就举得松松垮垮。

放学后,我又想办法把他留了下来。我说:"当举牌手有什么感受?"他马上就想跑,我一把拉住了他。这次,他没有硬生生拼命挣脱,只是挣扎了几下。我说:"回答老师的问题,举牌是你自己的要求,老师因为喜欢你,才满足你的要求,你连自己强烈要求做的事都做不好,同学们怎么评价你? 以后你提什么要求老师都要考虑是不是能满足你,因为你说话不算数啊,你不是个守信用的孩子!"

"不是的! 我守信用!"

"你既然守信用,答应老师做好举牌手的,可是怎么连遵守纪律都做不到? 还影响到别人。你知道吗,如果你再这样下去,我们班倒数第一是肯定拿了,还有必要参加吗? 你看一、二、四、五班训练得多整齐啊,同学们多么齐心协力,而我们班到现在还忙着整顿纪律,要不我们班级弃权吧?"

"不弃权!"

"老师相信你能做好,我们一起努力好吗?"

"好!"

有了这次谈话,我对李勋有了新的了解,这个孩子不是个什么都不懂的孩子,他心里有自己的想法,只是长期没有人去了解他,再加上家长娇惯溺爱,让他对自己没有了要求,更受不了任何约束。

其实在内心深处,他是有积极向上的要求的,这样的孩子肯定有救! 有了这样的承诺,等于他给自己头上套了紧箍咒。他不好好训练,就没法面对我这个老师,我就是想通过这样的方法挖掘李勋内心深处潜在的正能量,然后再把它内化成这个孩子的品质。

如何把这些潜在的正能量挖掘出来再内化,从而形成一种习惯呢? 这,需要一个缓慢而耐心的过程。

3. 孩子,你和其他同学没有区别

接下来的训练进行得还算顺利。他只是小打小闹,没有闹出什么大的纰漏来。我把他周围换成了表现好的同学,能抵抗他的骚扰,同时,也不断地用眼神制止他,有时实在不行,就再找他谈话,着重告诫他,要和同学齐心协力、团结一致争取年级第一名。

转变的过程是个痛苦的过程,因为他思维的惯性和别人不一样。在家,他要天得天,要地得地,养成了那种骄横的习惯。有一次,他把同学的笔袋扔到了楼下,捡回来发现里面的东西不少都摔坏了,我问他:"你为什么摔别人的东西?"他说:"她碰掉了我的笔袋!""原来是这样,你用了'碰'这个字,说明她不是故意的,但是你摔

东西是故意的,男子汉怎么这样小肚鸡肠? 班级人多,碰掉东西是很正常的事情,这点事都不能原谅啊? 平时你碰掉别的同学的东西,人家也没有这样做啊! 可是你的所作所为都表明你比别人特殊,这直接导致了同学不喜欢跟你玩,老师也不喜欢这样的孩子! 何况你的东西没有坏,但是她的东西让你故意摔坏了,你看怎么办? 是不是以后让王老师也把你看作另类啊? 你被大家排除在外的感觉是不是很好啊?"他低下头不吭声了。

这天,我在周五的总结班会上表扬一周值日做得好的同学,他突然站起来大声叫:"凭什么不让我值日?"我愣了一下,马上反应过来,因为刚接班不熟悉,所以延续了前任班主任的值日表没做调整。我了解过了,同学们说因为李勋什么都不愿意干,再加上他座位上天天特脏,老师就没有安排他做值日。没想到他居然想做值日了。下课,我找来李勋问了他的想法,他说愿意做。我顺势就提出要求:"你想做,说明你是个要求进步的孩子,老师很高兴。但是,老师安排你做值日,你能坚持吗?""我能!""说起来容易,但是做值日不是一次,是每周按时打扫,很辛苦的,你有思想准备吗?""有!"

回答得挺好,但是等到他做值日的时候就有同学来告状,说他拿着扫把打人,根本不扫还捣乱。

我来到教室,正好看到他拿着扫把追打一个同学。我很生气,就把他叫过来说:"你自己要求做值日,但是你第一次就这么做的,你怎么给我解释? 王老师看到你有诚意,就相信了你的话,可是你令老师很失望! 你难道喜欢从前那种样子吗? 大家都把你排除在外,班级什么事都没有你,你是个局外人,同学老师都把你当作另类,就没人要求你做什么值日! 我还是让你回到那种状态吧!"

"不要! 是他惹了我。"

"就算他惹了你还有老师呢,怎么自己的值日工作不做,就忙着打架? 你应该和大家一样享受权利,也和大家一样承担义务,在这方面你和别的同学没有区别,可是当你不愿意承担义务时,你也同时丧失了享受班级荣誉的权利,这也是你一直以来很痛苦的原因,只是你自己心里很混沌,没有那么清楚的意识罢了。"听完我的话,他默默地拿着扫把去打扫卫生了。

4. 孩子,坚持也是一种了不起的品质

有了这一次的教训,下次轮到李勋值日,我都会很注意,悄悄地监视着,虽然他还不太会扫,也扫不干净,但是的确有进步,拿着扫把打架的现象少了。几次监视下来,我就渐渐放松了。可是没过多久,值日组长就跑来说:"老师,李勋不愿意打扫卫生了!"我知道这孩子又厌倦了,他把打扫卫生当作了新鲜好玩的事,发现很枯

燥就不想干了。

我来到教室,他正双手趴在一个同学身上闹腾,看我进来了,看看我,并没有去扫地。我把他叫出来说:"李勋,你自己要求做值日,今天怎么不做了?"

"太烦了,我不想做了!"

"学校、班级是我们生活的环境,你喜欢生活在垃圾堆里吗? 以前不让你做值日,都是别人为你服务,是大家觉得你没有这个能力,现在你用行动证明你能行,怎么能半途而废了呢!? 要知道,坚持,也是一种了不起的品质!"

听完我的话,他什么也没说,起身去拿扫把扫起来。

5. 孩子,学习是我们的立身之本

(1) 纠正畸形自尊,培养自信

这个孩子和老师的疏离感,来自于他畸形的自尊。看起来好像打这个、骂那个的挺强大,实际上他非常自卑,他常常怕别人看不起他而"先发制人"。而他自卑的源头就是学习成绩。由于他长期不做作业、不听讲,一直处在班级倒数一、二名,因此,他的不自信根源于他学业上的挫败感,故此,我想提高其学习成绩,逐渐增强他的自信。

(2) 孩子,你能行——心里暗示,找回自信

这孩子最大的问题是学习。上课了,书也不会拿出来,他不停地玩东西,撕本子、用刀切橡皮、把水杯里的水倒在桌子上再用纸蘸……总之,都是你想不出来的玩法,因此他的座位下面脏得不可收拾。

该写作业了,他不会做,老师无论再怎么制止,他依然旁若无人地下座位到同学那里抄写。别人不给抄,他就打人、骂人,教室常常被他搅得一团糟。

如果不能让他把心思放到学习上,他的所有转变都是脆弱的。因为他对老师的疏离感大多来自学习上的自卑感,所以我决定在这方面下功夫。

因为有了前面的工作,再找他谈话,就顺利一些了。一次上课,我突然喊他回答问题,他连站的意思都没有,依然懒洋洋地坐着说:"我不会!"

这孩子没有受到过任何约束就直接上学了。听说一年级入学后第一天上课,其他孩子进教室了,他根本就不愿意进去。好哄歹哄,进去后老师刚上课,他就跑出大门。老师紧张地到处找,打电话给家长,孩子的爸爸找到他一顿打,再送进去。如此几次,他爸爸知道这孩子与别的孩子不同,从小没有进行规范教育。同事劝他一定下决心管孩子,他爸爸就请了假,送他进学校,就在学校门口找个凳子坐着等他,只要他一偷跑出来,他爸爸就抓住他揍一顿,再送进去。

正是这样特殊的经历,导致李勋现在的叛逆。下课,我找他,他看见我就跑,我

紧走几步拉住他说："跑什么？老师又不是老虎！"我一手拉着他，一边和他说话。他一直处在想挣脱的状态，我一松手他就会跑掉。"你上课在干什么？那么简单的问题都不会，是不是没有听啊？"依然是沉默。我说："老师看出来你很聪明，可是怎么不把聪明的脑袋用在学习上呢？如果你认真听讲，自己什么作业都会做，还要去求同学？你也看见了，你去抄同学们的作业，人家都不乐意啊！再说，老是抄人家的，考试还是不会呀，到时候成绩册上不及格，多难看啊！"

就这样，这个孩子根本就不想学习，他怕苦怕累怕受约束，上课从来不听，但是有题目不会做，就在教室里到处跑着抄人家的，谁不让他抄，他就动手打人，班上同学大都怕他。他越是欺负同学，越说明他的自卑。

针对他的这种情况，我找他谈话，让他明白这样发展下去的后果，让他有改变自己的想法，然后给他灌输一种概念：我能坐得住，我能做到认真听讲，我能自己完成作业，我能和同学好好相处。

(3) 孩子，你真棒——多加表扬，巩固自信

正是因为他上课不听讲，才有了那么多闲事，才会捣乱其他同学听课，自己才什么都学不会，作业才不会做。

我想：要想提高学习成绩，提高他的学习兴趣非常重要，如果他对课堂有了兴趣，一切问题都得到了解决。每个孩子都有自尊，他长期在班级名声不好，才形成了畸形的自尊。要想提高他的兴趣，表扬是最好的办法，可以让他找回自尊。

于是我就找机会表扬他。早晨他到学校很早，我就在批评其他同学迟到的时候表扬他：你看人家李勋家离得那么远，还能来得这么早。他听了乐滋滋的，第一次在课堂上看到他发自内心的羞涩的笑容，我内心很震撼，这么个平时"刀枪不入"的孩子居然在表扬面前那么单纯，我想：孺子可教！

在习字课，我坐在他的身边，看着他写每一个字。给他指点，告诉他一笔一画都能写好。他虽然动来动去，但是基本还是听话的。他每写一个字，我就表扬：看看这字多漂亮！横平竖直，如果这个撇再往里收一点就更漂亮了！我不停地鼓励并且提出新的要求，虽然很慢，但是一堂课下来，也完成了一页纸。下课前，我把他的字放在显示屏上。字虽然并不是那么漂亮，但大家看到平时从来都不完成作业，天天捣乱的同学居然也能认真地写完一页，就给了他热烈的掌声。他又一次羞涩地笑着低下头。

就这样，我时时创造着机会表扬鼓励他，渐渐地，由我的监督，到自己要求自己，由外部动机到内部动机，李勋有了转变。

(4) 孩子,你的朗读和发言很精彩——克服恐惧心理,培养积极心态

渐渐地,李勋不再躲着我,和其他老师的关系也不断得到改善。有一天,他爸爸来到学校,说很感谢我对他孩子的教育,他能感受到来自老师的关心和爱。他孩子昨天回家提到学校的事,说到"王老师"这个词,对别的孩子来说很正常,可是对他来说很不容易,这是他从心里接受我的表现。从前在家里提到老师,他都是直呼这个老师的名字,从来不说是某某老师,所以,他爸爸今天特地来感谢我,知道我肯定付出了很多!

我明白,李勋从心里接受了我,也就会接受我的教育。古人说"亲其师,信其道",就是这个道理。我决定大胆地实施我的教育计划。这孩子和老师说话从来不看老师,两眼闪烁,飘忽不定的,这是不自信的表现,我决定从这里入手。

一天上语文课,我喊他读书,他低着头读,声音显得很小。下课后我找他说:"李勋同学,你应该抬起头来读书,和人谈话时看着对方,这样更有礼貌嘛!"李勋依然低着头:"我读得不好,他们会笑我!"

由于长期的压抑,这个孩子只会在大家面前打闹,课堂上从来没有在大家面前发过言。虽然在各方面都已经有一些进步,但是在课堂上发言,是他内心感到很恐惧的事。

怎么办呢? 相对发言来说,读书更容易一些,我想给他创造一个读书的机会。一堂语文课上,我看他准备比较充分,让他站起来读书,在我的提醒下,他抬头挺胸,认真地读了一节,我赶紧表扬:看看李勋同学,读得多精彩,掌声鼓励! 顿时教室里响起热烈的掌声,他不好意思地红着脸笑了。

有了课堂上读书的底子,我就根据他的水平,也提一些很简单的问题,耐心鼓励他说下去,即使不对,也肯定他的态度很积极,让他逐渐树立信心。

有一次,我布置的是日记,他一向就写两行字。这次,他写了半页纸。我发现是写他爷爷带他去钓鱼的事情,杂乱而无序,还夹杂着很多拼音。我把他叫来,我一边口头给他修改,一边让他写,写好后,又让他读一遍。作文评讲课上,我好好表扬了他一番,还让他自己读给大家听,很是出了一回风头,他高兴得脸都笑红了。

6. 小小男子汉,怎能怕吃苦

(1) 孩子,你能坚持——消除畏难情绪,培养坚强意志

有了好的开头,但是要想让已经养成这样习惯的孩子一下子纠正过来,那几乎是不可能的事。所以,教育工作才是万里长征走完了第一步。

经过表扬鼓励,李勋有了初步自信。但是,当遇到困难,或者是要他持续吃苦才能完成的学习任务时,就马上打退堂鼓了。课堂上的听课也很难坚持,往往听上

10 分钟左右就又开始不安甚至捣乱了。

有一次听写词语,他错了很多。批改好以后,我发给每一个同学订正,他的错误特别多,几乎一半都是叉,他拿到本子脸色就变了,把本子狠狠扔到地上,说:"我订正个屁!"然后就回到座位继续玩。我看他情绪稍稍平复一些,就捡起本子走到他面前轻轻地说:"孩子,你肯定能坚持订正完! 老师陪着你!"他抬头看看我,并没有接本子。我替他打开,找到语文书,翻到那一课,说:"不会没关系,订正几遍就记住了,每一个同学都是从不会到会的!"他虽然没有开始订正,但是情绪缓和多了,我没有逼他马上订正,而是悄悄离开,给他一个台阶下。过一会我偷偷看他,果然,他开始订正了。

拿到他订正好的本子,虽然字迹潦草,但是他毕竟订正了,我还是大大表扬了他一番,他听了心里很受用。

(2) 孩子,你也可以很优秀——循序渐进,阶梯式进步

当李勋取得了成绩,完成了有难度的作业,我都及时给予当众肯定。这样,让他感觉到自己辛勤的劳动成果得到了老师的表扬、同学们的认可,精神上就会产生一种满足,当他再次遇到困难的时候,这个过往的经验就会支撑他再次克服困难,完成任务。

当他作业能坚持每天完成,基于他的要求,给了他一个收语文作业的小组长的职务,这对他是一种激励,更是一种约束。

我此举是希望他在做这个工作的时候会产生一种自豪感:我也能为大家服务了,我也很优秀!

就这样自信心一天天提高,一个学期下来,他各方面都有了长足的进步。

7. 我也是老师喜欢的孩子——老师信任你,你也会信任老师

李勋的自卑感很大一部分来自学校,来自老师。虽然表面上看起来他放荡不羁,老师是否喜欢他,依然是他内心衡量自己好坏的标准。

从我和他的接触、对他的了解来看,感觉他很在乎老师对他的评价。

一次,我们班级进行一个单元生词的听写,中午吃过饭,我让语文课代表到办公室帮我。他吃过饭正在办公室门口玩,看到这些,就趴在窗户玻璃外看着,很羡慕的样子。我灵机一动,喊他进来,问他:"你想帮助老师做事吗?"

"我能做吗?"

"当然能! 你就帮老师把分数输到电脑上,按照名单一个一个输进去,千万别看错了。"

教给他方法,他就认真输起来。一会功夫,他就高兴地宣告:"我输好了!"我发

给他一颗巧克力作为奖励,他高兴地回到班级炫耀。

过了一段时间,早晨我收午餐费,讲台上都是钱,我正忙着按名单收,他跑过来了,说:"老师,我想换20元的硬币。"我接过来他的20元纸币,让他自己在桌子上拿硬币,他拿好了让我看,我说:"自己数,老师忙着呢!"他犹豫着说:"老师,你不怕我多拿?""多拿?你会吗?老师相信你!"接着我就忙着收钱了。他拿着一把硬币慢慢回去了。一会,他又回来了,说:"老师我回去又数了一遍,发现多拿了1块钱。"我轻描淡写地说:"好的,放那吧。"然后他就不走了,一直站在我旁边看着我找钱,一会告诉我找谁多了一块,一会又跑到另一个同学那里数我找给的钱,生怕谁多拿了老师的钱。我虽然忙着收钱,心里却是很不平静,感动异常!

很显然,这件事说明老师很信任他,他心里是不平静的。所以才有了帮我数钱这件事。至于他是不是多拿了我一块钱,我想:也许他根本就没有多拿,他又给我的那一块钱可能是他自己的。因为后来我交钱时多出来一块钱。

这件事以后,他有时会出现在办公室门口,看着里面,有时还会问:"老师有什么事要我做吗?"

我想:这是信任的力量,他感觉得到老师的信任,他自己就更信任老师了。我的教育计划实施起来更有信心了。

苏霍姆林斯基说:儿童每天都在亲身感受教师的行为举止,并在他们的心灵深处做出最细腻的情感反应。

我真正感受到这句名言的力量!

8. 家长也要改变教育方式

(1) 家校配合、心理咨询,摒弃不良习惯。正是家庭的教育方式的不当,才导致李勋这个孩子的畸形心理,才导致他对老师的疏离,所以,要想教育好这个孩子,和家长的沟通必不可少。

我多次约见家长,谈孩子的学习、习惯等问题,通过沟通,家长也能明白溺爱的坏处,答应大力支持老师的工作,积极配合老师教育好孩子。

(2) 引导孩子到心理咨询室进行心理咨询,让他把心中的块垒发泄出来,让他不断释放心里的压力和不满,让他感觉到老师和他是亲近的,消除疏离感,建立信任感。

对小学生心理疏导非常重要,早在1999年8月,教育部在《关于加强中小学心理健康教育的若干意见》中指出:学校对每个教师都应提出重视对学生进行心理健康教育的要求,使教师树立关心学生心理健康的意识,要创设和建构一个心理健康的良好环境。学校的每一位教师都应成为学生的良师益友。我们第一中心小学有完善的心理辅导体系,通过心理辅导课、心理咨询、咨询信箱等形式进行多样的心理教育活动。我引导孩子进行各种咨询,帮助他释除因"疏离感"造成的心理隔阂、偏见、猜疑和孤独等障碍,一个学年下来,在各方面的努力下,收效良好。

五、辅导效果

李勋在各方面的进步,令任课老师刮目相看。老师们纷纷来问我采取了什么方法征服了这个昔日的"魔王"。

其实不能说征服,应该说是他服了我的管教。他还是常常犯错误,我也常常找他谈话。但是我没有了那种提心吊胆的感觉,没有了怕他什么时候会爆发的担心。原来当他犯了错,谁说他,他就和谁吵闹甚至动手,不服任何人管教,曾经因为上课时间随便出教室往校外跑,老师求助于校长,我们的校长在后面追,他在前面跑。他回头看看校长快要跟上了,就赶紧跑几步,看到校长离他还远,他就停下来,打着手势:你来呀,过来呀! 把校长气得要命!

现在当他犯了错误,我只要用眼睛一看他,他立即低下头,知道自己错了,当我找他谈话,也不逃跑了。让他留下来,他就老老实实在办公室等我。他有错误马上就承认,并且当时就表示改正。

这样的表现已经完全是个正常的孩子,成长中的孩子犯错误是不可避免的,关键是他不拒绝教育,这就是效果。

六、下一步打算

对于李勋的进步我并不满足,目前,他和老师的疏离感虽然消除了不少,但由于以前的积累,他课堂上不能集中所有的精力听课,还常有走神现象发生;作业书写虽然有很大进步,但是还需要进一步纠正;遇到困难还会叫苦叫累,缺乏持之以恒的精神;成绩虽然有很大进步,但是并不理想。所以,我准备继续多跟踪疏导,引导他要有足够的能力和无畏的精神去面对未来的竞争、挫折,要相信自己有能力做好规定的功课,相信自己有完成学习任务的意志,不断战胜和完善自我,保持积极向上的心态。

七、思考

孩子对老师的疏离感源自家长无原则的溺爱。

青少年的"疏离感"(Alienation)在国外研究中已经较为普遍,但在国内目前有关距离感问题的研究还鲜见。国外的一些研究结论得出,青少年疏离感与问题行为、犯罪行为之间成正比关系，即疏离感表现越强烈，问题行为越多。

那么，究竟什么是疏离感呢？疏离感是指个体与社会、他人、自然以及自己等各种关系网络之间，由于正常关系发生疏远，甚至被支配、控制，从而使个体产生社会孤独感、不可控制感、无意义感、压迫拘束感、自我疏离感等消极情感。毫无疑问，小学生"成人疏离感"就是指小学生与成人（家长与教师是学生交往最多的成人）关系与情感的疏离，并由此产生孤独失助等心理障碍。国内相关研究显示，中学生的心理压力及由此引起的心理健康问题的主要原因，是父母不当的养育方式和教师不规范的育人行为造成的。

这个孩子的父母亲关系一直紧张，再加上孩子外公外婆时常在孩子耳边强化对孩子父亲的蔑视，孩子在一定程度上，心灵已经扭曲。

心理学研究表明，家庭内部的联系常常被看作一种塑造孩子行为的过程。在大多数研究中，研究者们都试图弄清父母的特征、态度、育儿活动与儿童的人格、认知与社会发展之间的关系。父母的行为决定或铸就了儿童的行为。

霍夫曼提出"信息加工模型"来说明内化过程。他认为"纪律训练"是亲子关系中影响道德发展的主要事件。儿童对越轨行为的抑制能否持久依赖于父母对于儿童采用的纪律训练方法。

霍夫曼与李帕都认为，要长期有效地影响儿童的行为，必须有父母对儿童的控制和父母与儿童的沟通。父母与儿童的沟通必须适合儿童社会认知能力的发展水平，这样传递的信息才能为儿童所理解。

孩子的妈妈对他爸爸不满，父母长期分居，当然也不可能在教育孩子方面进行沟通。而爸爸在孩子心目中没有地位，孩子自然不会听从爸爸的话，爸爸的养教方式也多是打骂，和孩子的沟通很少。

法国思想家卢梭在《爱弥尔》中说：人生当中最危险的一段时间是从出生到12岁。在这段时间中还不采取摧毁种种错误和恶习的手段的话，它们就会发芽滋长，及至以后采取手段去改的时候，它们已经扎下了深根，以致永远也拔不掉。这个孩子从出生到6岁都是完全在这样一个非正常家庭中长大，看着物质上好像什么都不缺，而他缺的恰恰是最重要的东西。

父母对孩子仅有一方面的爱还不足以保证儿童积极的社会性发展。要想让儿童成长为具有较强社会能力和认知能力的个体，父母必须有一定程度的限制。这个孩子就是缺少这样的限制。

入学后，让孩子感受到家长和老师教育态度上冰火两重天的差别。孩子对老师的疏离感，源于家长的无原则的溺爱，源于老师对孩子的不认同。老师的一言一行都反映着老师的态度,孩子很敏感,能准确接收到来自老师的各种信息:是喜欢还是讨厌,是信任还是疏离。所以,老师在训练孩子遵守规则的过程中对已有距离感的孩子要区别对待。要多了解、研究孩子形成目前状态的成因,针对问题,多倾注爱心、耐心、恒心,用爱心感化他,用行动帮助他,让他感受到来自老师的爱。当他从心底能接受老师,再去纠正他的不良行为,效果就会明显,和老师的关系也不会僵化。

八、启示与体会

1. 用智慧让孩子自信

实践证明,只要我们根据学生心理发展的特点和身心发展规律,有针对性地实施心理教育,对有心理障碍的学生多关心,采取宽容的态度,用激励、赏识的教育方式,为他们创造宽松、愉悦的学习环境,这样就能真正帮助那些厌学的学生,让他们身心健康成长,也就是说,我们可以用智慧让孩子变得更加自信。

2. 用行动让孩子认同

从日常的教育实践可以看出,说得多不如用心去做,因此,老师的一举一动,甚至一个眼神、一个微笑、一句赞美、一次信任等,都会对学生产生潜移默化的影响。老师用行动证明了对学生的关心、爱护,学生才会渐渐认同老师的教导,慢慢进步。

3. 用真心让孩子感动

作为老师,应该放下架子,蹲下来与他们平等地进行交流,让他们感受到老师的真心,不知不觉中他们就会把老师当作知心朋友,就会主动接受老师的教导,也就会改正自身存在的问题,朝着健康的方向发展。

4. 用诚心和家长沟通

既然孩子问题的始作俑者是家长,那教育过程中家长的配合就是必需的。首先要和家长有效沟通。一般来说,这样的孩子,家长也存在一定的问题,工作的方式方法要正确选择。不能采取那种指责、教训的方式来激化矛盾,而应该根据家长的实际情况采取先跟后带的方式方法,让他先接受老师,然后再谈问题。如果一开始就直击问题,家长会误以为你对他家孩子有成见,那样形成了对立,就很难消除成见。

但是要渐渐让家长明白:假若孩子在实际生活中确信,他的任性要求都能得到满足,他的无理要求并未招致任何不愉快的后果,那么他就渐渐习惯于顽皮、任性、捣乱,之后就慢慢认为这是理所当然的,最后变成一种习惯。

所以家长在这方面不能做一个纵"火"的人。

5. 用成功激发潜能

当学生很消极时,带领学生体验成功的快乐很重要。孩子有了成功的经验,就会反复咀嚼其中的滋味,必然会促使自己再次去享受成功,那么,他就心甘情愿为之付出。老师把学生引上这条路,就会事半功倍。当学生一次次体会到成功的乐趣,就激发出潜伏在身体中的上进因素,往往会收到意想不到的良好效果。

苏霍姆林斯基说:一个好教师意味着什么? 首先意味着他是这样的人:他热爱孩子,感到跟孩子交往是一种乐趣,相信每个孩子都能成为一个好人,善于跟他们交朋友,关心孩子的快乐和悲伤,了解孩子的心灵,时刻都不忘记自己也曾是个孩子。

真正理解这句话,是在工作和生活中,学生对教师的疏离就是对教师工作最严厉的批评!

5. 行为习惯异常孩子个案心理分析

一、异常表现

小明是单亲家庭的孩子,从三年级接班到现在已两年,不论与谁同座位,多则不超过一个月,少则两三天,别人就忍无可忍地提出调座位。原因大多是他欺负别人。不论上课、下课,他总是想方设法地攻击别人,往往是掐、打、踢,再则用笔在同学洁白的衬衣上涂画,等等。除了对同座位的骚扰,全班甚至低年级的同学也遭其攻击。每天都有不少同学来告状,他打人、拿书包砸人、扰乱别人的游戏,放学路上,跟踪打骂女同学等,凡是他能想出来的,都能做出来。虽然我多次苦口婆心地教育、调解、劝说,晓之以理,动之以情,但几乎无效。

二、深入了解

他的这种表现令人头疼,我见说服教育无效,就想了解深层原因,多次家访,与其家长交流情况。

从家访中,有许多新的感悟。

家访实录:

家长:王老师,您能来访,这么关心我的孩子,我打心里感激,从你昨天晚上给我打电话说要来,我就很不安。他小姨和他外婆说,这孩子简直没法教育,就是老师来家访又有什么作用呢?我不太相信我们的沟通会有助于孩子行为习惯的改变。你看,我盯紧了他就没事,我一放,他就什么作业都不做。还常常有同学来家告状说他打人,毁坏别人的东西。我问他为什么,他说,没有一个人跟他玩儿。这算什么理由呢!你我做了这么长时间的努力有什么用呢?

师:是的,的确没人跟他玩。谁敢跟他玩呢?他什么事都要占便宜,都要别人让着他,稍不如意,就大打出手,打不过就耍赖。但是,作为孩子的班主任、语文老师,我不同意你的看法。无论如何我们都不能放弃这个孩子,没把孩子教育好,那是我们的责任,是做老师和家长的失败。不能把我们的过失强加到孩子的头上。

我们现在不能按常规方法教育这个孩子,要找出造成这个孩子异常的根本原因,这也是我今天来访的目的所在。我们努力的方向就是让孩子能正常地与人沟通、交流、交朋友,而不是现在这样孤独无依。

家长:根本原因是什么呢?我可没有亏待过他。虽说他没有爸爸,但在吃、穿、用方面我从没亏过他。

师:满足物质上的需求只是养育孩子的很小的一个方面。还有很多问题,比如品德的培养,行为习惯的养成,人生观、世界观的形成,等等。养育孩子是一个复杂的工程,所以孩子形成今天这些问题,也不可能是一个方面的原因,家庭、社会、学校都有不可推卸的责任。当然这也不是一朝一夕能形成的,有一个长期积累的过程。你想通过一种办法,一下子让他变好,有可能吗?

要想彻底改变孩子某些方面的不良习惯,就要找到问题的根子,对症下药。即使这样,也需要一个漫长的过程。老师和家长都要有这个心理准备。我们只能边教育边探索,以便找到更有效的方法。如果像你讲的感觉没有用就放弃,不相信我们有能力扭转他的偏激和错误,那不是我们对孩子不负责任吗?

家长:我当然愿意配合,但我们什么办法都用过了,以前是打板子,现在我改变了方法,已一年多没碰他一下了,他犯了错就好好跟他说,但费了半天力,最后还是没有用!

师:你这有点走极端,教育不是惩罚,但教育不能没有惩戒。只是惩罚,会让孩子丧失信心;没有惩戒,就不能让孩子养成责任感和规则意识。我们尽量避免做无用功,但不去试试怎么知道有没有用呢?我们必须努力,找到根本原因,找到影响孩子性格的关键因素,才能找到恰当的教育方法。

孩子生活在一个特殊的环境中,他存在一些心理缺陷不难理解。从前他还小,不太明白,现在知道要面子。以前别人问他父母的事,他会毫无顾忌地大谈父母离婚等事情,如今谁要问他,他会极力掩饰。看来,他已经意识到没有父亲的关爱不是一件好事,并隐隐有一种自卑感。

前两天,他和一个同学打了起来,半天才拉开,原因是这个同学说他没有爸爸。由此我想到,虽然他小时候没有意识到父亲这一角色对他的重要性,但是,并不能说对他形成现在的情形没有影响。

家长:是的,前两天他告诉我,数学陈老师问他父亲的事,他只说父亲下岗了。旁边一个老师嘴快,告诉陈老师他父母离婚了。他回家后说那个老师嘴臭,干吗把爸爸妈妈离婚的事告诉陈老师。从这我也看出,他已经意识到家庭的不健全。

师:我想问一个问题,他小时候见过他爸爸吗?交流过吗?

家长：他刚生下来，我们就离婚了，到现在我都没让他爸爸见过他。虽然他爸爸提出要看他，但我怕因此教育孩子有困难，对孩子有不良影响，就拒绝了。这真会对他的性格有影响吗？

师：你知道，孩子现在大了，意识到家庭与别人的不一样，看到别的同学是父母共有的宝贝，而自己只是妈妈的宝贝，才感到自己的不幸。缺少父爱，对他性格的形成有没有影响？答案是肯定的，只是这种影响是隐蔽的，影响的大小与孩子的内在本质特点有关。

因此我建议别再阻拦他们父子见面。让他适时与他父亲沟通，建立一定的感情。虽然比不上其他正常家庭，但至少也是一种补救。

家长：那我就试试吧！

师：至于还要做什么工作，我们再联系。

三、病因分析

回来后，我就陷入了深思。联想到这孩子的种种怪异行为，又不禁想起小明妈妈平时对他的教育。

他在班上人缘很差，毫不夸张地说，全班没有一个人愿意跟他玩。每当下课，他就一个人转来转去，转到哪儿捣乱到哪儿。

他妈妈讲，幼儿园时，就到处搞破坏，打骂同学，连教室的空调都被他搞坏了，被老师赶出幼儿园，勒令他转学，他妈妈因此也吵过、闹过、告过状，好不容易才上完幼儿园。

就是这样，他妈妈只顾怪别人，却很少想到作为家长的责任。

为此我专门查阅了有关心理学书籍。

对小明性格缺陷的研究可以追溯到他的婴儿期。

研究表明，孩子在婴儿期不仅对自己的母亲发生依恋，而且对父亲也发生依恋。现在的父亲对婴儿早期生活起着更为积极的作用，他们能够极快地对孩子产生一种依恋，同时也成为婴儿的依恋对象。婴儿在第一年的后期对父亲的依恋与对母亲的依恋同样多。但可怜的是像小明这样的孩子却连父亲的面都没有见过。

父亲、母亲对孩子的成长各自起着不可替代的作用。婴儿的主要看护人是母亲，父亲的主要角色是作为孩子的游戏伙伴。父亲与婴儿一起做游戏的时间相当于照顾他们时间的4～5倍。父亲们更多地玩一些不常见的、激发体力的游戏，游戏中往往忙作一团。母亲常玩较方便的游戏，如躲猫猫等。这些风格上的差异一直持续到孩子4岁以后。有一项研究，让一岁多的孩子选择游戏对象，孩子会更多的选择父亲,就是因为父亲是更富于刺激性、更富于变化的游戏伙伴。

可见,父亲与母亲一样,都是重要的依恋对象,在婴儿的早期社会性和情绪发展中起着重要的作用。

早期亲子依恋的质量是否对儿童以后的认知和社会性适应产生影响呢?研究发现,早期与依恋对象的社会性相互作用确实塑造了儿童后来的行为。

在认知发展中,健全的家庭中成长的儿童,会形成"安全型"依恋者。早期"安全型"依恋者在两岁时产生更多的复杂探索行为。随着儿童的发展,这种理智上的好奇心在问题解决情景中反映为高度投入的持久性和愉快感;而不健全的家庭成长起来的儿童,多会形成"不安全型"依恋儿童。而早期曾是"不安全型"的孩子则没有这些表现。

在同伴关系方面,早期安全型和不安全型依恋的儿童以后各自发展为很不相同的社会性和情绪性模式。斯鲁法(Srowfe,1983)对40名儿童从几个月追踪到3.5岁。教师评定在12个月时被测定为安全型依恋的儿童自尊、同情和积极性情感较高,消极性情感较低。尤其是安全型依恋的婴儿更多地以积极性情感来发动、响应和维持与他人的相互作用。同样,这些儿童的攻击性低,对新鲜活动表现出较少的消极反应,更具有社会竞争能力和社会技能,他们的朋友人数更多。儿童们自己的看法也表明:安全型依恋儿童被同伴认为比不安全型依恋的儿童更容易接触。母子关系的质量显然与同伴相互作用有关。这已经表明,与成人的安全关系将促进良好的同伴关系。

从以上研究可以看出,小明就是典型的不安全型依恋儿童。从他妈妈的叙述中可知,他从上幼儿园就显现出他的不安全因素,特别是攻击性和破坏性,以及对事物认知的厌烦和障碍。他没有父亲的疼爱,母亲对他的教育也不得法,不是打骂,就是放弃不管,和孩子的关系不和谐。作为单亲家庭中孩子唯一的榜样,他妈妈是不成熟的,对孩子的影响是消极的。

不少孩子对表扬很敏感,往往能起到激励的作用。但对小明,几乎毫无作用。有时我特意找机会表扬他,他无动于衷,甚至马上就会犯更大的错误;犯了错误批评他,他也无所谓。你的话音刚落,他就说笑如常。

心理学研究表明,缺乏与父母的接触容易表现出依恋障碍,对于年龄较大的儿童,则与冲动性、攻击性、不顺从、易怒和低自尊相联系。小明就是典型的这类表现者。

纵向研究发现,对于男孩,1岁时的不安全型依恋是与6岁时的适应不良和行为问题相联系的。那些形成了不安全型依恋并且朋友网络又小的男孩,以后更容易出问题。较大的朋友网络对于家庭关系不良的儿童能起到发展中的缓冲作用。这项研究不仅强调了依恋对以后行为的重要性,而且指出了考虑儿童在家庭以外的社会关系对于预测儿童长期行为的必要性。

对父母的健康依恋将会促进儿童对社会环境和物理环境奥秘的探索、好奇。同时,早期依恋对日后发展与同伴间成熟的感情关系确实产生了重要的影响。

家庭内部的联系常常被看作一种塑造孩子行为的过程。在大多数研究中,研究者们都试图弄清父母的特征、态度、育儿活动与儿童的人格、认知与社会发展之间的关系。父母的行为决定或铸就了儿童的行为。

小明的这些消极不满情绪都与他母亲的教育密切相关。通过与他妈妈的一次次接触,我充分意识到了这一点。小明的妈妈是个下岗工人,没有什么文化,常年与孩子的外公外婆一起住。两位老人无原则地溺爱他,现在他妈妈经常在外跑些小生意,没有固定时间回家。孩子常常放学不回家,到处玩,处于没人管的状态。再加上他妈妈言行粗鲁,常对孩子灌输些不健康的思想,导致孩子更加不合群。

小明虽然从小待人接物就不友善,总是存在敌意,但有时也会有爱心。比如去年我班同学李静生肝病住院,同学们都带来了各种小礼物,有自己的心爱物、有自己动手制作的卡片、千纸鹤,还有的买了营养品等。他也要去看,同学们一致反对。原因是他什么都没准备。我问他原因,他说他要带两个鸡蛋,但妈妈说:"你真傻,为什么给别人? 还不如留着自己吃。"为了鼓励他的爱心,我说:"那你为什么不动手做张卡片呢? 明天你带卡片来,老师带你去。"他答应了。但第二天,他什么也没带来。同学们说他不守信用。像这类的事还有不少。

通过与他妈妈的多次接触,我了解到最近一年,他妈妈一改过去不打就骂的方法,走向另一个极端:不管他犯什么错误,从不责备他。前两天,我打电话给她,让她协助小明把作业补起来,并告诉她我会让小明带条子给她,让她记得跟小明要。结果到了下午,我要回条,他妈妈只在条子上签了个"阅",少做的作业一点也没补。还有一次,同学们都在课堂内完成了规定的作业,小明只顾着玩,没做好。放学我让小明补完再走。他妈妈来接他,给他求情,要求让他回家吃饭,等回家再给他补作业。她不明白这样做的结果只会使孩子更没有纪律性,更没有责任感。她也不问为什么别人都做好了,他却没做好。这更助长了他的恶习。

霍夫曼(M. Hoffman)提出"信息加工模型"来说明内化过程。他认为"纪律训练"是亲子关系中影响道德发展的主要事件。儿童对越轨行为的抑制能否持久依赖于父母对于儿童采用的纪律训练方法。

霍夫曼与李帕都认为,要长期有效地影响儿童的行为,必须有父母对儿童的控制和父母与儿童的沟通。父母与儿童的沟通必须适合儿童社会认知能力的发展水平,这样传递的信息才能为儿童所理解。

小明的妈妈认为有很好的物质条件再加上溺爱就能感化他,她不认为纪律、道德对孩子的健康发展有什么作用,这就越来越偏离正确、健康的发展轨道。

父母对孩子的控制仅有一方面的爱还不足以保证儿童积极的社会性发展。要想儿童成长为具有较强社会能力和认知能力的个体,父母必须有一定程度的控制。但是,应牢记的是,儿童发展的最终目标是自我控制而不是由外部管制。父母极端的限制和宽容都会导致发展不良。

四、研究对策

从以上的交流和分析可以看出,造成小明行为异常的家庭因素主要有两个方面:一是先天的不健康的家庭环境,二是家长的言传身教的后天教育方式。

作为教育者,我们应做些什么工作来补救呢?

1. 同家长达成共识,让孩子与他爸爸多沟通,让他感受到来自家庭的关爱。

2. 让家庭的其他成员在孩子面前表现出积极健康的一面,培养孩子的爱心,多进行正面教育。

3. 学校要发挥教育惩戒的作用,联合家长对孩子进行纪律训练(注意对学生的惩戒要适度)。

4. 发挥学校的教育功能。根据他好动、好表现、善于演讲辩论等特点,引导他的兴趣转移到健康的事物上,如读故事书,编故事比赛,辩论比赛,演讲比赛,让他尝到被尊重的甜头,树立他的自尊和自信心。

边实践、边摸索,适时改进调整,以求找到最切实有效的教育途径。

6. 孤僻恐惧型孩子心理个案研究

一、该生情况

郭晓晓,女,六年级学生。

该生平时不声不响,学习中等。与同学相处困难。对社会、班级上的现象,只能看到阴暗的一面,有点愤世嫉俗。据家长反映,孩子常常莫名其妙地恐惧。

二、家庭情况

郭晓晓刚出生一个月,父母离异,由其农村的奶奶带大,后来到了上学的年龄才来到南京。在四年级以前,母亲从未来看过她,爸爸一直把她寄放在一个中年人家里。那个家庭是三口之家,有个二十岁的儿子,她却与那夫妻俩共住一间。其间换过一家,但情况相似。她父亲早有了新家,这样直到六年级,在我的劝说下,她才得以回家住。

三、病因分析

1. 在校表现

有一次我布置一篇作文,题目《我的××》,她写的是她的奶奶,文中说奶奶很疼爱她,她一放假就到奶奶家。但是通篇文章里找不出奶奶疼爱她的根据。文中列举了几个例子,都是说她调皮,奶奶怎样打她。一次她到小河边洗衣,一不小心滑到了河里,湿了衣服,奶奶就破口大骂,拿着扫把满街追着她打……看了她写的文章,让人怎么也无法和奶奶疼爱她扯到一起去。

还有一次,她在日记中写到了社会上的现象,她谈到了现在社会上的人怎么油滑、怎样坏、虚伪、变着法坑人,并由此联想到班级里的不良现象……总之,在她眼中,一切都呈现出反面的东西、消极的一面。她的爸爸也忧心忡忡地告诉我,她满脑子都是社会的阴暗面。

她大多时候中午在学校吃饭。我发现班上新来的一个女孩小虹天天和她在一起玩,但几星期过后,两人就各玩各的了!因她一向没有玩伴,所以我很希望她与新来的女孩成为好朋友。我问她为什么不和小虹玩了,她说小虹这个人不好,我问她具体哪方面不好,她就不肯讲了。

也许是没人过问的原因,她整天穿得脏脏的,衣服皱巴巴的,连鞋子都是那么不合适。有一阵,她的头发又脏又长,辫子扎得歪巴巴的,连发绳都黑乎乎的,下课后我把她叫过来,和她商量:"你的头发太长了,这样扎的效果不太好,我给你剪短点好不好?"她听了往后一躲,头直摇,一副很害怕的样子。我连忙说:"好吧,随你愿不愿剪,老师只是给你提个建议。"她听了赶忙跑开了。

我曾多次试着和她谈心,但从未进入她的心灵。她总是把心灵关闭得死死的,平时独自一个人玩,神情忧郁,很不合群。

2. 成长环境

纵观该生的成长历程,是在缺少爱、缺少友情的环境下长大的。家庭结构极不正常,小小年纪处于半流浪状态。寄居在别人家里,常常一两个月见不到爸爸,虽然她爸爸给钱了,但难免有寄人篱下的感觉。这么小的一个女孩子,要承受大人都难以承受的痛苦,又没有朋友,没有供她倾诉的亲人,长期憋闷在心里,多么可怕!

特别难受的是,她从一年级就看到别的孩子家长都是接送到校门口,千叮咛万嘱咐,下雨天看到别的家长把雨伞送到学校,她心里是何等悲哀!她从小就在这种心理落差下长大,她心里承受的种种孤独、无助,已令她对一切皆有怨言。连拉扯她长大成人的奶奶也对她非打即骂,妈妈与她同在一个城市,从没来学校看看她、问问她的学习,爸爸又找了对象结婚了,不接她回家,她肯定有一种被遗弃的感觉。听她爸爸说她回家后常常无理取闹,我明白这也是一种发泄。她太压抑了,而且没有地方释放。

四、采取措施

1. 让其发现自己的价值

获悉了郭晓晓的全部情况,我就在想:一定可以用什么办法打开她的心灵。她从懂事起就认为妈妈不要她,爸爸不让她回家,因此就有这么个心理定势:她是多余的,别人都不需要她。以什么做突破口呢?我看她每到下课就在门口晃来晃去,没有人跟她玩,无所事事。恰巧,大队辅导员让我找两个放眼保健操的同学,要求有责任心。我马上就想到她,我找她来到办公室,问她:"老师想请你帮个忙,不知你愿不愿意?"她惊喜地立马应承下来,我让另一个中队干部与她一起做,并暗地里告诉这个同学,多让她做,不会的要耐心教她。对她要友好,做错了也别责怪她。这个中队干部按照我说的去做了,大多让她操作,不会的再做指点。很快,她就学会了操作。

自从郭晓晓接受这个任务后,从没忘过。一下课就跑过去做准备,兢兢业业,人也开朗多了,有时和这个中队干部边说边笑着下楼。我看了,心里很高兴。她觉得自己是个有用的人,有人需要她了,脸上偶尔也有了笑容。

2. 让其感受家庭温暖

但是这只是一点点小的突破,虽可喜,但还远远不够。我很希望郭晓晓能像个正常人一样与同学交往,不要把自己包裹在茧子里。

我知道,因为家庭原因,郭晓晓不与同学交往,主要是她有一种强烈的自卑心理,感觉处处不如人。如何让她从这个阴影里走出来,树立起自尊、自信呢?解铃还需系铃人。我找到她爸爸,与她爸爸做了一次长谈。谈到他女儿的这个情况,他也赞同我的看法。我又给他陈述了利害关系,希望他能配合,他答应了。此时,六年级已开学,她爸爸把她接回了家。她挺高兴的。但没过多久,我发现她又沉默了。找到她了解情况,她什么也不说,她爸爸告诉我,没有办法,她老与阿姨(后妈)合不来,吵架,只好把她又送回寄养的那家去了。

3. 心理疏导

知道这个情况,我一方面做郭晓晓父亲的工作,让他在中间协调一下关系,另一方面,我又和她深谈了一次。问她为什么与阿姨合不来,她告诉我阿姨怎么没帮她做这做那,阿姨怎么怎么不好。我让她说具体点,她不肯,我又找她爸爸谈,才知道有时根本就是她心情不好故意胡闹,她爸爸还问了她在学校是不是受谁的气了。

针对这个情况,我又找郭晓晓谈了一次,告诉她要学会宽容,在这个家庭里,每个人都是独立的个体,不可能彼此一样。要想相处和睦,就得互相迁就。不能事事以自我为中心等等,还给她举了很多我自己生活中的例子。

终于,经过多方努力,她又回到了自己家里。后来经过了解,她的表现的确比过去好多了,她爸爸说,她如今可以同阿姨和睦相处了,虽然还不能很好地沟通。

同时,我发现郭晓晓在学校与同学相处方面也好多了。有时也能看到她与同学一起跳绳、做做游戏等。

4. 让其尝到成功甜头

为了进一步帮助郭晓晓,我让她当上了语文小组长,她每天早晨必须来收本子,必须和每个同学打交道。她总是尽职尽责,我趁机多表扬、鼓励她。我还联合其他老师,如数学、英语老师多让她做事,多给予她表现机会,适时肯定其成绩,让她从多方面感受别人对她的赏识、认同,重视她的存在,认识到自己的价值,明白自己是多么重要等,树立自信、自尊。

渐渐地,郭晓晓上课发言次数多了,在得到老师的肯定后,积极性大增。原来作文不好,现在居然也能写出几篇精彩的文章。有一次,我看到她的日记上写早晨起来买早点,在路上的所见所闻,都是令人赏心悦目的晨景,没有写那些阴暗的社会现象。为了鼓励她,我特地在班上读了她的作文。看着她自豪的表情,我知道她此时是多么开心。这是个可喜的进步,说明她受到关爱,感受到来自周围的温暖,自己心中也充满了美好感情,看到什么都觉得可爱。从此,她的作文写阴暗面的东西渐渐少了。

虽然她的成绩并不是那么优秀,只处于中上等,但是她从思想上改变了原来与周围一切的对立关系,融入了同学老师之间,从心理上来讲,正渐渐趋于正常。

五、收获

纵观我对郭晓晓的转化过程,我领悟到,对这种离群的孤雁要:

1. 让她觉得别人需要她的帮助。
2. 教给她学会宽容。
3. 帮她树立自尊、自信。
4. 让她初尝成功的甜头。

父母茶座——

7. 孩子，你也是老师的一块宝

主持人：王莉

时间：2012.3

今天，请几位家长来聊聊，交流一下性格孤僻的孩子存在的学习问题，谈谈怎么去处理这类事件。

场景一：

主持人：

◎孩子毫无上进心，自卑、自闭。表现在学习上，上课捣乱，不完成作业。家长是怎么处理的？

家长：

◎我会很着急，大声呵斥，甚至打骂。

◎会给他讲道理。当我发现这样做没有用时，会找老师商量对策，与老师配合教育。

◎我感到很没面子，先给他在家讲学习的重要，逼他讲在学校的学习情况。督促他完成家庭作业。如果还没进步，就不想管他了。一般不想跟老师见面，太丢面子了。

……

主持人的话：

今天，我们就生活中的小例子，谈谈怎样处理这类学生的心理问题。

处理这类问题，首先要找到问题的根子。找到原因，才能对症下药。绝不能简单粗暴地打骂，更不能怕丢面子而不与学校配合，应该从自身找原因，与老师配合，担负起教育孩子的重任。

刚接手三年级这个班，我就发现一个小男孩与众不同。他长得浓眉大眼，本该是一副聪明相，却时常皱着眉头，上课一言不发，一边愣愣地看着老师和同学，一边咬着手指。在课堂上偶尔还会"技惊四座"地大叫一声。开学没几天，就有任课老师被他捣乱地无法上课，送到了我这儿。

一开始，无论我怎么问他，他都一脸漠然，死活不开口，只用冷冷的眼神盯着我。显然是对我不信任。我本想了解他原来的班主任，可巧她退休了，又不在南京。于是，我决定家访。那天下午放学后，我与他同行。他显得很紧张，离我远远地走着，要过马路了，我伸手想牵住他，谁知，他赶紧把手缩了回去。显然，他的不信任感已不是一天两天了。我给他解释：我去你家不是去告状，是去拜访你父母。他用怀疑的眼神看看我，继续走他的路。

到了他家，我先让他到另一个房间写作业，我与他妈妈交换了意见，才知他一年级成绩还不错，他一直想当班干部，但由于种种原因，没有选中他。原本活泼的他，从此变得沉默寡言了，成绩也一落千丈，考试不好，爸爸又狠狠地批评了他。他变得更消极了，作业常常不做，捣乱课堂，成了办公室的常客、老师的难题。

了解了这些，我明白了这孩子的症结所在。他是因那种想进步的欲望被浇灭后，父母及老师都没有重视疏导，他觉得父母、老师都不理解他，自己也没了希望，因此失去了对家长及老师的信任，导致了如今的"自闭症"。而压抑久了的火山总要喷发的，因此，他有时会在课堂上捣乱。

找到了病症，我决定对症下药。首先，给他希望。我在班上宣布，每周评选两个进步明星，发奖；连续四周被评上，升为班级四人小组长；连续六周被评上，可以当升旗手；连续八周被评上……我把班上六个与他成绩差不多，多少有点小毛病的同学定为评选对象。找六个班干部分别帮助他们，时常提醒他们，促使他们进步。

下课后，我刚到办公室，这个小男孩就怯怯地跟了过来。他又大又黑的眼睛闪着亮亮的光，问："老师，您刚才说的是真的吗？""当然，老师怎能撒谎！"我摸摸他的头，微笑着对他说："好好努力，老师很喜欢你，相信你一定能取得很大的进步。"他居然笑眯眯地走了。我又暗地里与他母亲协商，在家少批评，多鼓励，督促提醒他记住自己的目标。

果然，在第一周的评比中，全班一致认定他的进步最大。当站在领奖台上，他笑得那么开心，我第一次看到他那大眼睛的神采。

他虽偶有反复，却也连续三周获得了奖，如愿当上了四人小组长。对小组长的任务他认真完成，也变得活泼了，爱说话了。

有时，他还是会犯错误，但他不再沉默。我教育他，他都乐于接受，还特别喜欢跟我说话。如今，他已实现了当旗手的愿望。他妈妈流着泪说："王老师，多亏了你。"他的变化，令熟悉他的人吃惊。这件事也时刻提醒我，要站在和孩子等高的角度深入了解他们，关心他们，教育才有成效。

苏霍姆林斯基说过："尽可能地了解每个学生的精神世界——这是教师和校长的金科玉律。"作为老师，在对学生的教育中，了解孩子出问题的真相是前提。那样我们的教育才有针对性。

我们没有理由放弃任何一个学生，老师不会放弃，家长不能轻言放弃，更不应该在孩子面前表现的失去信心。要积极和老师配合，蹲下身来，和孩子平等对话，走进孩子的精神世界，想方设法地找到孩子心结所在，才能打开孩子那扇紧闭的门。要知道，放弃一个学生，就是放弃了一个家庭的希望。我们只有做到因人施教，才是一个合格的教师、称职的班主任；家长只有深入孩子的内心世界，和他们同呼息，才能和学校达成教育共识，找到引领孩子成长的最佳途径。

班主任手记——

8. "给我一次机会，请相信，我会做得更好！"

又是一年一度的"六一"联欢会，同学们欣赏完节目回到班上，表彰活动开始了。先是三好学生、优秀少先队员，接着是平时工作出色、为班级作贡献、学习进步的同学。

"老师，你不公平！"一个声音尖利地响起。

我很惊讶，同学们也都吃惊地看过去，原来是捣蛋鬼金名，同学们"哄"地一声笑了。我看看他涨得通红的脸、那严肃的表情，知道这绝不是一般的捣乱，就制止了同学们，告诉他："放学后留下来，老师再听取你的意见。"

这个孩子平时大大咧咧，什么事都不放在心上，喜欢捣乱，不守纪律。今天他的反常举动到底是为了什么呢？虽然我不能确定具体原因，但我猜想是因为没有表扬他而气恼。

放学后，我带着疑问，来到了教室。一进去，我又吃了一惊，看来对我有意见的不止他一个，还有四个同学。我刚坐下来，他们就七嘴八舌地开了腔："老师，你平时只喜欢班干部、成绩好的、进步大的、老老实实的，你什么时候重视过我们？你看这次又是学校发奖，又是班级发奖，全班大多数同学都有了奖状，可是我们却没有！老师你偏心！"

金名毕竟是发起者，提的意见较为客观，他说："我们也知道，平时表现不是很好，常被任课老师点名，有时不遵守纪律，但是这并不代表着我们不想进步。我们也很想为班级做事，是老师不信任我们，不给我们表现的机会！"

"你们都知道，这些职位都是同学们民主选举产生的，并不是老师指定的呀！"我说。

"对，是这样。同学们不选我们，是因为我们的缺点，谁能没有缺点？他们也有！有缺点就代表我们什么都做不好吗？同学们在选举时只看表面现象，老师，难道你也只看表面现象吗？"

"你们连课堂纪律都遵守不好，而升旗、管理图书、值勤等都要求有责任感，还要有管理的能力，更重要的是这些值勤队员都代表着我们班级的形象啊！"

"老师，你不放手交给我们怎么知道我们不行？请相信，我们绝不会给班级丢脸，绝不会给老师丢脸！"

"老师，给我们一次表现的机会，请相信，我们会比他们做得更好！"

看着他们一张张童稚的小脸上那少有的严肃表情，我的鼻子酸酸的。我自责自己忽略了他们要求进步的一面。我一向以为班级管理很民主，自以为是新时代称职的班主任。谁知，我无意中还是伤害了一些孩子。

"六一"过后，我给他们每人都分配了工作，经过协商，金名担任了卫生检查员，与原来的一个检查员一起，负责检查每周三的整个中年级的眼保健操、教室卫生等，其他几个同学有的加入了图书管理员的行列，有的当上了值勤队员。为了让每个同学都有表现的机会，我在全班设立了定期轮换制度和奖惩制度，对工作完成情况采取积分制，使每一次的评奖都有一定的依据。

没过几天，就有任课老师来告诉我："你们班的课好上多了，几个捣蛋鬼虽然上课还时有捣乱，但只要一提醒，他们就立即自觉。不像从前，再批评也不见效果。"

我也暗中观察他们的值勤情况，和平时相比，他们像换了个人似的，按时到校、到岗，值勤的同学周三早晨，大门一开，就穿戴整齐笔直地站在学校门口，对每一个进校老师行着标准的队礼。管理图书的同学每周四下午放学前就把家庭作业完成了。一放学，就来到图书室打开电脑，忙着给同学们还书、借书。我没忘记，这可是几个常常不完成作业的孩子啊！从前周一升旗日让他们穿队服，十次有九次忘了穿。现在，一次不忘。

他们的工作很出色，特别是金名，受到校长的夸奖。他原来的大名全校老师无人不知，现在的表现，人人都感到惊讶。

我知道这都是信任的魅力。原来又是家访、又是谈心，却收效甚微。我自以为对他们尽了关爱之心，费了九牛二虎之力，却没能进入他们的心灵，而这次只是相信了他们的承诺，给了他们表现的机会，就收到了意想不到的效果。这让我想起了奥地利教育家布贝尔在《品格教育》中的一句话："在品格以及整个人的教育领域内只有一条途径可接近学生，这就是信任！"

苏联教育家苏霍姆林斯基在《要相信孩子》中说："教育技巧的全部诀窍就在于抓住儿童的这种上进心，这种道德上的自勉。要是儿童自己不求上进，不知自勉，任何教育者就都不能在他的身上培养出好的品质。可是只有在教师首先看到儿童优点的那些地方，儿童才会产生上进心。"

做好班主任，我们要铭记这些前辈的经验之谈。

漫行之四——教育理想　爱心孕育

一直以来,我追求一种理想的教育,是始终关注人的可持续发展的教育,这是我的教育理想。

教育是民族发展的灵魂。我认识到,要实现自己的教育理想,就必须用心。因为教育是情感与情感的交流,是思想与思想的碰撞,是心灵与心灵的互通,是生命与生命的对话,这就需要教育工作者全心全意地付出。

德国哲学家雅斯贝尔斯说过:"教育是人的灵魂的教育,而非理智知识和认识的堆积。"教育不只是知识层面的交流与探索,它是一项启迪心灵的大工程。

在教育领域里,"教"和"育"孰轻孰重? 我常常这样比喻:如果培养出来的人才是布满繁花的美丽锦缎,那么,我们的教育就是把那绣花的底子培养成"锦缎"。麻袋上绣不出漂亮的花,同样,只会学习,人本身积累各种心理、道德等问题,得不到有效疏通和治理,就像阴暗潮湿的地下室里霉菌病毒横行一样,最终的结果会非常可怕。我多么希望我们教师是撕开这样"阴暗地下室"的光明使者,把阳光带进去,照亮温暖每一个阴暗的角落,让这个世界变成阳光明媚的天堂。

本章我以故事的体裁形式,描述孩子们在成长阶段出现的诸多问题,以艺术的形式再现了我教育生活中典型教育事件,让读者在轻松愉快的故事情节中深思、获益、受到启发,寓教于乐。

我期望能以一颗真挚的爱心,和孩子们相处,梳理、扶正那一颗颗偏离正常轨道、困惑的心灵。

1. 不寻常的"外星人"

下面的故事发生在我曾经从教的一所小学。

我刚接手四(5)班,就发现了一桩怪事儿——

坐在第四排的女生姚晨,扎着两条小辫,生一副尖尖的"月牙脸"。她旁边的座位一直空着。而姚晨不仅不"侵占"同桌的"领土",还主动地远离,只占据课桌的三分之一。写字时,左边的胳膊肘就悬在了课桌的外面。

咦,这是怎么回事呢?

我走到姚晨面前,轻声问:"告诉老师,你这样写不觉得别扭吗?"

姚晨仰起小脸,拼命摇了摇头,一双与面部不成比例的大眼充满了恐惧。

"老师,您离姚晨远点!"后排的男生李响用警告的口吻叫道。

"为什么?"

"姚晨是外星人!"

李响阴阳怪气地说完,引来哄堂大笑。

我感觉李响话里有话,但在课堂上不宜多问,就沉下脸来,威严地说道:"都安静! 继续练习。"

中午,同学们都在教室吃食堂的饭菜,唯独姚晨让妈妈送来了中餐。

我把姚妈妈请到了办公室,刚一提"外星人",这位母亲的泪就下来了:"老师哎,姚晨原来也跟正常孩子一样,该吃就吃,该喝就喝,该玩就玩。可自从去年她的同桌得了急性传染性肝炎,对她打击非常大,从那时候起,她的一些生活习惯就变了:除了我亲手做的饭菜,外面的一概不吃。她不让别人坐她的床,也不让别人碰她的被子,坐了碰了她就不高兴。原来我嫌她洗手、刷牙太快,敷衍了事的,现在你看吧,她洗起手来,反反复复,能洗上十分钟。刷牙嘛,比洗手的时间还长。洗澡的时候,身体的每一个部位擦几下都要仔细数过的,如果因为我说话让她数错了,那这个部位就要重新洗、重新数……孩子这毛病,看来是没救了!"

姚妈妈哽咽着,说不下去了。

姚妈妈的眼泪像把锋利的匕首,扎在我的心坎上。我觉得,既然家长将孩子交给了自己,自己就有义务让孩子健康地学习,健康地成长。

我认为:姚晨的"洁癖",应该是由"恐病症"引起的。

在姚晨的潜意识里,认为同桌的病已治不好了,而她自己,也被传染上了!

治好姚晨的洁癖,应从消除她的"恐病症"入手。

很快,姚妈妈按照我的建议,带姚晨去防疫站打了"乙肝疫苗"。我也陪着去了,用肯定的语气告诉她:"打了疫苗针,你就永远不会得同桌那样的毛病了!"

姚晨用力点了点头。

可后来我发觉,姚晨并没有因为打了疫苗而改变自己的行为习惯。上课还是那个一成不变的姿势:左边的胳膊肘悬在课桌的外面,只占据课桌的三分之一,绝不"侵占"同桌的"领土"。

姚晨的小脑瓜,真是充满了花岗岩,顽固不化呀!

"姚晨,疫苗都给你打过了,你还不放心吗?"

"老师,我也不知为什么,一趴在这张桌子上,我就想起同桌,就……"姚晨的眼睛红了起来。

唉,这孩子,一定是"睹物思人"了!

我决定换一张课桌,以此消除姚晨心理的阴影。

不久,姚晨的面前,就出现了一张崭新的课桌。

疫苗打了,课桌、座椅换了,同桌的痕迹荡然无存。按理说姚晨该"改邪归正"了才是,然而,我又想错了!

有回课堂小测验,我看到姚晨仍旧斜着身子,占着课桌一角书写,就悄悄走过去,出其不意地坐在了原本属于同桌的座位上。

我想验证一下,姚晨会不会有异常的反应。

果然,我屁股刚落座,姚晨就如同受惊的小鸟,从座位上弹起来,发出瘆人的尖叫。

一阵骚动,全班的目光都聚集了过来。

"是我。"我拉姚晨重新坐了下来。

我终于明白:其实,这"空位"才是给她带来伤害的元凶啊!"空位"一直让姚晨胆战心惊,纠结的心时刻悬在半空。她觉得同桌随时都会幽灵似的坐在自己的旁边!

我打算给姚晨物色一个新的同桌,以此填补姚晨心理的恐惧。

恰巧,有位叫杨盼盼的女孩转学过来,她顺理成章就成了姚晨的同桌。

没想到,两位女同学脾味相投,很快就成了好朋友……

月底,当姚晨破天荒主动上交了下一月的伙食费时,我心里就像灌满了蜜似的:这位不寻常的"外星人"终于成了"地球人"了!

心得分享:

教学上应"因材施教",教育中要"对症下药"。本故事的主人公——姚晨因同桌的不幸患病而受到了"心理传染",由此生发出种种宛似"外星人"的怪异表现。作为家长,仅仅看到的是姚晨的表象,除了迁就,唯有徒叹!作为班主任,要有敏锐的"透过现象看本质"的目光,找到症结所在,对症下药,方能药到病除。所以,教师(特别是班主任)仅仅对学生"传道授业解惑"是不够的,有些时候,有些场合,还要"摇身一变",成为"心理咨询师"、"行为分析师"、"安全监理师",为孩子们的健康成长保驾护航。

2. 狂奔的女孩

　　愉快的暑假像一汪小溪,从指缝间蹦蹦跳跳就淌走了。开学后,丁校长将一位瘦小的女生推到我的面前:"王老师,这孩子交给你了,辛苦辛苦!"

　　我差点叫出声来:有没有搞错呀,这身高,这长相,分明是一年级的新生呀! 我可是四(5)班的班主任哪!

　　丁校长似乎猜透了我的心思,笑着说:"没错,她叫黄帅帅,开学是要上四年级了。"

　　黄帅帅的身后还站着两位白发老人,一个劲儿给我作揖,还说着客气话。

　　开学没几天,奇怪的事情出现了。黄帅帅一下课,就没了影踪。我怕出意外,让班长悄悄盯梢,不久他回来告诉我:"老师老师,黄帅帅去操场了!"

　　"去操场干啥呢?"

　　"她围着操场一圈圈疯跑,也不嫌累。"

　　我不放心,就亲自盯梢了一回。果然,黄帅帅下课铃一响,就跟着众人出了教室,随后奔向了操场。

　　操场离教室挺远的,天又出奇的热,同学们一般在课间是不去操场上活动的,所以空旷的跑道上只有黄帅帅一人在孤独地奔跑。她跑得小脸煞白,喘气像拉风箱一般,汗水湿透了校服。

　　没想到黄帅帅有跑步的爱好,好啊,小学秋季运动会就要召开了,让她报个长跑,准能拿个名次。

　　我放了心,不再去管这件事了。

　　很快,到了秋运会报名的日子。我看到班长递交的报名表上没有黄帅帅的名字。就把黄帅帅叫到办公室,问:"帅帅,你这么喜欢跑步,为什么不报个跑步的项目呢?"

　　谁知,黄帅帅听了一脸惊恐,使劲地摇着头,居然把眼泪也摇了下来。

　　过了几天,我召开家长会,黄帅帅的爷爷奶奶一起来了。开完会,我特意走到两位老人面前,刚夸奖黄帅帅爱跑步,两位老人脸色顿时变了,急忙说:"王老师,您千万甭让孩子去跑步,求您了!"

我不解:"有什么问题吗?"

"孩子有先天性心脏病!"

我吓了一跳:"啊,那她还这么玩命地去跑,不要命了?"

老两口互相对望一眼,叹息着,没搭我的话茬,但从他们闪烁的眼神中,我分明读出他们有秘密瞒着我。

看他们不愿多说,我也不好强问。不过这事一直像个暗疮,长在我身上,拱得我好难受。

中秋节到了。晚饭后,我同家人到小区欣赏一轮圆月。这时我的手机骤然响起,一接听,是黄帅帅的爷爷打来的:"王老师,我们等孩子吃晚饭,可她一直没回家。"

"老人家,别着急,我先问问她的同学。"

我赶紧打电话询问了几位学生,都说没见黄帅帅。咦,节日之夜,她能去哪里呢?

过了一会,学校门卫李师傅打来了电话:"王老师,出事了! 您快点过来吧!"

"啥事?"我预感到不妙。

"嘻,一两句讲不清,您来了就知道了!"

我不敢怠慢,打车到了学校。

李师傅一见我,就带我进了里面的卧室。我一眼就看见黄帅帅躺在床上,脸色发紫。她看见我,泪就流了出来。

李师傅在一旁说了经过:他夜晚巡夜,在操场上,见一个"影子"在跑,披头散发,不停地跑,边跑边发出奇怪的叫声。他从没遇到过这阵势,吓死了。突然,"影子"倒了下去。李师傅壮胆跑过去,发现是位学生,不省人事。李师傅就把她背到身上,想送到医院,可快到门卫室,她就醒了,问她是哪班的,她答四(5)班,于是就给我打了电话。

我明白了,黄帅帅放了学,根本就没离开学校。

我问她为啥这么晚了还去跑步,黄帅帅不回答我的问题,反而心事重重地问我:"王老师,你不是讲,校园操场里的空气比外面的好吗? 可为什么我看不见……"

黄帅帅喘息着,将后面的话咽回了肚里。

我确实在课堂上讲过,好像是谈城市污染问题时讲的,我说公园、学校操场算是城里污染比较轻的地方,但比起农村,空气质量还是差一大截。

"老师,你今年回乡下过春节吗?"

"嗯。"

"能让我跟着一起去吗?"

"……"看着她期盼的眼神,我无法推辞,便重重地点了点头。虽然黄帅帅没明说,可我知道她跟自己去乡下,一定是肩负着某种神秘的使命吧。

光阴如梭。寒假到了。征得两位老人的同意,我带着黄帅帅回到了苏北农村。

城里的孩子对农村的一切都倍感新奇。我领黄帅帅村里村外转了个遍,告诉她这是打麦场,那是果树园……

那晚,一轮明月爬上中天。黄帅帅举头望着明月,惊奇地说:"王老师,您看今晚的月亮多亮啊!比城里亮堂多了!王老师,能带我去打麦场走走吗?"

"当然可以。"

师生二人踏着丝绸般的月光到了村南的打麦场。黄帅帅突然提出:"老师,您能走远点吗,我想跑步了。"

"跑步?你的心脏?"

黄帅帅的两眼竟噙满了泪花。大概这孩子有不可告人的"跑步情结"吧。于是我只好吩咐她:"你心脏不好,慢点跑,行吗?"

黄帅帅嗯了一声。

我后退了二十多米,站定。借助月光,我看到黄帅帅围着打麦场一圈圈跑着,速度逐渐加快,一边跑,一边四处张望。

骤然间,一声尖叫,黄帅帅跌倒了。我刚朝她跑了几步,她大叫:"别过来,别过来,我快成功了!"

我觉得有股神秘的力量在牵扯着我,不敢前进。我看到那小人儿竟飞快地脱掉了外衣,迎着寒风,在月光下狂奔起来!

我愣住了!我不顾一切地跑了上去,紧紧抱住这可怜的孩子。

"哇"地一声,黄帅帅酣畅淋漓地痛哭起来。她嘹亮的哭声逗起村头一阵阵狗吠。

我赶紧帮她穿上外衣,等她止住了哭声,我才小心地问她:"现在你该告诉老师了吧,为啥要这样?"

"我想让爸爸、妈妈看到我。"

"看到你?"我一头雾水。

黄帅帅抽噎着,断断续续揭开了"谜底":

前年的中秋节晚上,她妈妈指着天上的月亮说,一个人要是在月光下奔跑,就能让过世的亲人看到自己,要是再呼唤过世亲人的名字,也会看到他们……可没过多久,爸爸妈妈在一次车祸中就双双离去了!

"爷爷奶奶至今瞒着我,可我早知道爸爸妈妈不在了!"黄帅帅顿了顿,接着说:"为了让爸爸妈妈看到我,我也能看到他们,我就要练习快跑,这样才能跟上他们的速度。上回中秋节,学校的月光不够明亮,他们看不到我,这次我要来乡下……"

我疑惑地问:"可你大冷天的,为啥要脱掉外衣呀?"

"我身上的衣服,他们不认识……老师,为什么爸爸妈妈仍旧没出现呢?"

"也许……也许……"我愣在那里,不知道如何回答。

黄帅帅突然很认真地说道:"老师,我知道问题出在哪里了。爸爸妈妈从没来过你们村子,不认识路,怎么会跟来呢!"

我看着面前这位满脑子问题的小女孩,反复思考:要不要打破这个美丽的谎言? 还是让她继续怀着梦想去成长……

心得分享:

我的这篇文章,曾被《故事会》选中,刊发于 2013 年 6 月。

常言道:心有多高,梦有多远。而黄帅帅的梦想,竟是见一见已经离开人世的父母。在美丽的谎言下,黄帅帅不顾身体有恙,用夺命的奔跑来一圆见父母的梦想。

黄帅帅的梦想与现实的差距可谓天渊之别。作为班主任,还是要想方设法让她回归现实,直面现实,在现实的土壤里根植梦想,放飞梦想。

面对这位特殊的学生,我开始了艰难的帮扶……

3. 叩开幽闭的心门

20 世纪 90 年代初,我从乡下刚调来南京。入秋时节,阴雨连绵,我踏着泥水来到任教的尚书里小学。

我接的是三年级,当时学校正值开学,领导忙,上课铃响了,没人带我进班,我只好自己来到班上。我边走边想:三年级的孩子年龄小,比较天真,还是容易相处的。因此心里也没有太大的压力。

来到教室门口,只听"砰砰"几声,我吓了一大跳。紧赶几步走进教室,教室里的情景令我大吃一惊:一个脑袋大大、皮肤黑黑的小男孩正表情夸张地站在讲台上,用脚使劲踩踏着讲台,讲台上已经是一片泥水,下面的孩子正笑得东倒西歪,前仰后合。

呀,这难道就是我今后将要面对的班级? 我疑心走错了地方。

看到我进来,学生们的哄闹停顿了一下,但是当发现我是个陌生的面孔时,他们笑得更欢了。那个大脑袋男孩愣了一下,居然站在讲台上冲我做了个鬼脸。我心里的火"腾"地就上来了,走上去,想把小男孩从讲台上拽下来。谁知小男孩意想不到的轻,我用力过猛,他轻盈地顺势一跳,下来了,但我却一个趔趄,差点摔倒。这下好了,全班笑成一团,小男孩趁机溜回座位。我呆呆地站在那里,不知所措。

没想到第一次和学生们接触,就闹出这么尴尬的事来,特别是孩子们不把做老师的我放在眼里,我感到特别失败。我沮丧极了,对那个大脑袋男孩(我第一个认识了他,他叫谷智)特别讨厌。如果不是他捣乱,我也不会出这样的丑,让我这个老师威严扫地,颜面尽失,以后我还怎么在学生面前树立威信呀?

好不容易挨到下课,我赶紧冲出教室。办公室几位同事知道了这一幕,都说不奇怪,这孩子没有什么干不出来的事。"这个班就是他给搅坏的,要对他够凶才行!"教数学的于老师告诫我。

我心想:怎么这么倒霉,才来一个新的学校就碰到这样头疼的班级,这样捣蛋的孩子!

既然同事们这么说,我也有了心理准备,心想:就当谷智是空气,不存在吧。所以每当谷智不写作业,我只是把他叫过来强迫他补。对于他在班级怎么捣乱,我都装作不以为意,只是教育其他学生不要理睬他,疏远他。

但是尽管这样,课堂秩序还是时时被谷智打乱。真是"一粒苍蝇屎能坏一锅粥"!尤其是他作业从来不写,在办公室待半天,也不好好补。我很苦恼,很希望能彻底解决这个问题。

好心的于老师又给我出主意:"这个孩子不属于这个学区,是借读生,你可以劝他转学呀!"

我虽然觉得劝其转学有些"残忍",但又没有其他好办法,反复考虑后决定到他家去家访,顺便探探他家长的口气,看能不能劝其转学。

一天下午放学后,我和谷智一起来到离学校不远的他家里。开门的是个中年男人,叼着烟,黑着脸,穿着大裤衩,形象邋遢。他堵在门口没有让我进的意思。我扫视了一下屋里,黑糊糊的,一间十平方米左右的房子,放了两张床,一个饭桌,衣服胡乱堆在墙角的一个木架上,除此之外就别无他物了。

我自我介绍后,他告诉我他是谷智的爸爸,"我不管他的学习,你去找他妈吧!"我问孩子妈妈在哪里,他说谷智知道,撂下这句话就缩回去,"呼"地关上了门。

真是一位没素质的家长!怪不得谷智会变成这样!我无奈地摇头,更坚定了劝其转学的决心。

谷智带着我七拐八弯,来到一个狭窄的巷子。巷子里全是小商小贩,叫卖声不绝于耳,我恍若回到了农村的集市。平时活跃无比的谷智这时好像霜打的茄子——蔫了,磨磨蹭蹭地走到一个瘦小的中年妇女跟前,怯怯地叫了一声"妈妈"。

他的妈妈这时正忙得不可开交:这边在炸甘蔗水,那边在卖着光碟。看到谷智就恶声恶气地训斥:"你来干什么?回家写作业去!"

谷智小声地说:"老师来了。"

谷智妈这才抬起头来,看到了我,不咸不淡地说:"你就是老师吧?他又犯什么错了?"不等我回答又接着说:"老师,他犯什么错误你尽管打,我忙得中饭还没吃呢,真的没有空管他!"

听了她的话,我愣在那里,不知该说什么。来以前想好的一箩筐话一句也说不出,只好把他不写作业、上课不听讲、捣乱课堂等情况生硬地说给他妈妈听。谷智的妈妈一边忙着,一边听我说,也不插话,那表情似乎是见怪不怪。我反而感觉说不下去了!

我话音一停,她说:"就这样吧老师,你看我忙的,孩子他一直都这样,就交给你了,想怎么管我们家长都没有意见。"说完,也不再理我,就自顾自忙去了。

我有些不知所措,愣了愣,只好尴尬地回去了。唉,这次家访无功而返!

第二天我在办公室讲了家访的情况,同事们都怪我没请教他们就去家访,如果知道我去,肯定会劝阻我的。

于老师叹了口气:"你初来乍到,不晓得情况。谷智的家庭很特殊,还不只是贫穷的问题。他爸爸是解除劳教人员,大男人身强力壮不做事,就缩在家吃低保,这还不算,还经常闹事,周围的邻居哪个不怕他!谷智妈是农村的,在小街小巷做小生意。有时卖甘蔗水,有时买毛栗子,有时卖光碟。他家就靠他妈那点收入维持,还常常被他爸毒打,更不要说管孩子了!他妈虽然关心孩子,但是力不从心。每一任老师都想到了要和家长联系,共同教育孩子,但是,没有一个人成功。所以,王老师,你也是白操心!"

听了老师们的话,我才明白昨天我看到的一家人的状况,也才明白这孩子为什么这么差。

是啊,生活在这么个特殊的家庭,变差很容易,想好可是难上加难了!

我突然回想起一个细节:平时捣蛋无比的谷智到了他家,见了家长那样局促,讲话都轻言细语的,与在学校的表现判若两人,真是怪事!

经过分析,我猜想谷智可能是怕老师笑话他的家庭吧!假如我猜测不错,说明他的自尊心尚没有完全泯灭。有自尊就好办,我想。

通过这次不算成功的家访,我发现谷智这孩子挺可怜的,赶他走太不忍心了!他才三年级,今后的路还很长。

我考虑再三,觉得让谷智家长配合我做工作是不太可能,但是没有他们的支持我也很难取得成效。怎么办?

我苦思冥想,最后决定还是要先与家长达成共识,无论家长怎样不负责任,在教育孩子方面,他们的教育地位是无人能够替代的。想好了,就马上行动,因为孩子的教育是耽误不得的。

我这次是独自登门的。我知道谷智妈妈的生意在下班后是最忙的,因此,我请了假,在一个星期一的下午3点多钟来到了谷智妈妈的摊子旁。作为一位新来的教师,我为了她的孩子,这么快就"二顾茅庐"让她始料未及,她又是给我端甘蔗水,又是给我剥毛栗子,我倒有些"受宠若惊"了。

这个时间段她生意很少,比较清闲,我坐在一张小板凳上,与她聊了起来。我先不谈孩子的学习,从家常说起。谷智妈打开了话匣子,说着她的种种艰难和不幸,说到动情处,竟流下了泪水。我趁机引到了孩子的培养、教育,说培养孩子对将来家庭幸福的重要性,只有将孩子培养成材,孩子才能自立自强,你们的家庭才能有实质性的改善……

这一次,我和谷智妈谈得还算愉快,她也能接受我的观点,就是怀疑她的孩子这么顽劣,能教育好吗? 我表示作为老师愿意付出努力,更愿意相信他是个可造之才。谷智妈被我说动心了,问我需要她怎么做,她尽量配合去做。

鉴于他家庭的实际情况,对她提过高的要求也是枉然。我第一步只是要求她首先找个时间给孩子谈一次话,问他为什么老师来到家里那么不好意思? 是不是因为家里条件太差? 首先激起他的自尊心,然后再晓之以理动之以情,为了家庭,也为了自己的自尊和前途,提出学习要求,等等。

同时,我在学校也与谷智进行一次长谈,也是关于自尊心的问题。我说:"谷智,你已是三年级的学生了,也该懂事了。你天天不写作业,不听讲,上课捣乱课堂,你以为引得同学们哈哈大笑就很有成就吗? 是不是认为同学们很喜欢你啊?"

他低着头不吭声。

"你看老师到你家家访你也知道不好意思,这说明你是个自尊心很强的孩子。既然你也有强烈的自尊心,说明你也有向好的一面,为什么就不能好好表现自己呢?"

"但是老师,他们都认为我是个坏孩子,我表现再好也没用。"他半天憋出一句话,大脑瓜几乎贴在了胸口。

"王老师从来没把你看成坏孩子,我去你家家访,不是去告你的状,而是想了解情况,想让你明白,老师没有忘记你,没有放弃你,老师不允许一个同学掉队。老师发现你很聪明,反应很灵敏,如果把聪明用在学习上,肯定会很了不起的……"

谷智突然抬起头,已是眼含泪花:"老师,您不记恨我了?"

我不解地问:"记恨你什么?"

"您第一次来上课,我……"

哦,我明白了,不禁微笑道:"你感觉老师有那么小气吗?"

谷智看看我,不好意思地挠挠头,也笑了。我说:"怎么样,愿意和老师一起把自己的学习搞好吗?"

谈到学习,他神色又黯淡下去,说:"老师,我学不好的。从前老师都说我笨,我也觉得自己笨,爸爸妈妈也说我笨,没有出息,我怎么能学好呢?"

可怜的孩子,生活在这样的环境下,已产生了根深蒂固的自卑,若再不加以正确引导,长此下去,定会自暴自弃,怎么能不畸形发展呢! 他只是个不到十岁的孩子,怎么经受得住这样的打击、摧残啊!

想到这里,我的心颤抖了:我差点犯了一个不可饶恕的错误,居然滋生过把这个孩子赶走的念头！

我赶紧说:"只要你按我的要求做,王老师保证你的期中考试成绩前进十名!"

"真的吗?"他眼里闪着清澈的光,看着我说:"老师,你不骗人吧?"

"咱们拉钩!"我说。他怯怯地伸出小指,我和他边拉边说:"拉钩上吊一百年不许变!"他开心地笑了。

谷智"咚咚咚"跑出了办公室,可不一会他就灰溜溜地回来了,刚才脸上的笑容荡然无存,又变成了一副愁眉苦脸。我忙问:"怎么了?"

"我把刚才您说让我进步十名的话给同学讲了,他们都笑话我,说老师是逗你玩呢!你还能进步十名?那我们班谁垫底呀?王老师,您真的是逗我的吧?"

我很生气,但还是压住火说:"能不能进步十名,不是他们说了算的,靠的是自己的努力,老师正在为你制订补课计划,首先你上课认真听讲,下课完成作业;然后我们再抽时间补习以前的内容。只要你肯吃苦,坚持到底,我相信同学们会对你刮目相看的。当然,这些主要靠你自己的努力,如果怕吃苦,就被同学们说中了。难道你喜欢被人看扁吗?"

我趁机进行激将教育。他很郑重地说:"王老师,我不会被他们看扁的!"

就这样,我又和谷智的家长取得了联系,交代了怎样在家检查督促他家庭作业的完成。谷智妈让他每天放学就到她摊子上去写作业,以便于检查。我在学校里时时提醒他,班干部检查督促他的课堂作业,他的大部分作业我都做到面批,发现问题及时讲解纠正,帮助他克服学习困难。

开始的两天,他像变了一个人。上课很认真。可是几天后,课堂上前十分钟很认真,后半小时就开始东张西望了。我让班长和他同桌,不断提醒他,还是有点效果的。课堂上的作业基本能做了,只是因为太生疏、不会做,速度比较慢。我也安排班干部轮流帮助他,给他讲解。看到他的进步,我很高兴,其他老师也说他有很大的进步。

可是,好景不长,一个星期不到,他就开始厌倦了。上课又恢复了原来的样子,不听讲,唯一好点的就是只坐着发呆,很少去捣乱其他同学了。

我看在眼里,急在心里。怎么办?没有退路,只有赶快想办法。

我冷静地分析了当时的情况,认为并不是他不想学好,而是他遇到了困难。试想,他原来一直不学习,只会一点皮毛,现在他要正经和其他同学一样学习、写作业,确实有很大的困难。同学的帮助虽然很用心,但是毕竟不是那么轻松,讲解也不是太清楚。家庭作业也是一样,虽然他妈妈很上心,但是她的文化水平有限,没有办法帮儿子去攻克一道道难题。他妈为此还打了他,说他肯定上课没有认真听讲,让他觉得很委屈。

看来是要调整战略了,我首先要疏通他的思想,让他明白到底怎么回事,为什么现在想学也学不进去。我给他谈了他现在的学习现状。首先肯定了他的成绩,在各方面都有进步。再给他分析为什么学习有这么大的困难,是从前太贪玩造成的。现在努力还不迟,如果再这样混下去,再想学都不容易,现在老师、同学都愿意帮助你,你愿意学吗? 他说很累,妈妈又骂他笨,有的同学也笑他妄想学好。

我赶紧鼓励他:"你不是有了进步吗,这是每个人都承认的,笑你的是个别人,妈妈也是因为希望你尽快好起来,才骂你的,妈妈如果真的认为你笨,就不会管你了。至于同学说你学不好,你更应该做给他们看看,证明自己并不比别人差,如果别人说你不行,你就不行,不是被人看扁了吗?"

他不吭声了,陷入了沉思。我没有让他表态,让他想好了再来找我谈。他心事重重地回去了。

第二天,谷智主动来到了办公室,跟我谈了很多,说他的家庭,他的父母、他的自卑、他的自尊以及很多想法。我知道,现在他才真正对我敞开了心灵之门。说到后来,他哭了,他发誓一定努力学习,来报答老师对他的关心,因为从来没有人像我这样,真正的关心、帮助他。

从此以后,他的学习、表现也都有反复,在同学和我的提醒下,他都慢慢克服了。成绩也直线上升。期中考试他较之前前进了九名,虽然没有达到十名的承诺,但是已经收获了成功。

老师和同学们都看到了谷智的巨大变化,对他转变了看法。特别是他爸爸,在我接班一年后,居然跑到学校来感谢我,看到他的样子虽然有点不舒服,但是让我看到了我努力的成绩,心中感到无比的欣慰。

多年过去,如今谷智已经大学毕业,工作了。师恩难忘,他年年来看我。后来,我搬了家,调到了另一所学校,他到原来的学校找我没有找到,就几经打听来到我的新学校,当时我又下班了,他没有问到我家的地址,没有办法,就把买的花放在了学校的传达室。第二天我到了学校才知道。

我从教多年,这个孩子一直是我的一面镜子,照着我时时刻刻严格要求自己,时时提醒我不能放弃一个学生,做一个走进孩子心灵的老师,做一个关心、爱护、了解孩子的朋友式的好老师。

心得分享:

不正常的家庭,残缺的人格,组成了一个玩世不恭的"后进生"。为叩开其幽闭

的心门,我采取了如下招数:

第一招:疏。让其他学生疏远他,不让其他学生"近墨者黑"。第二招:驱。以"借读生"名义,赶走他,避免"一粒苍蝇屎坏了一锅粥"。第三招:交。通过家访,获知他处在特殊的家庭,恻隐之心油然而生。与家长谈心,交心,把家长当朋友,动员家长结成"统一战线"对孩子进行帮扶。第四招:激。与学生长谈,激将教育,激活自尊心。第五招:帮。三级帮扶(老师、家长、班干部),制订补课计划,有的放矢。

由排斥到放任再到接纳、帮助,作为教师,我倾注了全心的爱,完成了一次超越自我的人生洗礼。

4. 一桩蹊跷案

在我曾经执教的四(5)班,女生柳青因为瘦小,常常要委屈自己的肚子。

每天的中饭时间,以程天豪、陶李歌为首的"臂力男"会一拥而上,把饭菜抢空。饱餐之后,会抚摸着滚瓜溜圆的肚皮,向饥肠辘辘的柳青炫耀。

每每,看着空荡荡的菜盆,柳青的眼泪就下来了:他们把菜抢光了,那我吃什么呢?

我有次走进教室,看到泪眼吧啦的柳青,问:"出啥事了?"

"柳青没吃到饭。"李骇浪打着饱嗝,替柳青回答。

我朝捧着大饭盒狼吞虎咽的班长段青樱瞪了一眼,段青樱自知理亏,赶紧来了个原地180度大旋转。

"你,拿着饭盒,跟我走。"

柳青跟我到了办公室。我将自己的饭菜拨了一大半到柳青的饭盒里。

"老师,您不够吃呀!"

"我……我要减肥,少吃点,呵呵。"我笑着拍了拍小女生瘦小的肩头。

望着冒着热气的饭菜,柳青的泪流了出来。

柳青吃完饭,却不回教室,面对我,欲言又止。

我微笑道:"是不是没吃饱?"

"饱饱的!"柳青拍了拍肚子,"老师,我、我本来不该跟您讲的,怕给您添麻烦,可、可……"

"咋这么不爽快,有啥话就讲嘛!"我鼓励着这位腼腆的小女生。

"我书包里的钱少了。"

"少了?"我一愣,"是钱丢了吗?"

"不完全是。我用报纸包着50元,刚才打开一看,就剩28元了!"

我马上问:"你的50元,是整张的还是分张的?"

"是一张50元的票。"柳青迷瞪地看着我,"整张、分张有关系吗?"

我没有回答,我的思绪已飞到了多年前——

三年的师范生活一直风平浪静,没想到毕业前夕,居然会在我所处的"文明校舍"——301 宿舍发生了一桩扑朔迷离的失窃案——和我同宿舍的丁克红放在木箱内的钱款被盗! 最让人大惑不解的是:木箱内共有 170 元放在一起,失窃后幸存 150 元——仅仅被盗去 20 元!

谁干的? 校保卫处经调查取证,认为是"内部所为"。排来查去,居然是品学兼优的马学花!

原来早在半年前,丁克红曾向马学花借了 20 元,却忘了归还。马学花性格内向,羞于向丁克红讨要,却又对这 20 元钱一直耿耿于怀——眼看就要毕业,各奔东西了,马学花不愿让这 20 元"折磨"自己一辈子,于是"铤而走险",做下了荒唐事!

一晃多年过去了,但这桩"蹊跷案"就像发生在昨天似的,历历在目。有了先前的经历垫底,我对破解四(5)班的失窃案已经是成竹在胸了。

我耐心地问柳青:"你有没有借过同学们的钱,忘了还?"

柳青思考了几秒钟,可很快就摇了摇头:"王老师,我没借过别人的钱,倒是有同学借过我的钱。"

看柳青振振有词,不像说谎的样子,我也挠起了头。——咦,莫非我判断错了?

"你先回教室吧,少钱的事暂时不要声张。"

我放走了柳青,却放不走压在心头的失窃案。若拿钱人的动机不是为了"讨回自己的钱",那就是实实在在的盗窃行为了!

查!

这个字在我脑海里蹦了出来。虽然柳青被偷走的钱仅仅 22 元,但我觉得性质很严重。某人小时候偷人家一根针,若不管不问,那么,发展下去,某人就敢偷人家一个包、一辆车、一幢房……我曾深受小偷之害,尤其希望天下无贼,我绝不允许自己的班上出现小偷小摸的丑恶行为。

但,对全班学生进行搜身检查,无疑会让孩子们产生心理阴影,不利于他们今后的健康成长。

若不管不问,这样的事就有可能再次发生,学生们生活在这个班集体里将会没有安全感,势必影响学业。这关系到班级和谐的问题,不可简单处理,更不可不作处理。

冥思苦想良策之际,我突然记起了从前看过的包公审石头的故事。我灵机一动:我为何不学学包公呢!

我当即进了教室,径直走到柳青的座位前,在全班学生的注视下,严肃地说:"柳青同学,一定是这张课桌偷了你的钱,我来审问这张课桌,叫它把钱还给你,好吗?"

柳青懵懵懂懂地点了点头。

我对课桌说:"课桌,课桌,柳青的钱,是不是你偷的?"

学生们发出了"吃吃"的笑声。

我发火了:"课桌,课桌,你不说实话,我就让同学们打烂你的头。"

我转向大家:"同学们,你们按照学号,依次走过来,打课桌一下,并教训它一句,让它改正错误,不敢再犯,好不好?"

"好——!"

学生们兴致勃发,一位位走过来,边打边说:

"看你还拿别人的钱不!"

"我相信你会改正的,加油!"

"你不学好,我就不跟你做朋友了!"

……

当大家都回到了座位,我认真地说:"同学们做的都很棒!课桌肯定已认识到了自己的错误,相信它会很快把钱还给柳青的。"

果然,第二天,柳青就在课桌抽屉里发现了 22 元钱。我趁机带领全班同学向知错就改的"课桌"热烈鼓掌。

心得分享:

直到今天,我也不知道是谁"拿"了柳青的钱,我也不想知道!

对班上出现失窃的现象,有的教师采用的是"恐吓式":教室装有摄像头,针孔的,要不主动坦白,就报警;警察有智能测谎仪,一测一个准,到时候想出来就难了……有的教师采用的是更加离奇的"公选式":采取无记名投票方式,在班上选出"小偷"。有的教师采用的是"暗示式":丢钱人的钱包上留有指纹,我打算交给公安验指纹,不过,谁动过这个钱包先说一下免得弄错……有的教师采用的是"故弄玄虚式":先是让所有的孩子包括老师全都出去,然后关上教室的窗户,拉上窗帘,再让学生一个一个地进来,如果有"不小心"拿过钱的孩子就让他把钱放到丢钱孩子的桌上……有的教师采用的是"另辟蹊径式":把一些零钱放到讲台上的粉笔盒里,告诉学生们,如果有急需钱的,可以随时从里面拿取,你可以归还,也可以不归还,但千万别再"拿"同学的了……

上面这些做法,各有千秋,不敢议论长短。我采取的这个方式,是让偷钱的孩子在听每个同学"审桌子"过程中认识到自己的错误,其实他心里一直都在关注着同学们说了什么,同学们的每一句话都在拷问着他。

在孩子们成长的道路上,难免会跌跤,犯错误。作为启蒙教师,如不能把邪恶的萌芽消灭于无形,将来会后患无穷。"教师"这个特殊的职业,不是警察,但又肩负着"教育"的责任,对待小学生的错误行为,一定要以"心育"为主,在保护孩子的自尊心的前提下,用恰当的方式,杜绝其再犯错误,从而改邪归正。

5. 可怕的"保护神"

虞华,是四年级时从云南转来的漂亮女孩,长得瘦瘦高高的。她妈妈送她到教室,让她做个自我介绍,她目光闪烁,怎么都不肯开口。我觉得可能是新来乍到,有点腼腆,就代她向同学们做了介绍。

刚开始,就是觉得虞华不爱说话,并没有什么特殊的地方,成绩在班级属于中等偏下。听她妈妈说,在云南,她还是班干部哩。我就想鼓励她绽放自己,上课大胆举手发言。可是多次的谈话和鼓励都没有看到效果,当然,成绩也是不好不坏地维持着。

转眼间到了五年级。暑假结束,开学后,由于教学楼抗震加固,我们班级临时搬到了科艺楼过渡。

一天中午,刚吃过饭,几个男同学跑来告状,虞华送饭(吃饭时值日老师盛饭,由值日的同学把饭送到每个同学座位上)的时候,就是不给他们几个送。我问原因,几个孩子抢着说,是秦可可不让她送的。我就很奇怪,让他们说清楚。

事情原来是这样的:每次中午吃饭,轮到虞华值日送饭时,她拿到饭就跑到秦可可那里问:"我送给谁?"秦可可如果不回答她,她就一直站在旁边不走,直到得到指令。

我听了感觉很好笑,觉得这几个孩子在胡说。于是,我来到教室里了解了一下,结果很多同学都来证明这几个孩子说的是真的。不但如此,还有几个同学神秘地告诉我:虞华是秦可可的奴隶,秦可可让她干什么,她就干什么。有几次,不知道虞华犯了什么错误,秦可可就让她到男厕所门口站着……

孩子们七嘴八舌,说了很多不可思议的事情。我真的不敢相信,就让虞华给我送作业到办公室,我和颜悦色地问她:"虞华,你转来一年多了,班上有没有人欺负你?如果有,告诉老师,老师会帮助你的。"

虞华闻听,立马像只受惊的小鹿,直摇脑袋。

我没有办法,就把同学们说的这些例子搬出来,问她有没有这回事。

"老师,没有。真的没有!"她脑袋摇得像拨浪鼓,坚决予以否认。

我不甘心。那么多同学都说的事情,不可能都是空穴来风。我循循善诱:"秦可可对你怎么样啊?"

"她对我很好。"

"能举些例子吗?"

"……"她咕哝着嘴,却不作回答。

我郁闷极了,觉得当事人自己都不承认,我能怎么处理?还是不能完全相信其他学生说的,我自己观察观察再说。我故意下课多跑教室,看看她们的活动,有时不声不响地坐在教室里批改作业,很快,我就发现了问题。

这天,我在课间又来到教室,正好看到虞华在座位上站着,本来我没有在意,可是我批改了一会作业,看到她还是那个姿势站着,看看周围,其他同学都出去玩了,她自己还是那样像截枯木桩似的站着。我觉得不对劲,我看着她,她就不看我,躲闪着我的眼睛。我说:"虞华,你不出去玩就坐下,老是站着干什么呢?"

她左顾右盼了一番,期期艾艾地坐下了。可是,当我再抬起头来的时候,发现她还是那样站着,我就火了:"你这孩子,怎么老是站着,谁罚你站了?!"

这时有位同学跑过来悄悄告诉我:"老师,是秦可可让她站的,秦可可只要不发话,她是不敢坐下的。"

针对这件事,我找虞华约谈,预料中的,她极力全部否认了。

一次课上,我让他们完成练习册,我看到其他同学都在奋笔疾书,可是只有虞华一直不写,我就反复催促她快点写,可是半节课过去了,我巡视发现她依然写了不到一页,我就狠狠批评了她。这时很多同学都说:"老师,她不敢写,秦可可不让她超过自己,要求她必须在自己写完后她才能开始写,不然她要受到惩罚的。"

岂有此理!我决定和她妈妈聊聊。

从她妈妈的形象来看,是个成功人士,我把我了解到的情况告诉了她。她妈妈告诉我,虞华是单亲家庭,刚怀这个孩子的时候就离异了,孩子从小就没有见过爸爸,在孩子满周岁的时候以及孩子上学那一年,她都找过孩子的爸爸,希望他能给孩子一点关爱。但是那个人就像从地球上消失了一样,根本就找不着。

就这样,虞华的家庭成了名副其实的"单亲"家庭。孩子很怪异,在家里也很蛮横,母亲在家时一定要和母亲睡一张床。母亲长年出差,外婆在这里照顾她,她就天天和外婆对着干,和外婆大吵大闹,砸东西。偶尔外婆不在,妈妈出差把她放在朋友家里,虞华就整夜不睡,拒绝躺下来,一直坐着到大天亮,把人家吓得连夜打电话请她妈妈回来。平时学校里的任何事情,都不愿意给妈妈说,无论怎么问,她都坚决不说。

知道了这些,我觉得这孩子患的是恐惧症,从来没有安全感,才会如此乖僻。一定要打开一个缺口,解开她的心结,不然这样下去孩子要崩溃的。

我就把学校发生的这一系列事情告诉了她妈妈,她妈妈先是不相信,后来在我的再三要求下,答应问问孩子。

很快她就给我回复了。说孩子坚决否认这样的事情,信誓旦旦地表示,秦可可是她的好朋友,对她非常好,会保护她不受其他同学的欺侮。前面的话还好,后面的话我就听得不对味了,我问:哪里有人欺侮她? 秦可可保护了她什么? 看她当前的情况,很可能他们之间是一种奇怪的保护与被保护关系,受保护者恐怕要听从保护者的"特别"安排。

我表达了我的怀疑,她妈妈也没有完全否认。但是她说:孩子不承认怎么办?

我后来又找了秦可可谈话,她更是否认得干干净净,两个人铁板一块,我暂时也没有辙,但是虞华已经开始故意不来上课了,还让她妈妈帮她请假,每天早晨都说肚子疼,后来他妈妈也不信了,但是,让她来学校,她就哭。

一年的时光很快过去了。六年级上学期,有一天我在办公室批改作业,一个男同学进来了,递给我一张纸条,我一看,大吃一惊!

纸条很小,字却写得工工整整密密麻麻:

> 亲爱的秦可可,我向你道歉,我真的不是故意考好的,我下次考试一定要故意做错,肯定不会超过你,请你原谅我。你不想在学校看见我,我就不来,肯定听你的,只是我妈妈、老师毕(逼)着我来上学,看着妈妈那么可怜,我也不知道怎么和妈妈说辞。我以后做作业一定会故意做错,一定不会得优,我已经给我妈妈说了,等暑假我让妈妈带我们出去玩,以后妈妈买的牛初乳片,我都给你吃。
>
> 再次乞求你的原谅!!!
>
> 虞 华

我看着看着,眼睛湿润了:可怜的孩子,受制到这个程度,内心的苦楚可想而知,可是她为什么一而再再而三地否认秦可可欺负她呢?

我很震惊,也很生气,当即就把虞华的妈妈叫来,把纸条递给她看。白纸黑字,她看到这个纸条,气得脸色铁青,手直抖。

"王老师,您一直以来的观察是对的,我冤枉您了! 我回家一定好好问问虞华,看她这次怎么抵赖?!"

第二天,虞华妈妈来了,提出来要换班级,说要躲开这个欺负人的坏女孩。我问她是否给孩子看过这个纸条,她说看过了,孩子这才承认这些,哭得像泪人,说秦可可承诺充当她的"保护神",保护她不受其他孩子的欺负,但是,凡事一定要听秦可可的,如果不听,就狠狠惩罚她。虞华坚决地不愿意来学校上学了,这下秦可可知道她告诉了妈妈,肯定饶不了她。

所以她妈妈提出了这样的"合理要求"。

"虞华妈妈,你怎么能依着孩子呢?这样的欺负其实算不了什么,她不敢面对,是因为她本身就有不安全感,是你们家庭造成的,如果现在再依着孩子选择逃避,以后这个孩子还怎么面对困难?她以后什么都会逃避,当逃避不了的时候,有什么样的后果你想过吗?"

我苦口婆心一番开导,但虞华的妈妈似乎刀枪不入,油盐不进。她妈妈还是不甘心,去找了王校长,王校长也不同意换班级,并告诉她:"正确面对困难,是对孩子品质的锤炼,你事事呵护,她能永远在你的羽翼下躲着吗?当她需要单独面对这个世界的时候,会怎么样?你想过吗?"

她妈妈哭得很伤心,当天晚上,她给我打来了电话,告诉我她想明白了,要帮助孩子面对困难。

我和虞华妈妈商量制定了办法,先找秦可可谈话,让证据说话,让她承认自己的错误,然后找她家长,让虞华当着秦可可和她妈妈的面,说出秦可可对她的欺负,让她心里的郁结彻底释放。

"虞华,我以后再不欺负你了……"在双方家长的面前,秦可可边哭边说,原先的"强悍形象"荡然无存。

随后,我安排班长跟虞华同桌,让班长不仅在学习上帮助她,其他时间也要关注她,防止她再遭秦可可欺负。

我惊喜地发现,在家长的教育和班干部的监督下,秦可可已变得老实规矩起来,不再主动找虞华的茬了。虞华开始了正常的校园生活,脸上也渐渐有了笑容……

心得分享:

小学校园里的"欺负行为"屡见不鲜,但以"保护神"的姿态对被保护对象频繁实施欺负的做法却很少见,其危害性尤其大。前者的所谓欺负仅仅是皮肉之苦,口舌之争,而后者的欺负因其"华丽外衣"下的隐蔽性,更能伤及幼小的心灵,出现孤独、怕上学、逃学、成绩下滑、自尊心受挫、失眠、抑郁症等负面影响,因饱受欺负而自杀的极端事例也时有发生。

同样,实施欺负的一方,若不及时制止,往往会因"尝到甜头"而得寸进尺,进而"称王称霸",长此以往,对班级、对学校、对自己均会带来可怕的危害。

面对"欺负行为",班主任要明察秋毫,及时干预,将其消灭在萌芽状态。要教育受欺负的一方勇敢面对,不能逃避,消除恐惧心理。另外,要加大对重点学生的监管力度,防止"死灰复燃"。再者,要经常与家长沟通,赢得家长的支持与配合,多管齐下。如此,才有助于小学生形成健全的人格,健康快乐地茁壮成长。

6. 和孩子们一起"疯"

活动一：爬树

我从苏北乡下调到尚书里小学的第四天,就遇到了一桩啼笑皆非的事儿,并引发了我的深度思考。

事情是这样的:

周四中午,我正在办公室批改作业,班长段青樱一头撞将进来,一惊一乍地喊道:"老师老师,陶李歌的爸爸要跳楼自杀了!"

我一惊:家长要跳楼自杀?而且还要跑来学校自杀?

我不敢多想,随段青樱一路跑向了"自杀现场"。

没想到,这"自杀现场"竟然是校园里的女厕所。

女厕所的脊顶是坡顶,码放着黑色的陶瓦。一位瘦小枯干的中年男子,猴似的猫在上面,半跪半趴,一脸的绝望。

我赶紧问一旁的班长:"陶李歌在哪里?"

"老师,我在这里。"陶李歌冒了出来,眼睛红红的,抽噎着,似乎刚刚经历过一场号啕。

我语速极快地问:"你爸怎么了?为啥要爬女厕所自杀?"

这一问,把陶李歌的眼泪问了下来。他边哭边说,我渐渐明白了原委。

原来,中午陶李歌跟同桌戴天娇打闹,戴天娇一气之下,跑到三楼把陶李歌的文具盒从窗口掷了出去。

结果鬼使神差,文具盒就"飞"到了女厕所的顶上。

陶李歌的文具盒不翼而飞,当即号啕大哭。可巧陶李歌的老爸来学校给他送本学期的午餐费,听儿子哭诉了经过,就马不停蹄下了教学楼,奔到了女厕所前。

女厕所的旁边长着一棵并不粗壮的法桐,离厕所不到一米远。老陶脱去鞋,吭哧吭哧先爬法桐,再跨到了厕所顶上。当时是儿子的哭诉让他"热血沸腾",可到了顶上,就原形毕露——下不来了!

"我爸有'恐高症'。"陶李歌哭诉着。

我来到法桐面前,一拧腰,就爬上了树。

"哇——王老师会爬树?"

"酷毙了!"

"太棒了!"

这种"飞檐走壁"般的技巧,赢得了在场者的阵阵喝彩。

我双手握住一个枝杈,双脚一蹬,纵身一跃,便轻捷地跃到了脊顶上。我让老陶走过来,想扶着他攀住树干往下滑,可是,那屋脊是斜坡,再加上有屋瓦,他一走"哗啦"蹬碎了屋瓦,又吓得蹲下来了。我只好走过去,扶着他靠近树,让他站稳,我先爬到树上,再伸手拉他接触到树干,他心里踏实,就顺着树爬了下来。

这桩啼笑皆非的事儿过后,我将陶李歌叫到办公室,问他:"你爸有恐高症,你为啥不自己上去拿回文具盒,让你老爸出了这么大的洋相?"

"我不会爬树。"

"什么?"我非常吃惊,"这么大的人了,不会爬树?"

"这有什么稀奇的,我们班上大多数学生不会爬树,不信您去问问。"

我就在四(5)班做了个民意小调查。

"在座的51位同学,会爬树的请举手。"

讲台下毫无反应。程天豪将手举了半截,就知趣地放了下来。

"在座的51位同学,会弹琴的请举手。"

"唰——"讲台下,密密匝匝竖起一片小手,宛如雨后春笋。

"上课外补习班的举手。"

又是树林般的小手。

我感觉心口在一阵阵发痛。

在农村,这么大的孩子,有谁不会爬树呀?

城里的孩子离大自然太远了!

我突然间就有了一个大胆的想法。

我对全班51位同学说:"这个礼拜天,我带你们去黄岩岛公园,学爬树,大家感不感兴趣?"

"感——兴——趣!!!"

"嗷——,猴子爬树喽——!!!"

孩子们像吃了兴奋剂一般,又蹦又跳,教室里顿时成了欢乐的海洋。

班上的"尖子生"艾钻研举起了小手。我说:"请讲。"

艾钻研站起来,推了推眼镜,忧心忡忡地说:"王老师,我礼拜天上午要上奥数,去不成。"

"对了,我要学钢琴,也去不成。"惠若晴站了起来,"王老师,能不能换到礼拜六去爬树?"

"礼拜六也不行!"艾钻研又使劲推了推眼镜框,"我礼拜六上午要学英语,下午要去练书法。"

艾钻研的眼镜片宛如玻璃瓶底儿,又厚又沉,艾钻研时不时就要朝上推一推镜框,以缓解鼻子的压力。

我瞪了他一眼:"艾钻研呀,你比国家总理还忙嘛!日理万机呀!"

我现在明白了,这些孩子一上课就呵欠连天,如同犯了烟瘾一般,敢情是"赶场子"赶的呀!

农村来的我当即就有了朴素的想法:我要千方百计,让城里的孩子体验一下农村孩子原始的快乐生活!

我清了清嗓子:"本老师决定,这个礼拜日的上午9点,全班在黄岩岛公园南大门集合,集体爬树!在外上各种班的同学都要请假一天,就这么定了!"

"老师万岁!"

班上欢声雷动。

从刚才孩子们的表现,我已看出来了:其实,孩子们并不乐意上什么课外补习班,他们现在最想做的,就是——回归大自然,做回"爬树猴"!

转眼间,礼拜天到了。孩子们大都提早来到了黄岩岛公园南大门,一个个按捺不住兴奋,摩拳擦掌,嗷嗷怪叫。

我刚到公园门口,程天豪就指着一个扎着两条小辫子的矮个女孩,告状了:"老师,杨瓣瓣不是我们四(5)班的!"

矮个子旁边的惠若晴对着程天豪尖声叫道:"她不叫杨瓣瓣,她叫杨盼盼!给你讲N次了,你属老鼠的呀!"

"怎讲?"程天豪抱起了膀。

"——丢爪就忘!"

"嗷,程天豪是老鼠!丢爪就忘!以后大家喊他耗子哥!"陶李歌边起哄边跑,程天豪就追。李骇浪在一旁给程天豪拍手鼓劲。

"别闹了!"我喝住了发了疯的两位,转身问杨盼盼,"你是哪个班的?"

"四一班。"杨盼盼细声细气地回答。

惠若晴说:"她是我的好朋友,我一说咱们班要举行爬树活动,她非要跟来,王老师,可以吗?"

"欢迎。"我伸手握了握杨盼盼的小手,感觉湿漉漉的。

杨盼盼一紧张,小手就出汗,手心就湿漉漉的。

我率领大家杀奔黄岩岛公园。

黄岩岛公园坐落在城西南,公园内有清澈见底的湖水,一座小山旁湖而立,山上长着各种粗细不一的树木。里面的树木可真多呀!有松树、柏树、枫树、无花果树和一些叫不上名字的树。已是初秋,树叶们正抓紧利用宝贵的光阴,向游客展示自己的风采。

"就是这儿了!"

我面对一棵大腿般粗细的槐树稳稳地站定。

孩子们面对槐树聚成一个圆圈,目光投向我,一脸的虔诚:老师的演出就要开始了!

我清了清嗓门:"同学们,今天,咱们在这里,进行一项特殊的活动——爬树。在农村,爬树,是一种游戏,也是一项技能,它给农村的孩子们带来了很多的欢乐,甚至,还被小学校当成了一项赛事。"

"哇——比赛爬树呀!"李骇浪直咂舌。

"我虽然到尚书里小学不久,可我看出来了,咱们四(5)班,方方面面都落在别人后面,出勤率、卫生评比、考试成绩,等等等等。一个安于现状的班级绝对是没有出息的班级,一个顺其自然的班主任也绝对不是称职的班主任。我是农村来的,但我有信心带领大家改变现状,创造辉煌。同学们,改变自我,就从今天开始,从爬树开始吧!"

我的激情演讲,赢得了孩子们的一片欢呼声。

"下面,我先给你们做个示范动作,看清楚了!"

我捋了捋套袖,"呸呸"往手心里吐了两口,两手抱紧树干,两脚错开交叉地夹着树干,一只手往上移,另一只手一跟,两脚整体地往上一挪,蹭蹭蹭,眨眼功夫,已爬上了四米高的槐树。

孩子们看傻了。

"老班可真厉害呀!"

孩子们噼噼啪啪鼓起了掌。

我回到地面,面不改色心不跳。"方才我表演的是爬树,所谓'爬树',就是身体贴着树身,两脚错开交叉地夹着树干,手搂脚划,匍匐上行。谁先来试一试?"

"我——!"

程天豪挺着胸脯走到槐树的面前,像我那样,捋了捋衣袖,"呸呸"往手心里吐了两口,然后搂住了树身,两脚死命地上蹬,可就是上不去分毫。

"哎哟,大狗熊爬树喽!"

"大笨熊跟槐树亲嘴喽!"

陶李歌一咋呼,引起哄然大笑。

我忍住笑,指点道:"把鞋子脱掉,这样就不滑了,能使上劲了。"

程天豪一屁股坐在草地上,笨拙地脱着鞋子。小屁孩们又笑开了:这胖墩脚上的袜子一蓝一白,居然是两个色儿!

"看看你,都马虎到脚趾头上了!"我一席话,又逗得大家捧腹大笑。

"学习马虎,生活也马虎,总之,能力确实马虎!"陶李歌多嘴多舌。

笑声中,程天豪憋屈着大脸,对我悄声说:"老师,我不是马虎。"

"那你——?"

"我的一双白袜子有一只破了个洞,我的一双蓝袜子有一只也破了个洞。"

"所以,你就将没破的两只组合在一起穿上了!"

"是。我想反正又不是穿在脸上,没人看见,可、可——"程天豪哀怨地白了我一眼。

"有啥好笑的!"我向周围怒吼一声,然后用手抚摸着程天豪硕大的脑袋,柔声道:"起来,再试试。"

程天豪重新站在了槐树的面前,在他使劲时,我在下面顺势托了一下他的屁股,这一次,他成功了——爬到了一米的位置!

接下来,小屁孩们依次进行了爬树练习,那真是:人人奋勇,个个争先。

终于轮换了一遍。我望着坐在草地上东倒西歪的小屁孩,突然扑哧笑了:"你们发现了没有,槐树的身体有没有变化?"

李骇浪闻听,忙从草地上爬起,跑到槐树跟前,左瞅右瞧,像发现了新大陆似的嚷嚷起来:"树皮变湿了,树身出水了!"

"上面沾满了大家的口水,不湿才怪咧!"陶李歌咋呼起来。

"你们爬树之前,为啥要朝手心吐口水呢?"我笑眯眯地问道。

"老师,您不是也吐了嘛!"程天豪瞪着分得很开的两眼,揭了我的老底。

"看来,你们都缺少细致的观察。"

"方才,我是照手心呸呸了两声,那是个习惯动作,在给自己鼓劲,并没真正吐口水呀! 而你们,听风就是雨,邯郸学步,学走样了吧!"

"啊——"一片惊叫声,继而是一阵沉寂,孩子们似乎都陷入了思考。

"不爬不知道,一爬吓一跳!你们虽然是城里的孩子,但在动手动脚这项能力上,还不及农村孩子的一半。万里长征才走了第一步,一个个就成了残兵败将,这样的身体,将来怎能建功立业?何谈报效祖国?!"

在黄岩岛公园,在小山上的槐树下,我一手掐腰,一手有力地挥舞着,对这伙毛娃子狠狠地发挥了一通演讲的才华。直到杨盼盼送上一瓶水,我才打住。

我打开瓶盖,一气狂饮。然后用手背擦了擦嘴角,说:"刚才教你们练习的,只能称作'爬树',属于初级阶段。在农村,除了'爬树',还有'上树',上回我在校园法桐上使用的就是'上树'的技巧。"

"没看到,老师您再表演一下吧。"惠若晴虔诚地请示。杨盼盼也送上了期盼的眼神。

我习惯地一捋套袖,"呸"地照手心吐了一口,一拧身,手抓脚蹬,像猿猴似的弓身上行。

"飞檐走壁啊!"惠若晴失声叫道。

孩子们看傻了,全都忘了鼓掌。

时间过得真快,我看了看手表,已经十一点了。我把学生们分成几个小组,就近寻找合适的树木练习爬树。

可是,没想到,出事情了!

最先跑过来的,是李骇浪,捂着手,说:"老师老师,我不幸'光荣'了!"

我没听懂,等李骇浪到了跟前,摊开手一看,右手心有道牙签长的口子,正朝外冒着血花。

"你怎么回事?"

李骇浪还没回答,程天豪也捂着手跌跌撞撞跑了过来:"老师,我的手被扎破了!"

同样的位置,同样的景象。

"老师,钉子!树上有钉子!没法爬!"惠若晴跑了过来。我看她倒没有受伤。

李骇浪终于找到了讲话的机会:"王老师,我爬树时,碰到了钉子,手被扎破了。"

"我也是。树上有钉子。"

"钉子?树身上长钉子了?"我万分惊讶,方才的淡定劲儿如轻烟消散。

如同人不可能长三只眼一样,树上也不可能长钉子呀!我感觉问题有些严重,赶紧叫孩子们停止了爬树练习。

真是不查不知道,一查吓一跳:不少树身上都有钉子,或高或低,或一颗,或几颗。

钉子有的粗,有的细。有的长,有的短。

有的锈迹斑斑,已与树身混为一体,说明钉上去的年头已很久了。有的新崭崭、亮晶晶,应是钉上去没几天。

大凡钉子钉过的地方,就会鼓出一块树瘤一样的东西,棵棵难以幸免,触目惊心!

"老师,这么多的钉子,是从哪来的?"

我百思不解:是呀,这树上的钉子是哪来的? 在农村,从来没有出现过树上"生钉子"的事!

"老师,我知道。"矮个子女生戴天娇举起了小手。

"快说。"

"这钉子是晨练的人钉上去的,为了挂衣服,挂水壶,挂帽子。"

"我爷爷也这样干过。"杨盼盼终于细声细气开了口:"爷爷讲:晨练的人都喜欢在树上钉颗钉子,一来方便挂东西,二来用它占地盘。"

"你爷爷大坏蛋! 吃狗屎,不要钱!"程天豪趁机对杨盼盼展开了攻击,赢得了我目光的呵斥。杨盼盼被骂得眼泪都下来了。

惠若晴指着一颗秃了帽的锈钉子说:"我敢打赌,这颗钉子的主人,肯定入土为安了!"

这都哪跟哪呀!

我一清点,有六位同学的手挂彩了。

当务之急,先治疗!

"王老师,人命关天,带他们几个去医院吧!"班长段青樱焦急的神色与他小小的年纪毫不相符。

恰好一个孩子的家长因不放心过来看孩子的活动情况,我请他先帮忙带着这几个孩子去附近的医院包扎。

看到因为"钉子事件"影响了孩子们的爬树热情,我话锋一转,说:"太不像话了! 爱护树木,人人有责,城里人难道不懂得这个最最起码的道理吗?"

"树妈妈肯定很疼的,看,它都掉泪了!"杨盼盼指着挂着的树胶说。

"老师,树上有钉子,我们再也不能爬树了!"戴天娇一脸失望的神色。

"能!"程天豪很坚决地一挥手:"咱们拔掉它! 不让它再害人!"

"对,也不让它再害树!"惠若晴瞪着一双童真的大眼,义愤填膺。

"同学们讲得好!"我说,"钉子钉的不是地方,我们有责任把它们全部、彻底、干净地拔除掉!"

"同学们,今天的活动到此结束,我们下周再来拔钉子。"

"好!"同学们热情高涨。

活动二:拔钉子

下一个礼拜天很快到来了,我骑着"飞鸽",飞到了黄岩岛公园的南大门。门口聚集着一群游客,导游在大声嚷嚷着什么。放眼望去,没有一张熟悉的面孔。

咦,怎么回事?莫非校长单方面取消了这次活动?或是家长们不让孩子们再出来冒险了?

另外,耽误了孩子上补习班,这也是家长们不能容忍的——分,分,学生的命根呀!

我非常失望,在门口徘徊了一阵,毅然决然:还是进去看看吧!

公园里依然鸟语花香,清新的空气迎面扑来,我的心情也随之舒畅起来。很快来到了上周活动的地方。

可眼前的一幕,让我失态地将嘴巴张成了大大的"O"——

树木葱茏的小山上,一群孩子,似乎在与时间赛跑,有的挥舞着羊角锤,有的举着老虎钳,有的搭着人梯,正热火朝天地拔着树身上各种各样的钉子。

而且,还有几位大人,也在一旁吆五喝六,卖力地帮忙。

歌声,叫好声,鼓劲声,不绝于耳。

活脱脱一幅火热的田园劳作图。

这轰轰烈烈的场面,在农村,并不鲜见,可在大城市,在黄岩岛公园,可算是"稀罕稀罕真稀罕"!

"快看,王老师驾到!"

眼尖的李骇浪狼嚎一声,小屁孩们顿时从四面八方嗷嗷叫着狂奔而来,宛如失散多年的孩子终于见到了日思夜想的妈妈,将我团团围住。

眼前的场面生生感染着我。我哆嗦着嘴角,强忍住就要奔涌而出的眼泪。

此刻,我感觉自己是世界上最最幸福的教师!

"老师,我拔了5颗钉子了!"

"我2颗!"

"我拔了3颗,还有一只大号的!"

孩子们争先恐后地向我汇报着自己的累累战果。

几位家长走了过来,跟我寒暄着,连连称赞这项拔钉子活动很有意义。在一片欢声笑语中,我也马上加入了拔钉子的行列。

师生们正拔得热火朝天,突然一声断喝:"住手!"

几位穿着制服的人天兵天将一般降临到我的面前。

"你们是干什么的? 这么多钉子,哪来的,想干什么?"为首一位黑脸汉子掐着腰,连珠炮一般对我发问。

"你们是——"我小心翼翼地问道。

"我们是公园的工作人员,这位是我们杨园长。"黑脸汉子身旁的一位络腮胡抢先回答。

我开口了:"杨园长,是这么回事……"

我就将来龙去脉讲了一遍。

杨园长听了,黑着脸,冷冰冰地说道:"你们貌似为公园做了一件大好事,可你们想过没有,你这厢把钉子去掉,人家那厢就会将钉子再钉上去,反而更加伤害了树木。"

"园长您放心,这事我早就想好了,拔去钉子之后,我们会在树身上悬挂孩子们自制的宣传标语,用来防止晨练者再钉钉子;另外,我们打算多做些钩子,挂在树杈上,供游人使用。这些是我做的样品,您看可行不?"

我从布袋里掏出几副大小不一的铁钩及一捆麻绳。"麻绳系在树杈上放下来,拴住铁钩,这样,既能挂东西,又不伤害树木。"我边说边演示。

"太棒喽!"杨园长摆弄着这些宛如工艺品一样的手工制品,黑脸膛发出了油亮的光彩:"这下难题彻底解决喽! 你们为黄岩岛公园做了一件大好事哇! 我们这座公园,是民国时期一位爱国华侨出资兴建的,有年头了。这么多年下来,游客与晨练的人在树身上留下了无数颗钉子,树木可是伤痕累累喽! 你们可是为我们公园,更是为我们这座城市,做了件大好事哇!"

杨园长一激动,说话就有些刹不住嘴了。

看这几位制服变得和颜悦色起来,几位家长原本攥紧的拳头和绷紧的神经也松弛了下来。

"误会误会!"杨园长望了众人一眼,"刚才几位游客来投诉,说你们搞破坏,于是……"

很快,我们师生又投入拔钉子的活动中……

心得分享:

　　本来是想带领孩子们亲近大自然,锻炼身体,没想到阴差阳错,却成了为大树拔"刺"的活动。一次难忘的经历,让我由衷地感慨:拥有一群富有爱心的学生和家长,今生知足了!

现在的孩子学习跆拳道、学习钢琴、学习奥数、学习英语……什么都学,唯独和大自然疏远了,从前孩子们玩的简单游戏、喜爱的自然活动,都已经随着人们生活的精致渐渐消亡了,心痛之余,也是无可奈何。想去补救,几乎不可能,就像这次,幸好家长们没有追究我带孩子们爬树受的伤,不然结果可能更糟。

和孩子们一起“疯”,是我对现代教育模式和精细生活的一次“抵抗”,虽然没有达到预期效果,但最终也收获多多……

7. 失落的成绩

几年前,我所教的六年级学生面临着毕业。家长们都想给孩子找个好学校,于是疲于奔命,紧张地拿着孩子的成绩单到处找学校报名。

有天早上,男生于祖兴的家长匆匆来到办公室,手里拿着一本成绩册对我说:"王老师,你们学校老师太不负责任了!居然把我孩子的成绩写错了!"

我愕然,心想:成绩册是春节前发下去的,现在都过去几个月了,怎么现在才想起来?但我还是安慰他:"您别急,慢慢说。"并给他倒了一杯开水。

于祖兴的爸爸絮絮叨叨说开来:上学期期末考试,他明明记得于祖兴的数学成绩是 92 分,他看到了试卷,还因此请儿子去吃了肯德基,怎么现在成绩册上写的是"良"?"我还要靠它找中学呢!你们一定要帮我改过来!"

"你记得那次 92 分是哪一次考试的成绩?"

"就是去年寒假前的期末考试!"

"请你稍等,教数学的段老师正在上课,我马上帮你去问,好吗?"

我找到数学段老师,告诉他这件事。段老师当时就火了:"不可能!我对登记在册的成绩从来都是复核两遍的,就是怕出错。"我让他别激动,还是找登记分数的记分册看一看。段老师回到办公室一通忙乎,居然把那次的期末考试卷翻了出来,说:"你让他自己找吧!"说着,就匆匆上课去了。

我抱着一摞试卷回到我的办公室,让于祖兴的爸爸去找。他很快就找到了于祖兴的试卷,看过后,一言不发地走了。

我走过去一看,试卷上清清白白写着:84 分。

后来我在班级了解到,于祖兴确实有一次考了 92 分,但那是一次小测验,不记录在案的。

我以为这件事到此结束了,家长肯定知道自己记错了。但是没想到第二天早上,于祖兴的爸爸又来了,脸色比昨天还难看。他径直走到我面前,冷冰冰地说:"我儿子的分数前面几次都弄错了,我要求查所有的数学试卷!"

这下生生难住了我。我知道几年来数学老师换了几茬,不可能大家都留住试卷。我建议他查阅"校校通"平台上的分数。他同意了。

我带他来到信息室，查出来的结果和他儿子成绩册没有任何出入。他当时就拿着打印出来的成绩一声不吭地走了。

谁知事情并没有结束。第三天他又来了，这次好像更生气了，进门就嚷嚷："谁能相信你们电脑上的登记没有被改动过？！"

这简直是有些无理取闹了！不过我仍然好言相劝："于祖兴爸爸，你要相信老师，相信学校……"

他立马打断了我的话："我拿着孩子的成绩册去报名，人家看到孩子成绩册上那么多'良'，都不给报名，我告诉人家是孩子的老师写错了，人家不信，要我出证明，你看这事闹的！我孩子要报名，不能等了，你们必须给我改过来！"

看他一脸的狂躁，我很同情他，可怜天下父母心哦！但我只能说："事到如今，我无能为力。"

看着他在办公室烦躁地来回兜圈子，我想起了他们的家庭教育，对孩子的学习几乎没有要求，每次找他们请求配合教育孩子，他们都很抵触，表示希望孩子自由生长。记得去年春天的一个早上，于祖兴接连几天不交作业，我多次联系于祖兴的母亲督促孩子完成作业，可是几乎没有效果。那天早晨检查作业，发现于祖兴又没有写，我当时就打电话给他妈妈，没想到他妈妈非常气愤："我儿子现在是不是在办公室？"得到肯定的答案后，更火了："你一大早就把我儿子弄到办公室批评，他一天的心情都被破坏了，有你这样的老师吗？！"

于祖兴父母对待老师"兴师问罪"的态度让人寒心。可现在看着他那一脸的焦急和沮丧，我于心不忍，委婉地告诉于祖兴的爸爸：

"孩子本来天资不错，如果在平时，您能对孩子习惯的养成多下功夫，对孩子的要求再严格一些，像现在这样多过问孩子的事，哪里会有今天的结果啊？！"

晚上，于祖兴的爸爸用手机编了一条很长的信息发来：王老师您好！现将中学的招生条件发给你，麻烦王老师给我们想想办法，看看哪条最容易实现，于祖兴定会感谢师恩的！

1. 小学三、四、五、六年级语文、数学、外语期末考试成绩全优，并连续被评为校三好生或优秀少先队员。

2. 小学五、六年级语文数学外语全优，并曾获得区以上三好学生、少先队员等荣誉称号者。

……

看了这几个条件，我觉得这位家长真是执着，明知不可为，还在做着努力，他对自己孩子的爱可谓深切,可惜现在晚了!

我当即给他回了信息:孩子升入的中学也许不是理想的,但只要家长能多关心孩子的成长,多过问孩子的学业,积极配合老师的教学,相信爱心的付出终会带来回报的。

直到半年后,于祖兴的爸爸才给我回了信息:王老师,我非常后悔在孩子小学时放任自流,是我们错误的教育理念导致孩子小学没有养成良好的学习习惯。现在上了中学,我按照您说的督促管理,虽然很费劲,但是已有了长足的进步。当初我们的某些做法太幼稚了,肯定也给您带来了不愉快,在这里给您道歉了,感谢您为孩子的付出!

我欣慰地笑了,虽然小学毕业后才明白,但是亡羊补牢,永远不晚。

心得分享:

这个孩子本来是个聪明的孩子,上课思维很活跃,常常有与众不同的见解。但就是懒惰,怕写字,凡是要写的东西都逃避,甚至被批评也毫不在意。家长总觉得孩子聪明,纵容孩子的随心所欲,过度保护孩子的自尊,让孩子形成了骄纵的个性、懒惰的习惯。

老师的反复沟通不起作用,直到要升入中学家长才发现自己的孩子是那么糟糕,自尊心真正受到了打击。在打击面前不能正确面对,做徒劳无益的"努力",直至无功而返。

教育,是需要学校和家长达成共识的,仅有老师的努力,孤掌难鸣。学校教育,也需要家长的配合。只有老师和家长拧成一股绳,形成合力,才能真正产生教育效果。

8. 特立独行的"小哲人"

刚接手四(1)班,我就发现了一位非同寻常的学生:安忆。她的所作所为,是我从教二十多年来从没有碰到过的!

第一次"交锋",安忆就给了我一个下马威。

那天,上完四(1)班的第一堂语文课,一个高个女孩就一窜一窜跑到我面前,用一种很沉稳的语气问我:"王老师,我叫安忆,能不能给我调换一下座位?"

"你看不清黑板上的板书是吗?"我反问。

"不是。教科学的李老师对我讲:你虽然坐在后面,但是你的成绩还是不错的。我觉得李老师话里有话。"

我笑了笑:"你想多了,老师没有别的意思,只是想表扬你。"

"可是,我坐在后排,在那些反对我的同学的包围圈里,很不爽。"

"那,给你调到哪里才能不在那个包围圈里呢?你只要在这个班级,都会处在这个包围圈里。我给你调到一、二排不可能,那里都是矮个小豆子,如果在三、四排,依然在那些反对你的人里面,那些人看到你这么高个坐到他们前面,肯定非常生气,变本加厉,你会更加不舒服的,对吗?"

"您说的也不无道理。"安忆舔了舔干裂的嘴唇,"叶璜那里不是缺一个人吗?"

"是啊!但是叶璜在第二排,你能坐那里吗,你实在是太高了!你如果非要坐到前面,就只能在边上,不能变位置。"

"我坐矮一点不是可以吗?比如,我坐个矮板凳。"

"你的身高块头在那里,怎么坐都是不合适的。假如你坐第二排,只能坐边上,而且是固定的,不能调换。"

安忆突然涨红了脸,提高了嗓门,腔调充满了愤懑:"那以后每次调换座位,别人能换,我就不能换,那不是遭到歧视了吗?"

我看她很生气的样子,便好言相劝:"我考虑考虑,看有没有更好的方案。"

一个周三的中午,我护导,安忆突然凑上来,趴在我耳边,压低嗓音,很神秘地告诉我:"王老师,我今天忘记带书了!"

"咦,那你上午是怎么上课的?"

"看,您又'惯性思维'了吧!我不是忘记带语文书了,是忘记带课外书了。"

她眼睛瞪得溜圆,一眨不眨地看我反应。我说:"嗯,也好,你可以歇歇脑子,你就不看课外书吧。"

"不看很难受,幸好王老师护导,我可以和您说话了。"我说:"你也可以和同学们做游戏啊!可以和同学们聊天啊!""不,王老师,他们不喜欢我,不跟我玩,我喜欢跟老师玩。前几天我还给六(3)班的李老师说话呢,我更喜欢和老师说话。"她话锋一转:"王老师,你说,人活着就是为了吃饭、上学、考大学、工作吗,这有什么意思?"

我听了,微微一震,这么小的孩子,竟然有这样想法,若不及时加以纠正,对她的成长定会带来负面的影响。我思考一下说:"人活着绝对不止这些,我们一直在享受过程。不能整天想着直奔目的地而去。就像我们每天来上学,虽然目的地是学校,可是一路上车子川流不息,路旁的法桐高大、茂盛,看着就舒服,也是一种享受。即使在公交车上也可看到各种人、各种事,这都很有趣,这就是路上的别样风景。如果凡事都直奔目的地,路上的风景都忽略了,那就会失去很多乐趣!人生也是这样,虽然人们都奔着考大学、找好工作的目的而去,但是在奋斗的过程中,我们收获了很多奋斗的艰辛快乐,还收获了很多友情、亲情等,这些都是人生路上的风景,都是不可预知的,正因为这样,才更有神秘感,更有吸引力,这些都是我们意外的收获,也是人生最大的乐趣。试想,如果我们直奔大学、好工作而去,路上的其他风景都视而不见,那就像直接给了你想要的,给了你答案,你的生命也似乎到了尽头,这样的'捷径',你愿意走吗?"

我苦口婆心一席话,安忆吸了吸鼻子,若有所悟地点点头,说:"老师,马上上课了,我走了。"

这是一个什么样的孩子? 她单纯可爱,但是又想得很深很多,还把人生总结成这样,怎么样才能让她快乐起来? 我心里沉甸甸的。

安忆最近很喜欢和我在一起聊天。这天中午我刚给学生盛好饭,端起碗准备吃饭,她已经吃好了,来到我身边问我:"王老师,我能问你个问题吗?"我点头。她说:"上帝是万能的吗?"我无言。她继续说:"上帝能否制造一块他自己也举不起来的石头? 如果上帝能制造一块连他自己也举不起来的石头,那么他不是万能的,因为他有一块石头举不起来;如果上帝不能制造一块连他自己也举不起来的石头,那么他也不是万能的,因为有一块石头他制造不出来。老师,你说上帝是不是万能的?"

我问她哪里来的这样稀奇古怪的问题,她说是从哲学书籍中看到的,我陷入了沉思。

我渐渐地发现,安忆喜欢的课外书,与其他孩子偏向看少儿书籍不同,她嗜好看高深的哲学类书籍,这也许是她常常会冒出一些"奇思怪想"的原因所在吧。

一次我中午值班,刚要给学生分饭,安忆悄无声息地到了我面前:"王老师,我想给您谈个想法。"

"盛饭谈不卫生,等我分好饭再谈吧。"

终于将三十几份饭分好,我对一旁皱着眉头的安忆说:"现在可以谈了。"

"但是我说了,老师能不能接受,我很怀疑。"

我笑了:"小丫头,别啰唆,快说,我有什么不能接受的?"

"王老师,我觉得我们班的同学都很虚伪,包括您。"

我暗吃一惊,赶紧问:"比如——"

"比如,你让我们读书,我们就读书;你让我们有感情地朗读,我们就有感情地朗读。"

我虚心请教:"你觉得老师怎样上课才不虚伪?"

"不知道。"她回答得很干脆。

面对这样的学生,这样的问题,我真的不知道怎样才能说服她,或者说服自己,我有点困惑了。

最近安忆表现得很特别,周一下午她没有做好卫生,我狠狠批评了她,她一点都没有生气,感觉很淡定,不知她内心怎么想的。

这天她看我在教室板书,就过来找我说话,和我谈叔本华,谈亚里士多德、柏拉图,谈莎士比亚。谈过之后,余兴未尽,她又适时地给我抛出一个问题:"王老师,莎士比亚的剧本为什么在中国只能读到有限的几部,其他的都没有?"

我说:"肯定是读者群不对,没有多少人对他的所有剧本都感兴趣,所以,商家肯定是趋利了,只出版莎翁的名作,好赚取利润。"

"对了,王老师,还有个问题一直纠缠着我。我在家里,有时来客人了,我妈妈总说我在客人面前表现得像个怪物。"

"为什么那样?"

"我自己也不知道为什么那样。"安忆偏过脸去想了想,"我在不同的人面前会有不同的表现,这不是刻意的,比如我在英语顾老师面前会表现得像个天真的有点弱智的孩子。王老师,这样人家会不会认为我怪?"

"不会。了解你的人就不会这么认为,但是不了解的人就不好说了。比如我就知道你的这种表现是来自你读了太多的书,而这些书以你的年龄是无法消化的,特别是西方的哲学书。"我顿了顿,"每个人读了书都有和别人分享的冲动,你也一样,但是你很难找到知音,同龄人没有你这个深度,年龄大的不屑于和你交流,所以,你注定孤独。"

我肯定讲到了安忆的要害,她拧着眉头,半晌不吭声。

"我建议你现在不要读那些成人的哲学书了,如果喜欢这些我推荐几本适合你这个年龄读的有关哲学思辨的书。你看你那天问我的那个哲学悖论就很绕人,你太小了,不适合思考这些问题,等长大了,有了一定的文化基础,如果还对这样的问题感兴趣,你可以去研究哲学好吗?"

安忆艰难地点了点头。

一周后,安忆找到我说:"王老师,我很想争到第一。"

安忆的想法让我惊喜,这可是她第一次真正跟我谈成绩呀!这个孩子非常聪明,学习从来不费劲,对功课能够驾轻就熟,每次作业课上,其他同学忙着做题的时候,她早已经忙好一切开始看课外书了,我对此已经习以为常。但是她的成绩虽然好,却很少能考到几门功课总分第一,那是因为她兴趣不在学习上。我故意问:"为什么?"

她趴在我的耳边,悄悄说:"我要证明自己!"她脸颊绯红,眼眶里跳动着罕见的小火星。我赶紧鼓励她:"你肯定能做到!"

在学生们行将毕业前,我出了这样一道作文题:请围绕"成长的烦恼"这个话题写一篇习作,要大胆写出自己的心里话。

我就想让孩子们敞开心扉,尽情地发泄一通,"挥挥手,不带走一片烦恼"。

不出我所料,安忆写的是《咀嚼孤独》——

不知因什么缘故,二年级新学期开始了一段时间后,同学们渐渐地疏远了我。曾经一起玩耍的朋友找到了新的玩伴,有些朋友在和我交往时显出了极不耐烦的样子,还有一些尽量避免和我讲话。很快,我就剩下一个人了。我也想掺和进他们的游戏中,却发现他们对我的态度十分冷淡。有一次,我见女生们在玩球,便也想去玩。领头的同学看也不看我一眼,说:"这里人满了,到别处玩吧。"我瞅了瞅这个队伍,才五个人,一定能加上我,但我不敢多说什么,急忙离开。

同学们三五扎堆,在一起聊天、运动、游戏,我只能望着自己孤单的影子发愣,好像还期待我身旁能多一个人似的。我多么想冲进欢乐、冲进朋友带给我的享受中,可我追求多少次,现实就反击我多少次。我逆来顺受,过惯了孤独的生活。

可不能让事态这样发展下去,我跑去请教王老师,王老师耐心听完我的叙述,便从各个方面分析起问题。"也许你不愿意宽容别人的错误,"王老师和蔼地说,"你要心胸宽广,善待别人。可能还有一种原因,你读的哲学书太多,跟我讨论问题我都感到困难,何况同龄的孩子。因此,你的思维方式和同学们融合不到一起。你要放松自己的思维,少看一些超出你能力的东西。"

我赞同王老师的观点,感到心里豁然开朗。我相信通过不断改善,一定能使情况变好。于是,我从很大程度上注意了自己的行为:随和地与人交往,原谅同学的错误,关心他人,帮助他人。我努力让自己少看哲学类书(但有时又忍不住,我太喜欢它们了)。日复一日,在老师的关心、帮助下,班级的友谊之门终于向我敞开,我又有朋友了,我觉得自己快乐了不少。相信到了中学,我会有更多的好朋友。

在一次次与安忆的交锋中,我以爱心和慧心去走近"小哲人",走进她丰富、孤独的心灵,期望发现并矫正偏颇。

新年的第一天,安忆的妈妈给我发了一条短信:"敬爱的王老师,我虽然是博士学位,可在教育孩子方面,远远比不上您。您到底是用了什么高招呀?抽空我一定来向您请教。感谢您过去的日子里给予安忆的帮助,您的善良、您的正直、您的能干都是值得我尊敬的。新的一年到来了,祝福全家永远幸福、健康、快乐!"

看过这则短信,我激动难抑。作为小学教师,我没有什么"高招",有的只是一颗对每位孩子永不言弃的浓浓爱心罢了。

心得分享:

孤独感是人类与生俱来的,但是安忆的孤独与众不同,这样的孩子在小学生中是少数。她聪明、博学,但是容易剑走偏锋,也因此很难合群。如果不能适时矫正,可能会误入歧途,耽误学业;只有适时适当地矫正,方可促使其成为大才。

作为班主任,应该想方设法走进孩子内心,去疏导、去引领,做孩子们成长道路上的指路灯塔,做孩子们成长之路的领航人。

9. 艰难的疗伤

今天戴老师要在我们班试上,我一早就带领学生打扫卫生。四年级的学生拖地都是轻描淡写的,黑的地面都拖不干净,我看不下去,就拿来拖把亲自大干。

"啊呀——"

一声惊叫,我抬头一看,袁晓在陈灵犀抽屉里扫出一堆的空瓶子、干瘪的麻团、碎纸,再看看地面他坐的那一块,黑乎乎的脚印大块的黑斑,特别脏。我把他的椅子拉出来,用力拖着,我正忙得起劲,"谁动了我的椅子?"我直起腰一看,是陈灵犀满头大汗跑进来,口气十分不友好。

我顿时火了:"你看我在给你拖地,还能有谁动你的椅子?"

陈灵犀歪着脑袋斜着眼看着我,不吱声。我接着说:"我不但动了你的椅子,我还从你的抽屉里清除了很多空瓶子,纸团!"

他说:"我忘记带回家了!"

我说:"这些垃圾,你会带回家吗?"

"那又不是我的!"

总之,你有来言他有去语,寸步不让。我的火更大了,难得地骂了他:"你这个没良心的东西! 帮你打扫卫生,你还挑三拣四,在你的眼里恐怕就没有好人!"

这孩子就这样,眼里像有刺一样,看谁都不顺眼,就想扎人家一下;说话像鸟腔,和同学打架事件几乎天天发生。

中午,侯堃跑来办公室告诉我,陈灵犀又向他要钱了。我很生气,把陈灵犀叫过来:"你为什么整天问人家要钱? 人家欠你钱吗? 你家缺钱吗?"

他立即回答:"当然不缺钱!"

"那为什么问人家要钱? 你想当土匪吗?"

他就什么都说不出来了。我知道,他已经接近学坏的边缘!

下午收上来作业,我在办公室批改,改到陈灵犀的看拼音写词,居然一小张纸上错了 47 个。

陈灵犀的坐姿永远奇特:两手伸得长长的,一会搭在前桌,一会搭在后桌,腰弓着,头歪着,两眼要么茫然四顾,要么若有所思。更令人无法忍受的是那两腿:直直地伸向前方,其实就是伸向走道,远远地叉开,经常有同学被他使"绊马索"。陈灵犀屁股下的凳子永远过的是"水深火热"的日子:那四条腿永远都是一个腿着地,其他三个腿悬空。他以独立的一条凳子腿为支点,整个身子前后左右地晃动,不将胖墩墩的身体拧成麻花状绝不罢休。

每次班级搞活动,都是陈灵犀最放肆的时候,怎样制止他都不听,嘴里像安了台永动机,讲起话来没完没了。在操场上,更是不停地闹腾,和同学"打"成一片,作为班主任,我有时感到很无力。

追根溯源,陈灵犀原来对老师还是有所敬畏的。但是,随着他父母感情出现了裂痕,陈灵犀也变得怪异起来。他父母吵打不休,并日日升级,最终走向了离婚的结局。陈灵犀感到被抛弃了,心里渐渐自暴自弃,再加上他爸爸给他灌输的不健康的思想:好面子,讲排场,要吃好的,住五星宾馆,不能让人觉得自己没有钱等等,让他越来越颓废。随着年龄的增长,他破罐子破摔,已经没有了道德的约束,扭曲的心灵下,他的胆子也渐渐大起来。

我为改变他而绞尽脑汁,但无论对他说什么,无论对他怎样教育,他就是刀枪不入,永远地无动于衷。我有时绝望地想:这孩子心里到底装着什么?这么满?凭我怎样努力都装不进任何东西呢?

很显然,陈灵犀的心里装满了怨气,装满了怒火,装满了对父母的不满。陈灵犀觉得普天下的人都像他父母一样令他不满意。我时时发愁:这样没有礼貌、没有上进心、没有敬畏的孩子,将来怎么办啊!

下午课不多,但是,陈灵犀和陈晓发生了矛盾,叫来办公室,我问怎么回事,陈灵犀扛着脑袋,依然是那副气势汹汹的样子,哇哩哇啦,说话不加标点,不容别人说话。

我听了半天,才弄明白,是陈灵犀和几个同学踢毽子,踢到了陈晓头上,陈晓讲了他几句,他就和陈晓打了起来。

我知道,今天的事,陈晓好沟通,但是陈灵犀一向讲歪理,他不会服软的,我必须找到他的错,让他承认自己有错,才能打开处理的大门。

我问:"你踢毽子,踢到陈晓头上,道歉了吗?"

陈灵犀根本就不回答我的问题,啰啰唆唆地说着陈晓故意捣乱。我再问一遍:"你踢毽子到人家头上,是不是需要道歉?"

他居然大着舌头回答:"他站的不是地方,那里离我们太近!"

我给他气得没有话说。这个孩子从来就不认为自己错,认为别人都对不起他,让他认错非常困难。

我只好耐着性子说:"学校的地盘,你陈灵犀可以站,人家陈晓一样可以站,为什么你说人家站的不是地方?"

陈灵犀居然说:"我正在踢着毽子,他冲上来才砸到他的,我为什么道歉?"

我知道这情况根本无法说服他,我决定到班级去处理。正好上课了,我带着他们回到教室,站在讲台上,我问同学们:"陈灵犀踢毽子踢到陈晓头上,是不是需要道歉?"

大家都说应该。我让认为要道歉的同学举手,教室里立马竖起了一片小树林。

我转而问陈灵犀:"你到底道歉不道歉?"

他难得地哭了起来,边哭边说:"道歉。"然后向陈晓道了歉。

早操时,陈灵犀和顾自立因为谁在前面谁在后面的事情又打起来了,我把他们两个喊过来,他们还像斗鸡一样吵闹个不休,我说:"继续吵,我喜欢看。"

他们反而停下来了,狐疑地看着我。

我说:"谁在前谁在后,对你两个有影响吗?"

"没有。"

"你如果在前面,是不是能考一百分? 你如果在前面是不是在同学面前更有威信?"

"……没有。"

"对了,既然在前在后都没有任何影响,站在哪里又有什么关系呢?"

我转向顾自立:"你可以高风亮节一点:他想在前他就在前,我在后就是了,这能显示你男子汉的胸怀,他反而不好意思给你争了。"又转向陈灵犀,"你也可以心胸宽广一点:他在前就在前嘛! 我让着他,说明我有修养! 可是你们两个都没有男子汉胸怀,表现得也缺乏修养,为这点小事大打出手,不觉得丢人吗?"

顾自立挠着头,不好意思地笑了。而陈灵犀踢着地面,闷声不吭。

晚上,我忙好家务,给陈灵犀的妈妈打电话谈了关于这孩子的情况,他妈妈表示一定配合。

给她打完电话,我想到:是破碎的家庭把孩子害成了这样,从这点说,他生活在这个破碎的家庭,很可怜!

晚上十点多了,接到陈灵犀爸爸的短信:"王老师,我今天回去看儿子,结果就因为我控制他玩游戏的时间,就被儿子发短信骂得狗血喷头,这孩子以后怎么办?我怀疑他母亲在背后说我的不是了,我这个父亲失败啊!"

我回:"孩子还小,不懂事,长大会明白的,我们老师也都知道你很想关心孩子。

请放心,作为班主任,我不会放弃班上任何一位学生的。"

发完信息,我立马给陈灵犀妈妈打了电话,让她教育孩子不要仇恨他爸爸,一旦仇恨的种子种下了,就会结出恶果,孩子长大了就没有了底线,当你得罪他时,他对你也不会客气……我一口气讲了一个多小时,希望她听明白了。

期末考试前夕,我给陈灵犀妈妈打电话,告诉她怎样帮助陈灵犀复习迎考。

"王老师,感谢您为孩子做的一切,您种下的是善,结的是善果,我和孩子永远都不会忘记您!"陈灵犀的妈妈说。

期末考试如期进行。这次的作文是这样要求的:我们每个人的身边都有这样的人在为我们开着方便之门,他们就像小小的嫩黄的桂花,悄悄地释放着幽香……我们常常被这样的人关怀着、感动着。仿照《飘香人生》的写法,写一个给你或别人"开着方便之门"的人,题目自拟。

我看到陈灵犀写的是《腊梅飘香》——

又是一个冬天(,)我起迟了,而街上有(又)开始了堵车,只听"咚"的一声,前方出现了车祸,我便下车坐在了路边。

只见路边几棵腊梅开得正盛,我十分中(钟)爱腊梅,因为我常常被它不拍(怕)寒冷、抗击风雪和高洁的品质感动。这时我想起了一件记忆深刻的事。

这也是一个冬天,我家闹钟坏了,我一觉睡到了十点半。我一起床便马不停蹄地赶去上课了,可一进教室,同学们见我哈哈大笑!"你怎么睡过头了?"只见王老师拍了下桌了(子)说,"安静,你快进来上课。"不一会儿下课了。老师把我叫到了办公室说:"你下次可得早点来,离家那么近总是迟到,不怕同学们笑话吗?你看,同学们都正常上课,可是你却耽误了学习……"王老师给我谈了好长时间的话,还让我补写了耽误的作业,不会的给我耐心讲解,我十分感动,心想:"王老师对我这么好,她多么像梅花再(在)大雪里独自开放,来帮助我学习,她比其他老师上课更认真。"倾(顷)刻间我的眼框(眶)便涌出了一串串闪烁的泪花。

其实我们每个人的身边都有这样帮助我们打开方便之门的人。

我以前常常问自己到底什么才是高洁。现在我找到了答案:只有蜡(腊)梅独放一枝的品质才是高洁,王老师对我永不放弃的教育,一定会让我痛改前非,带来明天美好的未来!

看了陈灵犀的作文,我的眼睛湿润了,虽然他比喻得不恰当,语言不那么流畅,但他那颗心是懂得感恩的,他的心灵不再被灼热的怨气占领,而是吹进了一股清凉的风。我付出的爱有了回报,含着眼泪,我笑了。

心得分享:

看了这篇作文,我感觉我艰难的疗伤之旅终于有了点滴收获。人心都是肉长的,陈灵犀在我三番五次的关心、教育下,终于学会感恩,这是我最大的收获。

破碎的家庭是孩子成长路上的陷坑,让孩子无法正常学习、生活,稍不留神就会深陷其中。

面对这样一个破碎的家庭中的三位成员,我一次次排解纠纷,干了许许多多的"分外事",正像家长讲的那样:"你种下的是善因,结的是善果。"

这些离异家庭的孩子是可怜的,他们幼小的心灵哪里经得起离婚大战的摧残!真希望天下的父母们能慎提离婚,即使离婚,也要善待孩子,特别要关注孩子由此带来的伤害。

我曾经教过的班上,有位学生写了一篇作文:《父母离异带来的烦恼》。他是这样写的——

或许有许多人的困惑和我一样,我从小父母离异,为此我出现了许多烦恼。

我每周一到周四都住在我妈妈家里,周五到周日住在我爸爸那。每周五下午,我妈都赶我去我爸家里,每周日,我爸再把我送回来。时间久了,我总以为自己是个累赘,天天都要麻烦我爸妈,生病了他们还要给我忙前忙后。上次得阑尾炎,搞得我爸连夜从苏州赶回来,照顾了我两个星期,耽误了我爸一大桩(笔)生意,还害得我妈得了感冒。还有一次老师找家长,我妈回家的时候,不小心摔断了盆骨,我好一阵只好一直住在我爸家。

有一次,我爸来接我接得很晚,到八点钟才来,我妈让我跟他说下次要来早一点儿,说我晚饭怎么吃都没保障。结果,因为我表达能力太差,导致我爸误解了我妈的意思,立刻从吃饭的地方,冲到我妈家门口,和我妈吵了起来。那时候我也不知道要做什么,我一直在旁边不停地哭,也不知道应该要拦住我爸,让他们两个不要再吵架了。

我父母离婚虽然对他们的生活没影响,但对我的学习和与老师的沟通造成了影响,老师发信息都要发两条,我的作文写一半,突然要去我爸家,作文的思路也没了。

我很烦,这问题什么时候能解决呢?

父母离异,对孩子的伤害究竟有多大?

单举一例:有专家研究过,父母离婚,其子女将来的婚姻生活也多有不幸福。很多单亲家庭长大的孩子离婚率也偏高。

美国一些学校的心理学家就离婚对儿童的影响进行了调查,他们发现父母离婚对儿童有着不同程度的影响。不同年龄的离婚家庭,儿童的适应和反应是不同的:(1) 2岁半—3岁3个月儿童表现出的是倒退行为;(2) 3岁8个月—4岁8个月的儿童表现出易怒、攻击性行为、自我责备和迷惑;(3) 5—6岁的儿童表现出更多的焦虑和攻击性行为;(4) 7—8岁儿童表现出悲哀、害怕以及希望和解的幻想;(5) 9—10岁的儿童表现出失落感、拒绝、无助、孤独及愤怒与忠诚的矛盾;(6) 11—12岁以上的儿童表现出悲伤、羞耻,对未来和婚姻感到焦虑、烦恼、退缩。

婚姻非儿戏。为了孩子,也不能轻言离婚啊!

10. 红脸小关公

古代有位叫关羽的大侠,人称关公,红脸是出了名的,武艺也是出了名的。我教的班上,也出了一位小关公。这位小关公呀,继承了老关公的两大特色:红脸,好战。

这不,说关公,关公就跳出来了。上午第一节语文课,我刚走上讲台,尚未发话,就发现顾自立满脸通红,我关切地问:"顾自立,你发烧了?"

"没有!"他用手背在鼻下快速地划拉了一下,瓮声瓮气地回答。看他脸色红得发紫,很烦躁的样子,我又不放心地问:"如果不舒服就回家看病,好吗?"

"我没病!"顾自立扯着脖颈,几乎是吼出了这三个"带血的字"。

刚下课,顾自立就跑到邻近的吕隆基那里,搂住吕隆基就扬起了小拳头。我冲过去拉开两人。

"为什么动手?"我质问顾自立。

"他笑话我!"

"我怎么没有听见,你真是疑神疑鬼!"

他并不接我的话茬,而是脖子一梗:"你上课指桑骂槐!"

好家伙,矛头指向我了。我说:"没有啊。"

"你说我有病,吕隆基就笑话我。"

嘻,这哪跟哪呀!

这孩子外表粗犷,内心可真够敏感的,看来以后讲话还要慎重,再慎重。

下午最后一节课是辩论课,我出的题目是:上网利大于弊,还是弊大于利? 没想到,主张利大于弊的顾自立所在的乙组不停地吵闹,越来越失控,几乎变成了吵架,根本无视老师和同学。

我大声说:"辩论会到此结束!"

"不行! 我们还没有辩完!"顾自立红头紫脸地扯嗓回敬我,然后带领他们组的成员齐声高喊:"利大于弊! 利大于弊!"……一遍又一遍。

都疯了!

顾自立又给了我一次始料不及！我气得一句话也不想多说,恨不能让顾自立立马毕业走人！

我对甲组的同学讲:"你们都回家吧,我替你们跟他们辩论。"

看到我坐在了甲组的位置上,摆出了一副"舌战群儒"的做派,顾自立他们大眼瞪小眼,很快出现了"非战斗性减员":有的孩子悄悄背起书包,脚底板抹油——溜了。最后就剩下了"顽固分子"——小关公一人。

"还想跟我 PK 吗?"我笑眯眯地问他。

顾自立宛如涂了红油彩的大脸膛上已布满了汗珠。他恨恨地瞪了我一眼,哼了一声,气鼓鼓地走了。

一天中午,我正伏案一刻不停地批改学生作业,苗老师急急火火闯进了办公室,见我就嚷:"王老师,不得了了,顾自立和吕隆基在楼梯口打起来了!顾自立拿着一个钢棍追着吕隆基,吕隆基节节后退。你快点去,晚了就出人命喽!"

我以百米冲刺的速度跑到教学楼的三楼,看到顾自立脸色发紫,手拿钢棍,"呀呀呀"地耍着把式,而吕隆基双手捂头,一脸的惊恐。"住手!"我一声断喝,上前把钢棍夺了下来。"跟我走!"带着两人回到办公室。

"说,为什么又打吕隆基了?"

听我一问,顾自立鼻子一抽,居然呜呜哭了,边哭边说:"吕隆基诅咒我妈死……"

我转向吕隆基:"你这孩子,怎么能这么说话!你不知道顾自立的妈妈正在住院吗?"

"不知道。"吕隆基的脑瓜抵住胸口,很是委屈地说:"顾自立老是损我,说我家穷,没有钱。我家是没有钱,但也不要他说啊,他看不起我。"

顾自立顿时叫了起来:"你老是说我腿短,没有你高。"

我忍不住笑了:"明摆着你又高又胖,吕隆基又瘦又矮,怎么他说这个你也生气? 太没有气量了吧?"

不料顾自立又自顾自嚷起来:"你家就是穷!我家有几百亩地,几套房子,几百棵梨树、苹果树、桃树,你家有吗?"

我看两人又要吵起来,就对吕隆基说:"你先回教室,一会我喊你再过来。"

吕隆基一走,我问顾自立:"你刚才讲的所谓财产,都是你爷爷的,对吗?"

"爷爷说了会给我。"顾自立振振有词。

"你爷爷肯定说了,我不怀疑,但是,你想过没有,等到你长大了,这些财富到了你手上,你才会发现很少,因为钱财随着时间的增长,会不停地贬值,到你长大,这些钱也许就不值得一提了,就像我上师范时,班上有的同学家里是万元户,我们都非常羡慕,那是不可仰视的,但是,现在来看看当时的万元户,又算得了什么!"

"可……可我家确实比吕隆基家有钱。"顾自立声音已小了许多。

我循循善诱:"你知道吗?即使很有钱也不能看不起别人,每个人都是平等的。真正有钱的人,反而怕别人知道,总是会掩饰说没有钱,因为他心里有底气,自信,所以才可以掩盖自己的富有,以免惹来麻烦;恰恰相反,越是没有钱,心里自卑,总是担心被人看不起自己,越要炫耀自己的富有,这是心理作怪的表现。"

我感觉顾自立脸上的红颜色在渐渐消退。

"所以如果你想真正的富有,必须自己好好努力,靠自己的智慧让自己的钱财每天呈几何数字增长,那样你才能立于不败之地,而不是靠祖宗留下的财产过日子。以后可不能再这样夸耀了!好吗?"

"嗯。"

顾自立耷拉着脑袋,慢悠悠地离去了。从那沉重的脚步声中,我分明读出,他小小的心田已掀起了道道波澜……

临近学期结束,学校要求"葫芦娃"(学校专门印发的数量有限的奖励,可凭多少参评三好生、优秀少先队员等)都要发放下去,好多老师都赶着发,学生之间的争抢也达到了白热化。多数同学不敢明争,但顾自立可不吃这一套,他总是对老师提出各种意见。

午休时间,我正在办公室跟一位家长讨论孩子的行为习惯问题,顾自立气呼呼闯了进来:"王老师,为什么你又发给霍晶晶一枚葫芦娃?"

我让他先回教室,我会主动找他解释,谁知他根本就不买账,"呼哧呼哧"胖喘着,圆脸拉成了长脸,颜色都发紫了。

家长看到顾自立"犯病"的样子,识趣地离开了。我一脸严肃地问顾自立:"你为什么反对发给霍晶晶葫芦娃?"

"她上课乱讲话,还喜欢给同学打闹,平时表现不好,怎么能得到葫芦娃?"

我问:"她平时做这些错事时,有没有受到老师的惩罚?"

"受到了,但是……"

"没有'但是'。霍晶晶每次犯错误,已经为她自己的错误行为受到了惩罚,这次老师给她葫芦娃,你反对,你想让她再次为自己以前犯过的错误再受一次惩罚,对吧?哪里有反复惩罚的呢?"

我顿了顿:"再说,这次是老师根据综合评估给的葫芦娃,说明她在老师心中还是有些优点的,最起码有被老师欣赏的地方,这也反映了老师奖罚分明的态度,你认为这样做不妥吗?"

"……"顾自立无言以对,小眼睛里却盛满了泪水。

……

冬去春来,夏毕秋至。四年的时间,除了学习,我和顾自立进行了无数的交流,他也给我增添了无穷的烦扰。一次次的针锋相对,一次次的斗智斗勇,一次次的语重心长,顾自立心头的"邪火"越来越弱了,他红脸的程度越来越轻了,红脸的次数越来越少了。总之,顾自立离"红脸小关公"的"美誉"越来越远了! 先前我刚接班的时候那个狂放不羁的小关公似乎不复存在了!

最近,顾自立好像越来越关注我了,今天中午给同学们盛饭,顾自立站在一旁,很焦急地说:"王老师,芦柑没有您的了,您怎么吃? 要不要我去食堂要?"

"不要了,你们都有芦柑就行了。"

顾自立却有些不依不饶:"老师您把菜都分给我们了,桶里没有菜了,您怎么吃啊? 您下次要分少点,给自己留一份。"又端来自己的饭盒,"王老师,我的菜拨给您一半吧,我还没动过。"

顾自立不厌其烦地关心着我,他对我的感情是非常真挚的,令我好生感动。想起刚刚接这个班的时候,他那个只顾自己、见人就跑的样子,真是与先前判若两人。我在他身上花费的巨大心血真的没有白费啊!

这天晚上我和几位同事在一家饭店小聚。我们谈到了班上的孩子,我说:"上次春游,顾自立问我的工资,我说四千多,学生们都不信。顾自立立即提议:以后每个月每人给王老师交10元的电话费,你们同意吗? 孩子们都说同意。我说:'你们这帮浑小子,我怎么能让你们交钱呢!'当时的场景真温暖啊!"

教信息的陈老师马上接话:"还有更温暖的呢! 今天的信息课上,我让学生做课件,顾自立做的第一张写的是:王莉老师是个好老师,她是世界上最好的老师! ——咦? 王老师你怎么了?"

我再也控制不住自己了,双手捂脸,让陡至的泪水尽情地流淌……

心得分享:

有学生问我:王老师,你喜欢什么样的学生? 成绩好的? 成绩差的? 听话的? 调皮的? 我告诉他:我爱班级所有的孩子! 他们没有好坏之分,在我心里,他们都是优秀的孩子,都是我所爱! 区别只是有需要我多关心学习方面问题的,有需要我多关心怎么做人的,有需要我关心习惯养成的,有需要我关心心理问题的……他们都需要我,需要我这个班主任的帮助。

付出的过程是艰辛的,收获的时刻是幸福的。班主任,小学教师中最为辛苦的一个职位,也是最容易和孩子建立感情的一个位置。

在学校、在家里,上班时、休息天,排解纠纷、说服教育、补习功课、家校沟通、心理疏导……全身心地付出,劳心而劳神,但每当看到孩子走向正轨,看到"浪子"的回头,我感觉所有的付出都有了回报,感觉自己是世界上最幸福的老师。

参考文献

[1] 曹祥雄. 小学语文训练"六法"[J]. 教育评论,2002(2).

[2] 惩戒教育的十大原则[N]. 中国教育报,2004 - 7 - 8.

[3] 戴永寿. 魏书生语文教育思想及其改革实践[J]. 河南师范大学学报(哲社版),
1994(2).

[4] 邓春晓. 读写结合的再思考[J]. 小学语文教学,2003(12).

[5] 丁正后. 冷场——语文课堂不可或缺的环节[J]. 课程教育研究,2002(36).

[6] 宫丽,马晓阳. 论课件设计[J]. 外语教学,2003(1).

[7] 顾玲. 主体教育与课堂教学改革[J]. 教育现代化,2007(7).

[8] 做一片美的叶子. 抓好"积累课文中优美词语、精彩句段"的学习. 2010 - 03 - 06
[博客].

[9] 黄美珍. 指导感情朗读四法[J]. 福建教学研究,2004(3).

[10] 黄文新,黄鸿彬. 取法范文,借鉴仿写[J]. 新作文(小学作文创新教学),2009
(9).

[11] 黄晓云. 为孩子打造一个什么样的语文课堂[J]. 中国教育现代化,2004(3).

[12] 黄欣民. 小学作文教学之我见[J]. 当代教育论坛,2003(8).

[13] 周婷. 关注言语形式,切实提高表达能力[J]. 江苏教育:小学教学,2010(2).

[14] 季冬梅. 运用"字理识字"方法进行低年级识字教学[J]. 小学教育科研论坛,
2004(21).

[15] 李建英. 培养学生语感的五重视[J]. 现代化教育,2003(5).

[16] 李琳. 基于语文核心价值的文本解读. 鼓楼区教师培训讲座,2012 - 7 - 14.

[17] 李荣海. 我"读"魏书生(二)[J]. 内蒙古教育,1994(3).

[18] 李象红. 让"情感"伴随朗读训练[J]. 中国教育现代化,2004(1).

[19] 连鸿霞. 浅析追求课堂言语实践的有效性[J]. 成才之路,2010(28).

[20] 林君素. 重视言语实践,回归语文本色[J]. 语文教学与研究,2007(22).

[21] 卢梭. 爱弥儿[M]. 张小意,译. 桂林:广西师范大学出版社,2013.

[22] 陆华山. 言语实践:走向语用的本体语境,鼓楼区暑期中年教师培训. 讲座,
2012 - 7 - 16.

[23] 罗国杰. 思想道德修养[M]. 北京:高等教育出版社,2004.

[24] 罗先保. 在仿写中培养和提高学生创造能力[J]. 小学语文教学,2013(1).

[25] 章幼学. 确立文章在语文教学中的地位[J]. 河南师范大学学报(哲社版),1995
(2).

[26] 潘涌. 积极语用:21 世纪中国母语教育新观念(一——三)[J]. 语文建设,2013
(1—3).

[27] 张运敏. 识字教学应处理好六个关系[J]. 湖北教育(教育教学),2004(Z1).

[28] 阮红梅. 多媒体辅助教学之我见[J]. 娄底师专学报,2002(2).

[29] 沈韬. 语文教学呼唤科学批评[J]. 中学语文教学,1999(8).

[30] 盛斌,季银泉. 我国中小学语文教改实验(四)[J]. 教学与管理,1998(6).

[31] 宋飞. 言意共生:语文教学的原点和归宿[J]. 江苏教育,2012(3).

[32] 苏霍姆林斯基. 给教师的一百条建议[M]. 杜殿坤,译. 北京:北京教育科学出
版社,2000.

[33] 苏霍姆林斯基. 教育的艺术[M]. 肖勇,译. 长沙:湖南教育出版社,1983.

[34] 孙莹. 关注文本语言,提高阅读教学有效性研究. 岔河小学(2012 - 08 - 03)
博客.

[35] 谈燕,王惠娟. 将情感的种子种在课堂这片沃土上[J]. 现代化教育,2003(11).

[36] 谭晓玉、唐关胜、金志明. 教育惩戒,在雷池边缘行走[N]. 中国教育报,2003 -
7 - 12.

[37] 唐建新. 语文是一门学习语言文字运用的综合性实践性的课程. 李春华博客,
2012 - 03 - 03.

[38] 唐丽云. 构建"课内得法,课外得益"的语文教改新格局[J]. 广东教育,2004
(7).

[39] 王铭波. 简论计算机辅助识字写字教学的功效[J]. 中国教育现代化,2004(6).

[40] 王尚文. 语言·言语·言语形式——试论语文学科的教学内容[J]. 浙江师范
大学学报,1996(1).

[41] 魏书生,张彬福,张鹏举. 魏书生中学语文教学改革实践研究[M]. 济南:山东
教育出版社,1997.

[42] 魏星.语文:为言语生成而教[J].江苏教育,2011(1).

[43] 辛晓明.识字方法引导中的三个欠缺[J].小学语文教师,2004(9).

[44] 徐长军.关注言语形式坚守语文本位[J].教学月刊:小学版,2006(5).

[45] 杨东,吴晓蓉.疏离感研究的进展及理论构建[J].心理科学进展,2002(10).

[46] 杨再随.创新型教师与小学语文创新型教学[J].教学文摘,2005(8).

[47] 张滔元,罗海岭.作文教学中的"仿"与"创"的辩证思考[J].小学语文教学,
    2003(12).

[48] 一宅三生.言语理解,还原语文本色,2008-1-23(博客).

[49] 于国清.数字化多媒体教学的几点体会[J].高等建筑教育,2003(4).

[50] 曾淑琼.如何培养低年级学生朗读兴趣[J].重庆教育,2002(7).

[51] 张宝民.全面应用现代化教学手段的思考与实践[J].职教论坛,2002(2).

[52] 王明强.老子庄语[M].北京:中国物资出版社,2012.

写在后面

常常听到这样的对话:问——你知道吗? 答——我知道。

我有时就想提醒对方一句:你真的知"道"吗? 道,是随随便便想知就知的吗?

> 道可道,非常道。名可名,非常名。无名,天地之始;有名,万物之母。

这是老子《道德经》的开篇。讲的是两个凡是:凡是可以谈论的道,都不是真正永恒的大道;凡是可以用来称呼的名,都不是真正永恒的名。天地的起源是"无",万物之母是"有"。

老子的《道德经》宛如一剂净化心灵的良药,让我们在纷纷扰扰、红尘滚滚的世界上、在繁琐如麻的工作生活中、在各种烦恼的不断侵袭下保持一颗平常、平静的心。

老子不仅是我国古代伟大的哲学家和思想家、道家学派创始人,还是一位净化心灵的特级大师。《道德经》第 22 章——

> 不自见,故明;
>
> 不自是,故彰;
>
> 不自伐,故有功;
>
> 不自矜,故长。
>
> 夫唯不争,故天下莫能与之争。

不显示自己,才能得到显明;不自以为是,才能更加突出;不夸耀自己,才能功成名就;不自大,才能受到尊重。正因为不与人相争,所以天下没有人能和你一争高下。

这段话充分体现了老子的"不争之德"。

不争,谈何容易! 举世之人皆曰"区区小事,何足挂齿",可一旦遭遇到了"区区小事",却小事化大,大事化巨,不闹腾个天翻地覆誓不罢休。

其实,老子所谓"不争",不是放弃一切,而是要以不争来抗击外界的干扰,修为自己的内心,做自己认为值得做的事,反立于不败之地。不争,贵在心境的空灵与洒脱,并非无原则的放弃。

作为教师,更应该向内追求——修心,让自己有一颗睿智的心灵、平和的心态。孩子们和每一任老师相处,短则两年,长则六年,这么长的时间,正是他们人生观、价值观形成的关键时期,我们对孩子的影响可能是终身的。苏教版小学语文教材很注重对孩子们这方面的潜移默化,如果教师缺乏这方面的修为,怎么能把握教材,对孩子进行言传身教呢?

苏教版第 11 册中《爱之链》,第 5 册《这条小鱼在乎》,第 6 册中《大作家的小老师》,第 8 册中《生命桥》等,都是净化孩子的心灵,希求从小在孩子心中播下一颗向善的种子,希望我们未来的国民能有一颗健康、向上、快乐、自然、淳朴、平和的心态,以此提高我们国民的素质。

《道德经》第 78 章:

> 天下莫柔弱于水,而攻坚强者莫之能胜,其无以易之。柔之胜刚,弱之胜强,天下莫不知,莫能行。

天下最柔弱的莫过于水,但是攻击坚硬的东西,却没有什么能胜过水,没有什么能代替水。柔胜过刚,弱胜过强,天下人没有不知晓的,却很少人能践行。

其实,老子这章是谈天下大道、自然之道。人,这个万物的灵长,也是大自然这个大宇宙中的小宇宙,也是遵循自然之道运行的,所以,这里也是谈与人相处的智慧。

小学语文苏教版第 11 册《鞋匠的儿子》,就是以柔克刚,以退为进的典范。编者精心挑选了这篇课例,不但让孩子们学习宽容的美德,更是让孩子们学习以柔克刚的语言智慧及其神奇。

孩子们现在接受的多是张扬个性、唯我独尊的教育,就是所谓的"有个性",而与人和谐相处、谦让宽容的美德好像与现代的"时髦教育"不合拍,导致孩子们与人相处、合作困难重重。

老子的"水之柔"这章,让我悟出了教育学生的"另类"方法。

小宇是我今年暑假送走的毕业班的孩子,曾是闻名我校的"风云人物"。从一年级起,他就逃跑不上课,和老师、同学冲突不断。当时无人敢接这个班级,我无奈受命，果然，一上课他就给了我一个下马威，可是，我并不和他直接冲突。这个孩子性格过刚，我和他硬碰硬，肯定难有教育效果。我从老子这里学到了以柔克刚的道理，先要他接受我这个老师，他才能接受我的教育。我就用宽容教育他，用爱心感化他，慢慢给他渗透各种规则，渐渐地，他成绩进步了，也能遵守纪律了。即使偶尔和同学发生冲突，打得正酣，哭得正凶，只要我去了，一拉他的手，他都能乖乖跟我回来。

到六年级，他不但服从本班老师的管理，对其他班级的老师们他也都很尊敬，愿意听从教导，同时也懂得关心人了。每当他值日分饭，看到有些同学急吼吼要来添饭，他马上就会喊着："你们别抢，王老师还没有吃呢！"他知道关心人了！他还成了我的小帮手，带领值日生打扫卫生，做好每周五的班务工作。有一次李校长看到他带领学生打扫卫生，惊奇地说："小宇也能这样?! 真稀罕！"他的成绩也大幅度提高，上中学了，住在城南雨花区的他中秋节还专门来看我。

不要低估柔弱的力量，大自然中，岩石坚硬巍峨，很刚强，还不是被柔弱的风雨侵蚀得一块块剥落？2013年的暑假，徐州丰县老家遭遇了罕见的龙卷风。下面三幅图片，是我暑假回老家抓拍的照片。看似无形的柔弱的风把道路一边这么粗壮的大树齐刷刷刮断、将道路另一边的大树连根拔起，可是夹在大树中间的一棵小树平时看起来那么柔弱，几乎见不着阳光，细细的枝干，甚至叶子都稀疏柔弱，然而面对龙卷风，唯独它没有倒下！（见图1至图3）

图1 齐腰斩断

历史的长河中，柔弱胜刚强的例子比比皆是："苦心人、天不负，卧薪尝胆，三千越甲可吞吴"的越王勾践卧薪尝胆吞并吴国；"有志者，事竟成；破釜沉舟，百二秦关终归楚"的楚霸王项羽破釜沉舟剿灭大秦。

图 2 连根拔起

图 3 独自傲立

弱能胜强,柔能克刚。柔弱,是"道"的重要特征之一;柔弱,是人生旅途上的一道"留白";柔弱,是不敢为天下先的智慧体现;柔弱,是弱于形而强于神、不战而屈人之兵;柔弱,是至强者面对人生的一种策略。

滚滚红尘,诸多诱惑,人陷溺其中,自然很难保持宁静的心灵和睿智的目光,又怎能不产生烦恼和困惑呢?老子引导人们把目光投向幽邃深远的大道,以极其深邃的思想带我们聆听天籁,保全纯洁空明的心境。

"道"生一,一生二,二生三,三生万物。

"道"幽微玄妙,看不到,听不见,却取用不尽。

从前有一位慧海禅师,他的修行非常好,远近知名,很多人都慕名前来请教。一天,有源律师前来拜访慧海禅师。

有源律师问慧海禅师:"禅师,您修行这么好,修道用功有何秘诀?"

慧海禅师微微一笑,回答道:"我没什么特别的方法,每一天只是饿来吃饭,困来入眠。"

有源律师有些不解:"每个人也都是吃饭睡觉,那岂不是和禅师您一样在修行用功了吗?"

慧海禅师摇了摇头:"不一样!"

"咋不一样? 不都是吃饭睡觉吗?"

慧海禅师说:"我和他们当然不一样。一般人吃饭时不肯吃饭,想三想四,百般需索;睡觉时不肯睡觉,浮想联翩,千般计较,所以有所不同!"

有源如醍醐灌顶,恍然大悟。

这是《景德传灯录·大珠慧海传》中的一段对话。看似简简单单的一场对话,却说明了一个深刻的道理:我们平时为什么会吃不下、睡不着呢? 就是因为我们本身需要的很少,想要的却很多;就是因为这么多的欲望无法达到,所以我们才会寝食难安,吃不甜、睡不香,每一天都在烦恼中度过。而得道之人却能除却世俗的百种索求、千般计较,能以平常之心舒舒服服地吃饭,安安逸逸地睡觉。

现代社会,人们已经忘记了向内追求,而只注重向外索取,这也是现在精神疾病越来越多,跳楼自杀的层出不穷的原因了。连小学生也多少沾染了这些毛病,受到社会上这种思潮的影响。本应该纯洁的心灵被玷污,对孩子们身心健康造成了危害。因此适时提倡人们向内追求,尤为重要。向内追求就是修心,向外索取就是注重追求外在的物质享受,对精神的享受也建立在物质丰富的基础上。认为有了物质保障,就会获得幸福 ,当发现物质得到极大满足的时候,心灵的空虚便愈加严重,以前为赚不到钱而吃不下睡不着,现在因为心灵没有了方向而烦恼频生。

在《读者》2008 年 5 月第 9 期上有这样一个故事,讲故事的是李连杰。他说在台湾和一位著名的法师一起接受媒体的问候,身患重病的法师对大家说,谢谢大家,我的身体病了,但是我的精神很健康。老人的身体和他的精神已经不是同步存在了,面对死亡这样自然但却悲哀的事情,老人还是到处讲演,快快乐乐地帮助世人,播撒爱心。老人告诉他,修行不是只为解脱自己的苦恼和痛苦,而是要帮助他人获得幸福和快乐,因此,才要不断地修为。只为不修,你会丢失心灵的方向;只修不为,你会失去人生的意义。

这让我想到了《黄帝内经》第一篇《上古天真论》中的一段话:

"恬淡虚无,真气从之,精神内守,病安从来?"

这实际上是治疗当代人心灵疾病的一剂良方,为什么现代的人那么浮躁? 那么漠视爱心的播撒? 这个浮躁不只是因为竞争压力大,主要是因为和周围环境的比对中心灵无法获得平静。"恬惔虚无"是一种平和的心态,我们即使每天努力去做,也许一辈子也无法达到这个境界,但是在不断的追求中,却能治愈自己的诸多心理顽疾,让自己的心灵日趋平静、安宁,能够"吃饭时吃饭,睡觉时睡觉"了。

每读《道德经》,我都会想:因为被教育者的年龄特点,小学教师应该是人类灵魂的引路者,肩负着塑造民族希望的重任。作为教师,多读书,读好书,可以让我们内心充盈,精神富有,心境平和、心灵宁静。这是语文教师的专业修养,是教育的需要,也是我们追求自身心灵成长的需要。

我多次捧读《道德经》,纵观81章内容,我认为老子诠释了一个主题:

只有心灵的强大,才是真正的强大。

可以说,正是通读老子的《道德经》,基于对老子思想的点滴思考感悟、对"道"的不同见解,让我悟出:教育教学实际上是顺应不同的孩子自然发展规律的施教,这样的指导思想让我在漫长的教学生涯中不断积累;在课堂教学实践中反复研究新课标,探索适合孩子成长发展的语文教学方法。经过多年的辛勤笔耕,完成了《且行且思·悠然行走在教育教学之路上》这部近30万字的书稿。

在成书之际,我衷心感谢给予我关心、帮助的领导、同事、朋友。

感谢鼓楼区第一中心小学的王学金校长、李昕校长,你们关注每一位教师的发展,尽管我能力欠佳,依然得到不厌其烦的鼓励和指导,帮我斟词酌句,出谋划策,正因为有了你们的无私帮助,我才得以圆了一个从前不敢想的梦。

感谢汉口路小学的周婷校长,您是我教学上的导师,您不辞辛苦,对我悉心指导,并欣然作序,感谢您付出的智慧和心血。

感谢朱廷梅教研员,每次听完我的课都会非常中肯地给我指出教学中存在的问题,您的指点让我少走很多弯路,受益匪浅。

感谢许玲校长、史丽萍书记、李越主任、王家跃主任、力新兰主任、钱浩然主任、祝菊荣主任、许伟主任、徐昆主任、王媛主任、诸锦娟主任和大队辅导员彭洁莉老师,你们的热情关心和支持,给予我无穷的信心和勇气。

感谢同年级组的唐乐嘉老师、张海燕老师、赖赟赟老师、戴迎冬老师、张鹏老师、王苑老师、张金芝老师、鲁漱瑜老师等与我同行在教育教学之路上,无论开满鲜花还是充满荆棘,都风雨同舟,助我大踏步前行。

感谢邹腊梅老师、袁晓君老师、霍健辉老师、赵永萍老师、曹美英老师、王小宁老师、魏宁老师、张蕾老师、孔令芳老师等一贯的关心和热情帮助；感谢陈雯嫣、张君、吴若宇等老师，无论我上课的课件，还是节目的编排，你们都不辞辛苦，热心相助。

感谢我们鼓楼区第一中心小学这个温暖大家庭里的所有成员，感谢你们一直以来对我的大力支持和热心帮助。

感谢南京大学出版社的荣卫红老师，是你的热心、用心，才促成了此书的出版，感谢你辛勤的付出。

本书的出版，是我 20 多年来教育教学工作的一次阶段性的总结，不当之处，衷心希望得到各位专家和同仁的指正。

王　莉

2014 年 5 月于南京莫愁湖畔